Marie-Véronique Clin

Isabeau de Bavière

Marie-Véronique Clin

Isabeau de Bavière

Die verkannte Königin auf Frankreichs Thron

OLZOG

Die Deutsche Bibliothek - CIP-Einheitsaufnahme

Clin, Marie-Véronique :
Isabeau de Bavière : Die verkannte Königin auf Frankreichs Thron / Marie-Véronique Clin. Aus dem Französischen übersetzt von Gerd Treffer. - München : Olzog, 2001
ISBN 3-7892-8064-X

ISBN 3-7892-8064-X

Internet: http://www.olzog.de

Umschlagentwurf: Gruber & König, Augsburg
Druck- und Bindearbeiten: Himmer-Druck, Augsburg
Printed in Germany

Inhalt

ZWEITER TEIL

Die schrecklichen Jahre 1392 - 1402

DRITTER TEIL

Die Doppelmonarchie 1403 - 1420

Vorwort des Verlages

Eine Ingolstädterin auf dem französischen Lilienthron

Als die Stadt Ingolstadt im Jahr 2000 ihr 750jähriges Bestehen „als Stadt“ (als Gemeinwesen ist Ingolstadt viel älter und 806 erstmals urkundlich erwähnt) feierte, war einer der Höhepunkte der Jubiläumsveranstaltungen ein prächtiger Festzug mit 3000 Mitwirkenden.

An prominenter Stelle in diesem Festzug durch 750 Jahre Ingolstädter Geschichte tauchte ein „Bild“ auf, das die Königin von Frankreich, Isabeau de Bavière, die „verleumdete Königin“ – eine Tochter Ingolstadts – in einer Sänfte, dargestellt von einer jungen Ingolstädterin, zeigte, umgeben von Hofdamen und Ehrenjungfrauen. Den Tausenden von begeisterten Zuschauern des Festzugs wurde damit in Erinnerung gerufen (oder erstmals bewusst gemacht), dass Ingolstadt einst in besonderer Beziehung zum damals wohl glanzvollsten Reich in Europa stand: eine Ingolstädterin auf dem französischen Lilienthron.

Die Geschichtsschreibung hat die französische Königin lange als umstrittene, intrigante, ja verruchte Persönlichkeit beschrieben. Französische Autoren haben sich darin gefallen, sie als Verräterin an der französischen Sache darzustellen, die das Königreich an die Engländer – ihren Enkel, den König von England – verraten und dem König von Frankreich – ihrem Sohn – nicht genügend Hilfe habe angedeihen lassen. Erst die Forschung der jüngeren Zeit hat ihr mehr Gerechtigkeit erwiesen.

Durch sie wird den jahrhundertelangen Verleumdungen durch Belege aus den historischen Quellen ein Ende bereitet. Das Buch ist eine Rehabilitierung der Isabeau. Sie war keine böse, machtsüchtige, prunkende Ausländerin. Sie war eine Frau, die viel zu erleiden hatte: den Wahnsinn ihres Gemahls, den Tod ihrer Kinder, die Ohnmacht im Streit der Großen ihrer Zeit.

IM JUNI 2001

OLZOG VERLAG

Für Régine Pernoud

Dieses Buch ist Régine Pernoud gewidmet, der es, noch wenige Monate vor ihrem Tod, ein Anliegen war, hierfür das Vorwort zu schreiben.

Von 1977 an, dem Jahr, als ich begann, an ihrer Seite im Forschungszentrum Jeanne d'Arc in Orléans zu arbeiten, bis zum 22. April 1998, als sie in Paris starb, hat sie meine Arbeit begleitet und war in schwierigen Zeiten, etwa als das Medizingeschichtliche Museum, zu dessen Konservatorin ich eben ernannt worden war, niederbrannte, immer gegenwärtig. Nie werde ich ihre Freude vergessen, mit der sie am 15. März 1994, gemeinsam mit Professor Georges-Alfred Crémer, das wieder aufgebaute Museum einweihte. Seit Beginn meiner Forschung über Isabeau de Bavière hat Régine Pernoud mich beständig ermutigt. Ihr verdanke ich den Zugang zu den Schriften von Yann Grandeau, der viel zur Rehabilitierung Isabeaus beigetragen hat.

Danken möchte ich auch Marie-Thérèse Morvan vom Forschungszentrum Jeanne d'Arc in Orléans, Sonja Poncet und Jean-Bernard Cayre vom Medizingeschichtlichen Museum und François und Jean-Baptiste Clin.

KÖNIGE VON ENGLAND

- HEINRICH II. Plantagenêt, König 1154–1189 ∞ Aliénor von Aquitanien
  - RICHARD Löwenherz, König 1189–1199
  - Geoffroy (1158–1186) ∞ Konstanze, *Erbin der Bretagne*
    - Arthur *Herzog der Bretagne* (1187–1203)
  - JOHANN Ohneland König 1199–1216 ∞ Isabella von Angoulême († 1246)
    - HEINRICH III. (1216–1272) ∞ Aliénor der Provence
      - EDWARD I. (1272–1307) ∞ 1. Éléonore von Kastilien († 1290)
        - EDWARD II. (1307–1327) ∞ Isabella von Frankreich, Tochter Philipps des Schönen
          - EDWARD III. (1327–1377) ∞ Philippa von Hennegau
            - Edward genannt der Schwarze Prinz (1330–1376)
              - RICHARD II. (geb. in Bordeaux 1366) ∞ Isabella von Frankreich, Tochter Karls VI., König 1377–1399
            - Lionel (1338–1368) *Herzog von Clarence*
              - Philippa ∞ Edmond Mortimer
                - Roger Mortimer *Herzog von March* (1374–1398)
                  - Anna † vor 1387 ∞ Richard, *Graf von Cambridge* (1373–1415)
            - Johann von Gent (1340–1399) *Herzog von Lancaster* ∞
              - 1. Blanche von Lancaster
                - HEINRICH IV. (geb. 1367) König 1399–1413
                  - HEINRICH V. (geb. 1387) König 1413–1422 ∞ Katharina von Frankreich Tochter Karls VI.
                    - HEINRICH VI. (1421–1471) König 1422–1461 ∞ Margarethe von Anjou Tochter von René, *König von Sizilien*
                      - Edward *Prinz von Wales* (geb. 1453 † 1471)
                  - Johann von Lancaster *Herzog von Bedford* 1389–1435
              - 2. Konstanze von Kastilien
                - Katharina ∞ HEINRICH III. *König von Kastilien*

- HEINRICH VII. Tudor (geb. 1458) König 1485–1509 ∞ Elisabeth, Tochter Edwards IV.
  - HEINRICH VIII. König 1509–1547

Owen Tudor
Gallois
∞ Katharina von Frankreich
(um 1428),
Witwe Heinrichs V.
† 1461 enthauptet
auf Befehl Edwards IV.

Edmond Tudor
(um 1430–1456)
∞ 1455 mit Margarethe,
Tochter Johanns, *Herzog von Bedford*

2. Margarethe von Frankreich,
Tochter Philipps III.
(ohne Nachkommen)

Edmond von Langley
Herzog von York
(1341–1402)

Richard
Herzog von York
(1375–1415)
∞ Anne Mortimer

Richard
Herzog von York
(1411–1460)
Beginn des Rosenkriegs

3.
Katharina Swynford

Johann von Beaufort
(1373–1410)
Graf von Somerset

Johann von Beaufort
(1403–1444)
Graf von Somerset
Regent von Frankreich
während der Minder-
jährigkeit Heinrichs VI.

Marguerite
(1441–1509)
∞ Edmond Tudor

Maria
(1496–1533)
∞ Ludwig XII.
König von Frankreich

EDWARD IV.
(1442–1483)
∞ Elisabeth
Woodville, Tochter
Lord Rivers

Marguerite
(1446–1505)
∞ Karl dem
Kühnen, *Herzog*
von Burgund seit 1468

Georg
(1449–1478)
Herzog von Clarence,
∞ Elisabeth Neville,
Tochter von Warwick

RICHARD III.
Herzog von Glocester
(geb. 1452)
König 1483–1485
∞ Anne Neville,
Tochter von Warwick

Elisabeth
(1465–1503)
∞
HEINRICH VII. Tudor

EDWARD V.
(1470–1483)

Richard
Herzog von York
(1473–1483)

KÖNIGE VON FRANKREICH

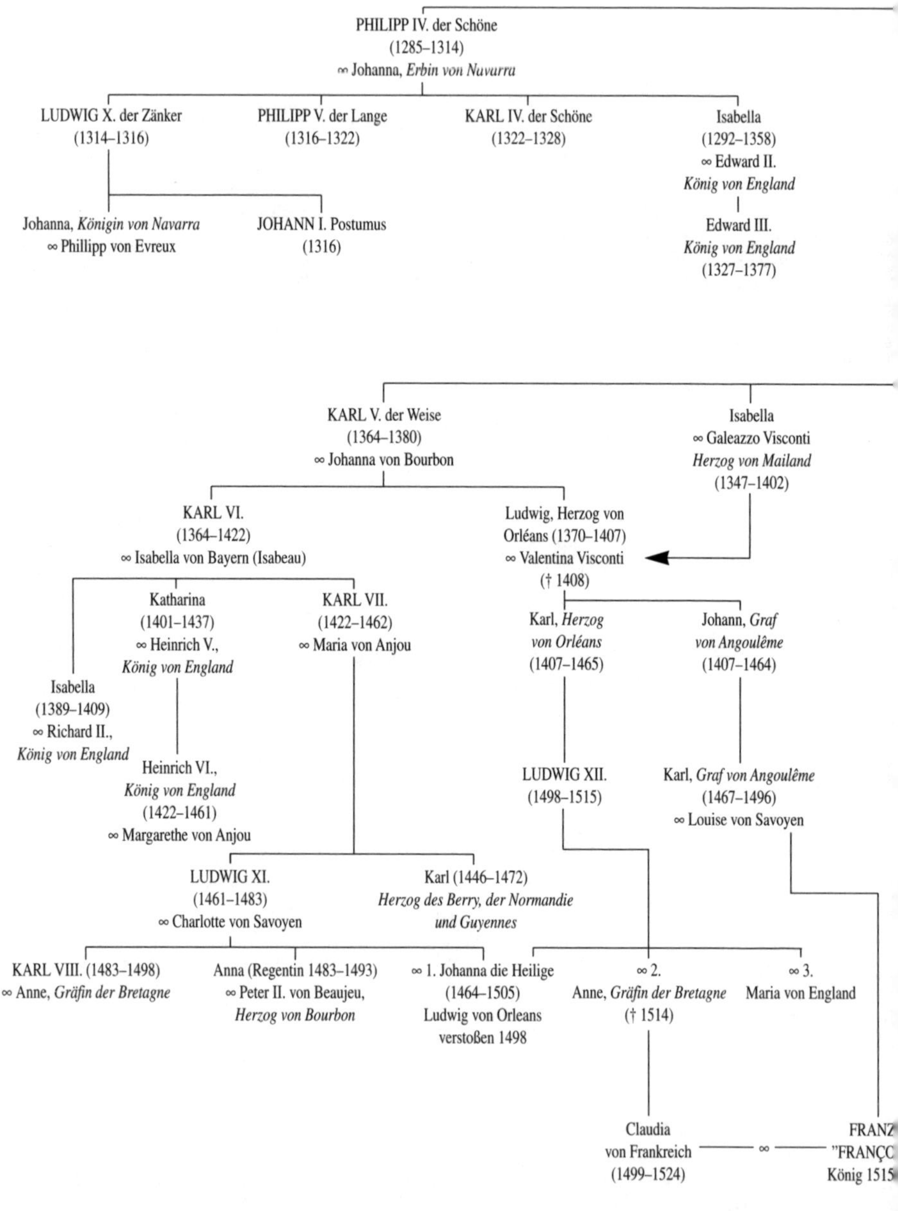

LUDWIG der Heilige
(1226–1270)

PHILIPP III. der Kühne
(1270–1285)

1. Isabella von Aragon ∞ 2. Maria von Brabant

- **1. Isabella von Aragon**
  - Karl von Valois (1270–1325)
    - PHILIPP VI. von Valois, (1328–1350) ∞ Johanna von Burgund
      - JOHANN II. der Gute (1350–1364) ∞ Bonne von Luxemburg (Schwester Kaiser Karls IV.)
        - Johann *Herzog von Berry* (1360–1416)
        - Ludwig, Herzog von Anjou (1356–1384) ∞ Maria von Blois von Johanna von Neapel als König Siziliens erwählt
          - Ludwig II. *Herzog von Anjou, König von Sizilien* (1384–1417) ∞ Jolanda von Aragon
            - Ludwig III. *Herzog von Anjou* (1417–1434)
            - Maria ∞ Karl VII., König von Frankreich
            - René von Anjou *König von Sizilien* (1434–1480) ∞ Isabelle von Lorraine
              - Margarethe von Anjou ∞ Heinrich VI. *König von England*
        - Johanna ∞ Karl der Böse *König von Navarra*
        - Philipp der Kühne, *Herzog von Burgund* (1353–1404) ∞ Margarethe, *Erbin von Flandern*
          - Johann ohne Furcht, *Herzog von Burgund* (1404–1419) ∞ Margarethe von Bayern
            - Agnes ∞ Karl I. *Herzog von Bourbon* (1401–1455)
            - Philipp der Gute *Herzog von Burgund* (1419–1467) ∞ Isabella von Portugal
              - Karl der Kühne *Herzog von Burgund* (1467–1477) ∞ 1. Isabella von Bourbon ∞ 2. Margarethe von York, Schwester Edwards IV., *König von England*
                - (1. Isabella von Bourbon) Maria von Burgund (1457–1482) ∞ Kaiser Maximilian von Österreich
                  - Philipp der Schöne (1478–1506) ∞ Johanna die Wahnsinnige *Erbin von Aragon und Kastilien*
                    - Kaiser KARL V. (1519–1558)
    - Margarethe ∞ Gui von Blois
      - Karl von Blois (1319–1364) ∞ (1337) Johanna von Penthièvre
    - Blanche (1317–1348) ∞ Karl von Luxemburg (Kaiser Karl IV.)
- **2. Maria von Brabant**
  - Ludwig, *Graf von Evreux* (1276–1319)
    - Philipp, *Graf von Evreux* (1301–1343) ∞ Johanna von Frankreich *Königin von Navarra* (1311–1349)
      - Karl der Böse *König von Navarra* (1349–1387) ∞ (1351) Johanna, Tochter Johanns II., *König von Frankreich*

FLANDERN UND BURGUND

- LUDWIG von Flandern und Nevers ∞ Margarethe von Frankreich († 1382)
  - LUDWIG von Maele († 1384) *Graf von Flandern* ∞ Margarethe von Brabant
    - Margarethe von Flandern († 1405)
      - JOHANN Ohnefurcht († 1419) ∞ Margarethe von Bayern
        - PHILIPP der Gute († 1467) ∞ 1. Michelle von Frankreich 2. Bonne von Artois 3. Isabella von Portugal
          - KARL der Kühne († 1477) ∞ 1. Katharina von Frankreich (Tochter Karls VII.) 2. Isabella von Bourbon
            - Maria ∞ Maximilian von Habsburg
              - PHILIPP der Schöne ∞ Johanna die Wahnsinnige
                - KARL V., *König von Spanien* *Kaiser*
                  - PHILIPP II. *König von Spanien*
                - FERDINAND von Österreich *Kaiser*
              - Margarethe von Habsburg
        - Margarethe († 1441) ∞ 1. Ludwig *Herzog von Guyenne* († 1415) 2. Arthur von Richemont
        - Maria († 1463) ∞ Adolf IV. von Kleve
      - Anton († 1415) *Graf von Rethel, Herzog von Limburg, Herzog von Brabant* ∞ Johanna von Saint-Pol
        - JOHANN IV. († 1427) ∞ Jakoba von Bayern
        - PHILIPP von Saint-Pol dann *Herzog von Brabant* († 1430)
      - Philipp *Graf von Nevers* († 1415)

KARL VON VALOIS

PHILIPP VI.
König von Frankreich

ROBERT II., *Herzog von Burgund*

Johanna von Burgund

JOHANN DER GUTE,
König von Frankreich
∞ Bonne von Luxembourg
(Schwester Kaiser Karls IV.)

PHILIPP der Kühne
(† 1404)

Margarethe, *Herzogin von Ostrevant*
(† 1441)
∞ Wilhelm von Bayern

Katharina
(† 1426)
∞ Leopold IV., *Herzog von Österreich*

Maria
(† 1428)
∞ Amadeus VIII.
von Savoyen

Johanna
(† um 1413)

Isabella
(† 1412)
∞ Olivier, *Graf von Penthièvre*

Katharina
∞ Ludwig von Anjou
Herzog von Guise,
Sohn von Louis II.
von Anjou

Anna
(† 1432)
∞ Bedford, *Regent von Frankreich*

Agnes
∞ Karl von Bourbon

HERZÖGE VON BOURBON

LUDWIG DER HEILIGE
(1226–1270)

ROBERT von Clermont
(1256–1317)
∞ Beatrix, *Erbin der Herren von Bourbon*

LUDWIG I.
(1270–1342)
Herzog und Pair von Frankreich (1327)

PETER I.
(1311–1356)

Jakob I., *Graf der Marche*
(1317–1361)
Stammherr der Linie Bourbon-Vendôme, aus der Antoine von Bourbon, Vater von Heinrich IV., hervorgehen wird.

Blanche
(† 1361)
∞ Peter der Grausame
König von Kastilien

Johanna
(† 1377)
∞ Karl V., *König von Frankreich*

LUDWIG II.
(1337–1410)
∞ Anna von der Auvergne

JOHANN I.
(1380–1434)
Alliierter der „Armagnaken“
∞ *die Erbin der Auvergne und von Montpensier*

KARL I.
(1401–1456)
∞ Agnes von Burgund, Tochter des Herzog Johann Ohnefurcht

Ludwig
Graf von Montpensier
(† 1486)

JOHANN II.
(1427–1488)
Konnetabel von Frankreich
(1483)
Herzog von Bourbon
(1456–1488)

PIERRE de Beaujeu
(1438–1503)
∞ Anne de France
(Tochter von König Ludwig XI.)
Herzog von Bourbon
(1488–1503)

Gilbert
(1443–1496)

Susanne
(1491–1521)
∞ Karl III.

KARL III.
(1490–1527)
Herzog von Bourbon, 1503,
Konnetabel von Frankreich
∞ Susanne von Bourbon
(† 1521)

HERZÖGE DER BRETAGNE

- KONAN IV. (1156–1171)
  - KONSTANZE, *Erbin der Bretagne*
    ∞
    - 1. GEOFFROY Plantagenêt, *Herzog* (1170–1186)
      - ARTHUR I. (1187–1203)
    - 2. Guy de Thouars
      - Alix, Erbin der Bretagne (1213–1221)
        ∞ PIERRE de Dreux, gen. Mauclerc, Herzog (1213–1237)
        - JOHANN I. (1237–1286)
          - JOHANN II. (1286–1305), *Herzog und Pair* ab 1297
            - ARTHUR II. (1305–1312)
              ∞
              - 1. Maria von Limoges
                - JOHANN III., *Herzog* (1312–1341)
                - Guy von Penthièvre († 1331)
                  - Johanna von Penthièvre
                    ∞ Karl von Blois (1341–1364)
              - 2. Yolande von Dreux, *Gräfin von Montfort*
                - Johann, *Graf von Montfort*
                  ∞ Johanna von Flandern (1341–1345)
                  - JOHANN IV., Herzog (1345–1399)
                    ∞ Johanna von Navarre
                    - JOHANN V. (1399–1442)
                      ∞ Johanna von Frankreich, Tochter von König Karl VI.
                      - FRANZ I., *Herzog* (1442–1450)
                      - PETER II., *Herzog* (1450–1457)
                      - Gilles († 1450)
                    - ARTHUR III., *Graf von Richemont, Konnetabel von Frankreich, Herzog* (1457–1458)
                    - Richard, *Graf von Étampes* († 1488)
                      - FRANZ II., *Graf von Étampes, Herzog* (1458–1488)
                        - ANNE, Herzogin (1488–1514)
                          ∞ 1. König Karl VIII. von Frankreich
                          2. König Ludwig XII. von Frankreich

Die Kinder Karls VI. und Isabeau's de Bavière

1. **Karl**; 25. September 1386 - 28. Dezember 1386; gestorben im Alter von 3 Monaten; Kronprinz.
2. **Johanna**; 14. Juni 1388 - Januar 1390; gestorben im Alter von 2 Jahren.
3. **Isabella**; 9. November 1389 - 13. September 1409; gestorben im Alter von 20 Jahren; Königin von England, Herzogin von Orléans.
4. **Johanna**; 24. Januar 1391 - 20. November 1433; gestorben im Alter von 41 Jahren; Gräfin von Montfort, Herzogin der Bretagne.
5. **Karl**; 6. Februar 1392 - 13. Januar 1401; gestorben im Alter von 8 Jahren; Kronprinz.
6. **Maria**; 22. August 1393 - 19. August 1438; gestorben im Alter von 45 Jahren; Ordensfrau in Poissy.
7. **Michelle**; 12. Januar 1395 - 8. Juli 1422; gestorben im Alter von 27 Jahren; Herzogin von Burgund.
8. **Ludwig**; 22. Januar 1397 - 18. Dezember 1415; gestorben im Alter von 18 Jahren; Herzog der Guyenne; Kronprinz.
9. **Johann**; 31. August 1398 - April 1417; gestorben im Alter von 19 Jahren; Herzog der Touraine; Kronprinz.
10. **Katharina**; 27. Oktober 1401 - 3. Juni 1438; gestorben im Alter von 37 Jahren; Königin von England.
11. **Karl**; 22. Februar 1403 - 22. Juli 1461; gestorben im Alter von 58 Jahren; Graf von Ponthieu, Kronprinz, König von Frankreich.
12. **Philippe**; 10. November 1407; am gleichen Tag verstorben.

Vorwort

In der französischen Geschichte, wie man sie bis in unsere Zeit hinein unterrichtet, hält sich ein Mythos: das „salische Recht". Man kann einen x-beliebigen Franzosen mittleren Alters und mit einfachem Schulabschluss fragen und zumeist erhält man zur Anwort: das „salische Recht" war ein Gesetz in Frankreich, das Frauen von der Thronfolge ausschloss. Jene, die besser informiert sind, fügen an, dass man zu Beginn des Hundertjährigen Krieges dieses „salische Recht" heranzog, um die Engländer, als Anwärter auf den Thron von Frankreich, abzuwehren, und dass dies der Grund für die Kriege war, die Frankreich im 14. und 15. Jahrhundert in einem Meer von Blut ertränkten.

Mehr als dreihundert Jahre lang, während der ganzen Lehensepoche – von Hugo Kapet bis Philipp dem Schönen – war die Thronfolge in Frankreich unproblematisch gewesen. Jede königliche Familie hatte einen Erben direkter Abkunft stellen können. Als jedoch 1314 König Philipp der Schöne starb und seine drei Söhne (die „verwünschten" Könige), nacheinander aufgerufen zu herrschen, gleichfalls verstarben, mochte man im Jahre 1328, nach dem Tod des Letzten, Karls IV. des Schönen, sehr wohl zweifeln, wer Anspruch auf den Thron Frankreichs erheben könne: Johanna, die Nichte des Verstorbenen, sein Neffe, der König von England Edward III. (Sohn jener Isabella von Frankreich, die die Engländer „Wölfin von Frankreich" nannten) oder aber sein Cousin, Philipp von Valois. Letzterem fiel die Wahl zu – eine Entscheidung, der sich alle beugten, so sehr war man an eine Erbfolge in männlicher Linie gewöhnt. Man fürchtete in der Tat, dass eine Jungfrau, durch Heirat das Königreich als Mitgift einem Kaiser oder fremden König zubringen könne. Selbst

Edward III. neigte dieser Rechtsauffassung zu und schwor 1328 dem neuen Thronprätendenten Philipp VI. von Valois den Lehenseid. Aber man beschwor damals keinesfalls das sogenannte salische Recht, ursprünglich eine Sammlung des Gewohnheitsrechts der Saalfranken, zweifellos zusammengestellt in der Zeit von Clovis und als Lex salica emendata in der Epoche Karl des Großen aktualisiert. Sie enthielt einen Abschnitt, der die Frauen von der Erbfolge des Grundbesitzes der Familie ausschloss – allerdings bezog sich dieser Ausschluss allein auf das private Erbrecht und keineswegs auf das Thronfolgerecht.

Gut 60 Jahre später, zu der Zeit, als Isabeau de Bavière zur Königin von Frankreich gekrönt wird, setzen Legisten – Männer des Rechts –, die sich im politischen Leben bestimmte Positionen erobert hatten, das „salische Recht" durch. Damit wird die Rolle der Königin und der Frau gemindert. Isabeau de Bavière wird die erste Königin Frankreichs sein, die unter den Folgen dieser neuen Rechtsauffassung leidet. Man wird sie verleumden und in den Geschichtsbüchern als die Königin bezeichnen, die das Königreich Frankreich den Engländern „überantwortet" hat.

Das Werk von Marie-Véronique Clin führt dank seiner beachtlichen Quellenarbeit zu einer ausgewogenen Betrachtung jener Urteile, die Isabeau de Bavière belastet haben, indem sie die Verurteilung durch Übertreibungen, die üble Nachrede, die schwierigen Verstrickungen aufzeigt, jenseits derer erst die Persönlichkeit und das Handeln von Isabeau deutlich werden.

So wird ein vielleicht klareres, aber sicher weniger abscheuliches Bild erkennbar, als es uns die Geschichtsbücher übermitteln:

Das eher tragische Schicksal einer Frau, die mit vielfachen Missverständnissen und Verwirrungen, entstanden aus den Machtkämpfen rivalisierender Akteure, konfrontiert war.

Isabeau de Bavière erscheint uns vor allem als Opfer ihrer Zeit: Leidtragende einer Epoche des Übergangs, in dem die Macht der Königin, bei denen, die den Übergang gestalten, größte Ängste verursacht.

Der Vergleich mit Marie-Antoinette drängt sich auf: Die eine wird die „Österreicherin“ genannt werden, die andere ist die „Bayerin“, die „Deutsche“ – mit zweiundzwanzig Jahren hineingeschleudert in einen Abgrund von Ehrgeiz und Rivalität, deren Bedeutung ihr nicht bewusst ist.

Ihrem Ehemann ist sie trotz unglaublich grausamer Begebenheiten treu geblieben, erst am Ende wird sie den Versuchungen, die sich ihr stellen, nachgeben. Es ist anrührend, dass sie sich, wie Marie-Antoinette, zuletzt eine Zuflucht erkauft, wo sie von Zeit zu Zeit ihrem Unglück zu entrinnen sucht.

Ihre große, tiefe Zuneigung gehört ihren Kindern – schmerzvoll muss sie den Tod ihrer Söhne, die die Krone Frankreichs tragen sollten, durchleiden – ein Einziger überlebt – Karl, der Zweitjüngste ihrer Kinder.

Wie hätte sie unter diesen Umständen nicht dem Rausch des Vergnügens, dem Luxus, der seinerzeit herrschte, erliegen sollen ..., um diesen Schicksalsschlägen zu widerstehen, hätte sie eine Persönlichkeit haben müssen, die ihr offensichtlich nicht gegeben war. So, sagt man, hat sie „das Königreich verloren“, verloren, wie man einen Schatz verliert, ein Kunstobjekt, an dem einem etwas liegt. Es brauchte nicht weniger als das außerordentliche Leben der Johanna von Orléans, dass Frankreich sich selbst wiederfand. Aber: es ist unsäglich ungerecht, Isabeau de Bavière die Schuld aufzuladen für den Hass, die Rivalität, den Ehrgeiz, die Schrecken, das Entsetzen, die alle zusammen die wahre Ursache für den Niedergang des Königreiches waren.

Es kommt dem Leser zu, zu beurteilen, wer Isabeau de Bavière in der Geschichte wirklich war.

RÉGINE PERNOUD

ERSTER TEIL

Die glücklichen Jahre 1385 - 1392

KAPITEL 1

Eine Blitzhochzeit

Amiens, 17. Juli 1385

Am Montag, 17. Juli 1385, läuten die Glocken der Kirchen von Amiens in den frühen Morgenstunden mit aller Kraft; sie laden die Bewohner ein, aus ihren Häusern zu kommen. Nach und nach füllen Männer, Frauen und Kinder die Straßen und rufen „Noël! Noël!" Ein Festtag, ein schöner arbeitsfreier Sommertag.

In der Menge sieht man die Ehefrauen der Goldschmiede, die an Eleganz mit den Gattinnen der reichen Tuchhändler rivalisieren; begütert oder arm, alle haben ihre besten Gewänder angelegt und versuchen mühsam, sich mit angehobenem Saum einen Weg zur Kathedrale zu bahnen.

Selbst die Häuser sehen mit den aus den Fenstern hängenden Teppichen festlich aus. Die Straßen sind mit duftenden Blättern bestreut, die rasch trocknen und einen Geruch von Minze und Stroh verströmen.

Die Rufe der Gastwirte und Gasteliers[1], die ihre vorbereiteten Speisen verkaufen, laden die Passanten ein, sich zu stärken; alte Fässer sind schon im Morgengrauen angestochen worden, bereit, jene zu erfrischen, die aus den umliegenden Dörfern auf die Neuigkeit hin herbeigeströmt sind. Auch die Beutelschneider sind am Werk, beobachten die Gaffer, die herumwandern und neugierig die Hälse rekken.

---

[1] Gasteliers sind Verkäufer kleiner, warmer Pasteten.

Gegen Mitte des Vormittags drängt die Menge in die Nähe des erzbischöflichen Palastes, von dort bricht der Zug auf zur Kathedrale Notre-Dame, die heute noch besteht.

Vorneweg bewegt sich, von Pferden gezogen, ein schwerer und geräumiger Wagen, behängt mit silberglänzenden Tüchern. Jeder schubst seinen Nachbarn, um einen Blick auf das hübsches Mädchen zu erhaschen, das zwar aufrecht, aber ein wenig ängstlich zwischen zwei edlen Damen sitzt: Elisabeth von Wittelsbach. Sie trägt einen prächtigen Umhang aus Goldbrokat, auf dem Kopf eine Krone, die ihr der König von Frankreich geschenkt hat und deren Wert, so berichten die Chronisten, dem Reichtum einer Provinz entspricht[2].

Die Bewohner von Amiens und seines Umlands feiern die Hochzeit Karls VI., des Königs von Frankreich, mit einer bayerischen Prinzessin. Unter dem Namen Isabeau wird sie in die Geschichte eingehen. Auf der ganzen Länge des Zuges singen die Spielleute, und Jongleure unterhalten die Menge bis zum Eingang der Kirche, wo Bischof Jean de Rollandi die Brautleute empfängt. Die Zeremonie folgt dem alten Ritual[3].

Der König sagt: „Ja, ich, Karl, nehme Dich zur Frau."

Die Braut antwortet: „Ja, ich, Isabel, nehme Dich zum Mann."

Während sie diese Worte sagen, nehmen sie sich bei der rechten Hand und wiederholen dann die Formel: „Für immer, im Glauben Gottes und des Meinen, gesund oder krank, verspreche ich, sie zu behalten." Nachdem er die Zustimmung der beiden Eheleute erhalten hat, segnet der Bischof den Ring: „Der Schöpfer und Erhalter des Menschengeschlechts, der Schenker der Gnade und des ewigen Heiles schicke seinen Segen auf diesen Ring herab." Der Ehemann nimmt ihn und schiebt ihn nacheinander auf drei Finger der rechten Hand, wozu er sagt: „Im Namen des Vaters", dann: „Im Namen des Sohnes", schließlich: „des Heiligen Geistes". Dann schiebt er ihn auf einen Finger der linken Hand: „Mit diesem Ring heirate ich Euch; mit meinem Körper ehre ich Euch; mit meinem Gut statte ich Euch aus."

---

[2] Zur Heirat Isabeaus und Karls VI. siehe die *Chroniques* von Froissart, Verlag Raynaud, Bd. XI., S. 225 ff.

[3] Léon Gautier, *La Chevalerie*, Verlag Arthaud, 1959.

Anschließend zelebriert Bischof Jean de Rollandi die Messe; bei der Opferung bringen die Jungvermählten ihre Opfergaben dar, eine brennende Kerze in der Hand. Dann, während des Sanctus, halten vier hohe Würdenträger den purpurfarbenen Trauschleier über ihre Köpfe, ein Symbol für die Zurückhaltung, mit der die Eheleute ihre von Gott gesegnete Liebe verbergen sollen.

Am Nachmittag kommen die Gäste zu einem prachtvollen Fest zusammen. Jeder der beiden Neuvermählten sitzt einer großen Tafel vor. Damen von Abstammung umgeben Elisabeth, während der König sein Mahl mit seinen Vertrauten teilt, von Grafen und Baronen bedient. Fahrende Sänger und Jongleure beleben das Fest, das sich bis spät in die Nacht hinzieht. Zum Klang der Bratschen und Zithern dauert der Ball noch an, als die Ehrendamen die Braut holen kommen, um sie für die Nacht herzurichten. Sie entkleiden, kämmen und parfümieren sie und bringen sie in das große Bett, das in der Mitte des Zimmers thront; sie handeln auf Befehl des Königs, der wünscht, sie liegend vorzufinden.

Und der Chronist Froissart scheut sich nicht, für uns den Bettvorhang des königlichen Lagers ein wenig anzuheben: »Sie verbrachten zusammen diese Nacht in großer Kurzweil, das mögt Ihr wohl glauben«."

Einige Wochen später wird eine Erinnerungs-Medaille geprägt: zwei Amoretten, die beide eine Fackel in der Hand halten – Symbol für das Feuer, das in den Herzen der Eheleute brennt.

Was mochte die junge Frau wohl empfinden? Musste sie nicht einige Mühe haben, sich von den Überraschungen zu erholen? Hatte man ihr nicht damals, als sie aus ihrer Heimat aufbrach, gesagt, sie unternehme eine Pilgerfahrt nach Amiens? Bis zum letzten Tag hatte man ihr das Ziel der Reise verborgen: Offiziell hatte sie ihr Onkel Friedrich von Wittelsbach mitgenommen, damit sie vor dem Haupt Johannes des Täufers beten könne, das zur Verehrung durch die Gläubigen ausgestellt werden sollte.

Am Tag der Abreise aus Ingolstadt in Bayern hatte ihr Vater Stephan von Wittelsbach Elisabeth lange in den Arm genommen und dann zugesehen, wie sie, begleitet von ihrer Amme und ihrer besten Freundin Katharina, fortreiste. Er hatte sich ein letztes Mal an seinen

Bruder gewandt und ihm anstelle von guten Reisewünschen entgegengeschleudert: »Wisset, dass Ihr keinen ärgeren Feind haben werdet als mich, wenn Ihr sie mir zurückbringt[4].«

Um nach Frankreich zu kommen, müssen die Bayern Brabant und dann den Hennegau durchqueren: Länder, deren Herzog und Herzogin mit ihnen verwandt sind[5]. Sie stellen die jüngere Linie des Hauses Wittelsbach und sind mit Philipp dem Kühnen, dem Onkel des Königs von Frankreich, verbündet. Dessen Tochter Margarete von Burgund hat in eben diesem Jahr 1385 Wilhelm von Ostrevant, den Sohn des Herzogs und der Herzogin des Hennegau geheiratet, während Johann Ohnefurcht, der Sohn Philipps des Kühnen, sich mit ihrer Tochter, die ebenfalls den Vornamen Margarete trägt, verbunden hatte.

Die ganze Familie Hennegau hatte die bayerischen Verwandten mit Ungeduld erwartet, und als sie sich zu Pfingsten 1385 in Brüssel begegneten, hatte es ein großes Fest gegeben. Die gute Herzogin hatte Elisabeth ins Herz geschlossen und ging daran, ihre Erziehung zu vervollkommnen und ihr eine Mitgift zusammenzustellen. In der Tat „ließ sie ihrer Nichte nicht die Kleider, in denen sie gekommen war,

---

[4] Die Einstellung der deutschen Chronisten fasst Ebran von Wil Denberg zusammen, der 1460 schreibt: „Die Tochter des Herzogs Stephan, Frau Elisabeth, wurde mit dem sehr mächtigen König Karl von Frankreich vermählt, denn zu jener Zeit war Frankreich sehr reich. So sah man sie auch von großem und überfließendem Stolz."
Gewisse Chronisten sehen in dieser Heirat auch einen geschickten Schachzug Frankreichs, das große Probleme mit England hat. Aventin, Annalen, 1547: „Der Herzog (von Bayern), nachdem er diesen Dingen ein Ende bereitet hatte, wurde vom König von Frankreich Karl VI. zu Hilfe gerufen, der den Krieg mit den Engländern am Halse hatte. Da die Kräfte desselben erschöpft waren, glaubten die Franzosen, dass das Bündnis mit denen von Bayern (die damals die Mächtigsten und Wohlhabendsten in Germanien waren) für Frankreich notwendig und vorteilhaft sei, schließen Abkommen und verbinden schließlich ihren König mit Elisabeth, Tochter des Herzogs Stephan."

[5] Zu den Reisen Isabeaus 1385 - 1435 siehe Yann Grandeau: „Itinéraire d'Isabeau de Bavière", in: *Bulletin philologique et historique*, Paris, B.N., 1967. Von 1385 an wird die Königin mehr als die Hälfte ihrer Zeit in Paris an der Seite des Königs im hôtel Saint-Pol verbringen.

denn sie waren zu einfach für den Hof von Frankreich, sondern ließ sie so reich und so großartig herrichten und kleiden, als wäre sie ihre eigene Tochter".

Ist es nicht in erstaunlich, dass jene Frau, die man beschuldigen wird, sie habe am Hofe Frankreichs den Luxus eingeführt, in so armseligen Kleidern ankam, dass man diese austauschen musste? Die Schülerin Isabeau, das ist richtig, wird rasch lernen und sich gemäß „dem Stande Frankreichs" kleiden.

Anfang Juli hatten Herzog Albert vom Hennegau, seine Gemahlin, ihre Kinder und einige Ritter die Bayern eskortiert; in kurzen Etappen waren sie in Richtung Amiens gezogen. In Mons hält die kleine Truppe vier Tage lang, um sich ein wenig auszuruhen, dann, nachdem der Zug die Stadt Cambrai passiert hat, treffen sie die Ratgeber des Königs von Frankreich. Nach den üblichen Vorstellungen begleiten Bureau de La Rivière und Guy de La Trémoille ihre Gäste in das für sie vorbereitete Quartier.

Auch französischerseits sah man der Begegnung angespannt entgegen, denn seit der König das Porträt Elisabeths gesehen hatte, bedrängte er seinen Onkel Philipp den Kühnen mit Fragen, um genaueres über jene zu erfahren, die man ihm zur Gattin bestimmt hatte. Der König war recht nervös, als er Paris am 6. Juli in Gesellschaft seines Onkels verließ. Man hatte in seinem Umfeld verbreitet, er ziehe aus, eine Expedition gegen die Engländer anzuführen – dies, um mögliche Indiskretionen zu vermeiden. Am 13. bezogen sie ihrerseits im erzbischöflichen Palast zu Amiens Quartier. Die Begegnung der beiden jungen Leute war für den folgenden Tag, Freitag, 14. Juli vorgesehen. Der Abend zog sich hin, nach dem Essen hatten alle ein wenig Ruhe gesucht; Bureau de la Rivière, der im Zimmer Karls schlief, konnte die ganze Nacht kein Auge zu tun. Sehr aufgeregt hörte der König nicht auf, Fragen zu stellen: „Wie ist sie?", „Wann werde ich sie sehen?". Einige Augenblicke lang herrschte Ruhe, dann begann die Befragung erneut. Im Morgengrauen war der gute Bureau immer noch damit beschäftigt, seinen Herrn zu beruhigen.

Endlich war der Tag angebrochen, eine letzte Beunruhigung quälte den Herzog von Burgund: Würde seine Nichte akzeptiert werden? Die Herzogin vertrieb seine finsteren Gedanken: „Sie wird Königin von Frankreich, denn Gott wird dafür sorgen." Dann ging sie, die Vorbereitungen Elisabeths zu überwachen, schalt die Dienerinnen die für ihren Geschmack zu lange brauchten, das Mädchen in ein prachtvolles, mit Goldfäden besticktes Kleid aus Seide zu kleiden. Endlich fertig führt man Elisabeth in den erzbischöflichen Palast. Der König wartet dort schon seit einiger Zeit auf sie, begleitet von seinem Onkel und seinen zwei Beratern, seinem Kronfeldherrn Olivier de Clisson und mehreren hohen Herren aus Paris.

Im Saal wird es ganz still; das Mädchen tritt ein, verharrt einen Augenblick auf der Schwelle, geht dann mit kleinen Schritten auf den König zu; die junge Frau verbeugt sich mit einem tiefen Knicks. Ohne ein Wort reicht ihr der König die Hand, hebt sie auf. Elisabeth betrachtet ihn verschüchtert, wagt weder zu sprechen noch sich zu bewegen. Auch der junge Mann scheint verzaubert, er kann seine Augen von dieser graziösen Erscheinung nicht wenden. Die Zuschauerschaft hat sofort begriffen: „Diese Frau bleibt, der König kann seine Augen nicht von ihr abwenden." Richtig, Karl VI. ist erobert, und als ihn einer der Berater fragt: „Wird sie Königin von Frankreich sein?", kommt die Antwort sofort: „Ja, keine Frage, wir wollen keine andere!" Der König fügt an: „Sagt meinem Onkel von Burgund, bei Gott, dass man sich darum kümmere!"

Die Hochzeit soll sofort gefeiert werden, in Amiens, der König will es so. Impulsiv und ungeduldig wirft er die Pläne seines Onkels um, der es vorgezogen hätte, die Hochzeit mit großem Zulauf der Bevölkerung in seinen eigenen Landen, das heißt in Arras, zu feiern.

Karl hat anders entschieden; Elisabeth wird zwei Tage nach ihrer Begegnung seine Frau, und es ist ihm gleich, dass man nicht die Zeit hat, über ihre Mitgift zu reden, „ihre Schönheit dient ihr als solche", hält er denen entgegen, die sich darüber wundern[6].

---

[6] Es gibt keinen Hinweis auf eine Mitgift in den Archiven von München. Nur der Chronist Burhard Zink, Augsburg, Mitte des 15. Jahrhunderts, macht eine Erwähnung.

Sie ist hübsch, die künftige Königin von Frankreich; gerade fünfzehn Jahre alt, klein, brünett[7]; mit gut gezeichnetem Mund, vollen Lippen; mit großen begeisterten Augen blickt sie auf den schönen Prinzen. Auch sie scheint erobert – wie hätte es auch anders sein können. Das Mädchen kam als Pilgerin nach Amiens und nun begegnet es diesem charmanten Prinzen. Denn Karl ist schön, verführerisch, gut gewachsen, groß, kräftig; er ist großmütig und freigiebig – manchmal etwas zu sehr. Seine Zeitgenossen bemerken: Dort, wo sein Vater 100 Ecus als milde Gabe gewährt hatte, gibt er Tausend. Jene, die ihm als Heranwachsendem begegnet sind, haben ihn als liebenswürdigen und gutmütigen Jungen in Erinnerung: Niemand, der ihn um eine Audienz bittet, wird nicht empfangen. Karl versteht es, sich in die Niedrigsten hineinzudenken, ist anderseits ganz gleichmütig im Umgang mit den Gesandten aus fremden Ländern. Mit einem Wort: Er verkörpert alle Tugenden der alten Ritterschaft. Sehr populär wird er als der „Vielgeliebte" in die Geschichte eingehen.

Wie sollte man ihm widerstehen? Elisabeth wird ihr ganzes Leben lang die Erinnerung an ihre Hochzeit im Gedächtnis behalten, sie wird sich eine liebevolle Zärtlichkeit für den bewahren, der ihr Vermittler war; mehrmals wird sie dem Herzog von Burgund ihre Dankbarkeit beweisen. 1412, siebenundzwanzig Jahre später, erneuert sie eine Seelenmesse für sein Heil in der Kathedrale „zu Ehren und in Verehrung des Heiligen Johannes sowie zur Ehre, die sie gehabt, dort das Sakrament der Ehe empfangen zu haben". In ihrem Testament wird sie die Kathedrale von Amiens bedenken „in welcher Monseigneur uns ehelichte".

Der Tag nach der Hochzeit

Gleich am nächsten Tag erreicht eine wichtige Nachricht den Hof, der sich im Turnierkampf zerstreut: die Einnahme des Hafens von

[7] Zum Aussehen Isabeaus siehe: Sandra Hindman: „The Iconography of Queen Isabeau de Bavière (1410 - 1415), An essay in method", in: *La Gazette* des *Beaux-Arts,* 125. Jg., VI. Periode, Bd. 102.

Damme durch den englischen Kapitän Johann Bouchier, unterstützt von den Gentern, Untertanen des Onkels Philipp. Dessen Ehre steht auf dem Spiel, der Affront bedarf der Sühne. Ohne weitere Beratung beschließt Karl einen Feldzug nach Flandern. Während also die anderen Gäste Abschied nehmen, behält der König einen von denen, die Elisabeth begleitet hatten, ihren Vetter Wilhelm von Ostrevant, den Gemahl Margaretes von Burgund, bei sich.

Friedrich von Bayern hingegen, ungeduldig, stolz und glücklich, verabschiedet sich von seiner Nichte und bricht auf, um seinem Bruder, Herzog Stephan, zu verkünden, dass seine „Tochter eine der größten Damen der Welt" geworden ist.

Nachdem ihr Mann abgereist ist und sie ihre privaten Gebete verrichtet hat, verlässt Isabeau Amiens. Sie vergisst das ursprüngliche Ziel ihrer Reise nicht und schenkt der Kathedrale eine schöne silberne, mit Edelsteinen besetzte Schale, auf der künftig das Haupt des Heiligen Johannes des Täufers ruhen wird; die Reliquie stammt aus Konstantinopel, von wo sie ein Geistlicher, Walon de Sarton, nach der Plünderung der Stadt 1204 triumphal mitgebracht hatte[8].

Schloss Creil, wo sich die junge Frau einrichtet, ist von Grund auf erneuert worden. Alle Zünfte sind zu Gange, um den strengen Charakter der Festung, die auf einer von der Oise umflossenen Insel errichtet wurde, abzumildern. Die Maurer brechen elegante Fenster mit Fensterkreuzen ein, Tapeten in lebhaften Farben wärmen die großen Säle und die Privatgemächer Isabeaus werden geschmackvoll möbliert.

Isabeau wird der wohlwollenden Aufsicht der Blanche von Frankreich anvertraut, der Herzoginwitwe von Orléans, einer sehr respektierten Frau von siebenundfünfzig Jahren[9]. Der Gräfin von Eu, Witwe Johanns von Artois, kommt die Aufgabe zu, sie über ihre neuen

---

[8] Karl VII. wird später die Silberschale durch eine Goldschale ersetzen, die in der Zeit der Terreur eingeschmolzen und im 19. Jahrhundert durch eine Kopie ersetzt wird.

[9] Blanche de France (1328 - 1393) war die Witwe von Philipp von Orléans, des Bruders von Johann dem Guten.

Aufgaben zu unterrichten, unterstützt wird sie von ihrer Tochter Johanna von Artois, die man „Mademoiselle von Dreux" nennt, da sie mit dem Grafen von Dreux verheiratet war, der am Abend ihrer Hochzeit im Turnier getötet wurde. Die Damen unterrichten sie auch über die Geschichte des letzten Herrschers, Königs Karl V., ihres verstorbenen Schwiegervaters:

Karl war ein hagerer Mann mit ausgezehrten Zügen; wer ihm begegnete hielt ihn für krank, wer aber seine Augen sah, war von seinem durchdringenden Blick gefesselt, und wer ihm zuhörte, begriff bald, dass er es mit einem überaus intelligenten Mann mit außergewöhnlicher Willensstärke zu tun hatte. Das Leben hat ihm nichts erspart: Er ist achtzehn, als er 1356, während der Gefangenschaft seines Vaters Johann des Guten in England die Regentschaft zu führen hat. Er muss sich zahlreichen Aufständen entgegenstellen, dem englischen Druck, dem Komplott seines Cousins Karls des Schlechten. Machtlos muss er zusehen, wie 1360 Johann der Gute im Vertrag von Brétigny den Engländern den Südwesten Frankreichs und drei Millionen Gold-Ecus als Pfand für seine Freiheit überantwortet. Nach seiner Krönung wird König Karl V. sich dieses entsetzlichen Misserfolgs erinnern und – glänzend unterstützt vom Kronfeldherrn Du Guesclin – einen Abnutzungskrieg führen; es wird ihm gelingen, Frankreich wieder aufzurichten. Überdies, so erinnern sich die Damen von Artois, verdiente sich der König auch in seinem Privatleben den Beinamen „der Weise". Er führte gern ein einfaches Leben, achtete auf die Erziehung seiner Kinder, verbrachte viele Stunden im Gespräch mit den Gelehrten, die er an seinem Hof empfing. Tiefgläubig machte er viele fromme Stiftungen. Alles geriet ins Wanken, als am 6. Februar 1378 seine Gemahlin Johanna von Bourbon im hôtel Saint-Pol bei der Geburt ihrer Tochter Katharina starb. Der König hatte seine Frau sehr geliebt: „Der König war lange Zeit über den Tod der Königin sehr betrübt, denn sie liebten sich sehr, wie zugetane Eheleute sich einander lieben können[10]." Tagelang war er niedergeschlagen, unfähig zu arbeiten.

---

[10] *Grandes Chroniques de France.*

Im April 1378 erfährt er vom Tod Papst Gregors XII. Karl V. stellt sich in die Gefolgschaft des Papstes von Avignon, Klemens VII., und wird so in den Augen vieler zum Verantwortlichen des großen Schismas, das die Kirche spaltet. Dann verschlechtert sich die innere Lage rasch: Von neuem brechen Revolten im Languedoc aus, und die Pest wütet in mehreren Provinzen.

Damit nicht genug. 1380 lässt der Tod von Du Guesclin vor Châteauneuf-de-Randon das Land ohne Verteidigung gegen die englische Armee, die unter dem Befehl des Grafen von Buckingham in Calais gelandet ist. Der König ist erschöpft, er lässt sich in einer Sänfte von Vincennes nach Paris, dann nach Saint-Germain-en-Laye bringen. Anfang September 1380 kehrt er für wenige Tage nach Vincennes zurück. Am 13. September ist er in Beauté-sur-Marne, seinem Lieblingsschloss. Er lässt seinen Beichtvater, den Dominikaner Maurice de Coulanges rufen. Im Laufe des folgenden Tages, am 14. September, murmelt der König mit kaum vernehmbarer Stimme: „Freut Euch, meine Freunde und seid zufrieden, auch ihr meine Ärzte, denn in Bälde werde ich Euren Händen entgleiten." Zwei Tage später, fiebrig, lässt er seine Testamentsvollstrecker an sein Lager kommen, bittet das Volk um Verzeihung, erklärt die Abschaffung der Herdsteuer und anderer ähnlicher Lasten, erhält die letzte Ölung und erwartet den Tod. Bevor er in Agonie verfällt erlebt er die Freude, seinen Freund Bureau de La Rivière wieder zu sehen; in seinen Armen stirbt er einige Stunden später.

Die zwei jungen Prinzen, Karl und Ludwig, sind nicht an der Seite ihres Vaters, sie mussten in Melun bleiben – denn Karl V. wünschte nicht, dass sie in Zeiten der Pest dem geringsten Risiko ausgesetzt würden. Sie werden erst nach der Bestattung des Königs in Saint-Denis nach Paris zurückkehren.

Die beiden Frauen schweigen einige Augenblicke, dann fahren sie in ihrer Erzählung fort. In Wirklichkeit ist es ihre Aufgabe, die Königin in eine „ganze Welt" einzuführen: Eine komplizierte Welt, deren Mechanismen zu begreifen sie lange brauchen wird. Der weise König hatte einen Regentschaftsrat vorgesehen, der fünfzig Mitglieder vereinte: Prälaten, hohe Offiziere, Beamte, Geistliche und Bürger. Und einen kleinen Rat von zwölf Mitgliedern, der letztlich die Entscheidungen treffen sollte. In diesem Kabinett befinden sich mehrere vertraute Berater des Königs, die man die „marmousets“, Fratzenbilder, nennt, eine Anspielung auf die grimassenschneidenden Figuren, die auf Türklopfern abgebildet sind.

Karl VI. ist mit zwölf Jahren König geworden – er findet eine schwierige Lage vor – nach dem Tod des Vaters hatten die drei Onkel des Königs, Ludwig, Philipp und Johann die Macht an sich gerissen und dem Rat nicht einen Funken von Autorität überlassen. Karl V. hatte das Alter der königlichen Volljährigkeit von vierzehn auf dreizehn Jahre gesenkt; er hatte durch die Bildung des Regentschaftsrates die Macht der Einzelnen dosiert und die Aufgaben verteilt: Der Königin war die Sorge um die Kinder anvertraut, seinem Bruder von Anjou die Regierung, jedoch ohne die Finanzen, denn der Vormundschaftsrat sollte den königlichen Schatz verwalten. Aber: Diese wohlerwogene Anweisung wurde nie umgesetzt, denn jeder der Onkel wollte regieren. 1380, zu Herrschaftsbeginn Karls VI., stehen seine Onkel väterlicherseits in der Blüte ihrer Jahre: Ludwig von Anjou ist einundvierzig, sein Bruder Johann von Berry ist vierzig und der Jüngste, Philipp, ist achtunddreißig. Ebenfalls seinen Anteil an der Macht erhofft sich der Onkel mütterlicherseits: Ludwig II. von Bourbon, dreiundvierzig Jahre alt.

Der Letztere dient seinem Neffen treu bis 1390, als er zum Kreuzzug aufbricht – allerdings begnügt er sich mit einer raschen Expedition nach Afrika zum tunesischen Hafen von Madhia. Er hat seinen Ehrgeiz gestillt, kehrt schnell nach Frankreich zurück und nimmt seinen Platz im Rat wieder ein, wo seine Stimme Gewicht hat.

Gegenwärtiger wird Ludwig von Anjou sein. Er trägt den Titel seines Lehens, Maine und Anjou, das ihm sein Vater Johann der Gute verliehen hat. Er ist ein machtgieriger Prinz, hart gegen die Schwachen. Unternehmungslustig und auf seinen Vorteil bedacht, hat er nicht gezögert, sich von Johanna von Navarra adoptieren zu lassen, um ihr Erbe zu erhalten.

Auch Johann von Berry ist ein Lehensprinz, der über die Auvergne und das Berry herrscht; die Geschichtsschreibung zeichnet von ihm das Bild eines Epikuräers, der das gute Leben, Luxus und die Kunst liebt. Seine Sitten sollen locker gewesen sein.

Philipp, mit Beinamen „der Kühne“, der jüngste der Söhne König Johanns, ist ein intelligenter und mutiger Mann. Seinen Beinamen verdankt er der Tapferkeit, mit der er an der Seite seines Vaters 1356 in der Schlacht zu Poitiers gefochten hat. Mit vierzehn Jahren war er gekommen, um mitzukämpfen, und man erinnert sich seiner Worte, die der italienische Chronist Villani überliefert hat: »Vater, vorsicht nach Links! Vater, vorsicht nach Rechts!« Er ist ein kraftvoller Prinz, der es liebt, sich im Ballspiel zu messen. Er findet großes Vergnügen an der Jagd, aber der „klügste Prinz der Lilien“[11] ist auch ein großer Arbeiter, der sich seiner Verantwortung und seiner Pflicht bewusst ist. Verheiratet ist er mit der Tochter Ludwigs von Male, die ehemals Philipp von Rouvres versprochen war. Sie ist Erbin des väterlichen Teils des belgischen Landes und zahlreicher angrenzender Ländereien sowie, durch ihre Großmutter, des Artois, des Nivernais, von Rethel, der Freigrafschaft und der Grafschaft Flandern, der drei Ländereien aus der königlichen Domäne angeschlossen sind. Die Heirat war schwierig gewesen, denn das Mädchen war, nachdem es seinen ersten Verlobten verloren hatte, Edmund von Langley, dem Sohn des englischen Königs Edward III., versprochen gewesen. Karl V. hatte überaus geschickt taktiert, um diese Allianz zu verhindern, musste aber den Flamen drei Städte – Lille, Douai und Orchies – abtreten, damit die Heirat in der Kirche Saint-Bavon zu Gent am 19. Juni 1369 gefeiert werden konnte.

Beim Tod Karls V. ist Philipp durch Größe und Reichtum seiner Ländereien der Erste unter den Prinzen. Auch die anderen Onkel haben reichen Lehensbesitz. Jeder benimmt sich wie ein Staatschef: Rivalitäten und Konflikte sind die Folge. Die Partie wird zunächst zwischen Philipp und Ludwig gespielt, wobei Letzterer im Vorteil scheint. Er hatte die Regentschaft gefordert, und als sein Neffe Karl zur Krönung nach Reims aufbricht, konfisziert er den königlichen Schatz und setzt sich an die Spitze des Rates. Er entlässt die letzten

---

[11] Der Religieux de Saint-Denis.

engen Vertrauten seines Bruders Karls V. und wirft sie ins Gefängnis – zumindest jene, die nicht klug genug gewesen waren, ins Exil zu flüchten. Aber Ludwigs Macht dauert nur wenige Monate. Von wankelmütigem Charakter richtet er bald seinen Ehrgeiz auf den Thron von Sizilien, wohin er 1380 aufbricht. Er wird 1384 in Bari im Kampf um sein eingebildetes Königreich sterben.

Philipp der Kühne, bis zur Abreise Prinz Ludwigs in Flandern beschäftigt, kehrt an die Spitze des Rates zurück – während Ludwig II. von Bourbon seinem mittelmeerischen Traum nachjagt und Johann von Berry seine Miniaturen bewundert.

Die Jugend Karls VI.

Philipp der Kühne hat auch die Erziehung seiner Neffen, der Söhne Karls V., übernommen: Karls und seines achtjährigen Bruders Ludwig; die zweijährige Schwester Katharina wird der liebevollen Obhut ihrer Großmutter mütterlicherseits „Madame von Bourbon, der Großen“, Isabella von Valois, anvertraut.

Als Ersatz für ihren Erzieher Philipp von Mézières, Kanzler von Zypern, der sich beim Tod seines königlichen Freundes in das Zölestinerkloster zurückgezogen hat, wählt der Herzog von Burgund Michael von Creney. Der gelehrte Mann ist Mitglied des Collège de Navarre, unterrichtet seine Schüler in Grammatik, wir würden sagen in Literatur. Um diese Erziehung zu ergänzen, stehen Karl und Ludwig die Werke der umfangreichen Bibliothek ihres Vaters zur Verfügung, insgesamt 1.200 Bände. Die Bibliothek befand sich im Louvre – im „Bücherturm“. 1367 hatte sie nur aus einem Dutzend Bücher bestanden. Karl V. hatte sie um Werke aller Art ergänzt. Es gab natürlich Bibeln in Latein und Französisch, Breviere, Gebetbücher und Psalmen, Heiligenleben, Wundersammlungen, aber auch Bücher zur Wissenschaft, Abhandlungen über Astrologie, Geomantie[12], Chiroman-

[12] Erdwahrsagung: Wahrsagerei aus willkürlich in den Sand gemalten Punkten und Strichen. (Anm. d. Ü.)

tie[13], Medizin, wie die Werke des Hippokrates, Fragmente aus den Lehren des Avicenna, oder aber Abhandlungen zur Tierheilkunde, wie die „Chirurgie der Jagdvögel". Die Bibliothek umfasste auch juristische Werke: die Dekretalien, die Institutionen, die Digesten und die „Gewohnheiten", ein lateinisch-französisches Nachschlagewerk zur Erleichterung des Studiums, Enzyklopädien wie den „Tresor" von Brunetto Latini; historische Werke wie Eusebius, Josephus, Titus-Livius und Chroniken, besonders die von Caesar und Gottfried von Bouillon. Die jungen Prinzen können Reiseerzählungen nachträumen, darunter dem berühmten Bericht des Marco Polo, der China bereist hat. Auch literarische Werke fehlen nicht, die alten: Ovid und Lukan, aber auch der „Roman der Rose" oder „Reinecke Fuchs". Karl blätterte mit Vorliebe in den herrlich illustrierten Handschriften: Das „Buch des König Modus" weckt seine Liebe zur Jagd, und er vertieft sich mit Vergnügen in „Lancelot" oder „Die Suche nach dem Gral" – sein ganzes Leben lang wird er Gefallen an der Lektüre haben[14].

Der junge König stählt seinen Körper: Er kann hervorragend mit Waffen umgehen und begeistert sich für Turniere. Wie alle Männer seiner Zeit liebt er die Jagd; seine Hunde und Falken sind der dauerhaften Sorge mehrerer Bediensteter anvertraut, und die Kosten dafür machen einen Großteil der Ausgaben des königlichen Hauses aus. Karl hat reichlich Gelegenheit, sich seinen Lieblingsbeschäftigungen hinzugeben – denn die Leitung der Angelegenheiten des Königreiches ist ihm abgenommen. Es wird einige Jahre dauern, ehe er sich der Vormundschaft seiner Onkel entziehen und seinen eigenen Willen durchsetzen kann.

Zwei Jahre nach dem Tod Karls V., 1382, steht es schlecht um das Land. In einer Provinz nach der anderen brechen Aufstände aus. Die

---

[13] Wahrsagen aus der Hand. (Anm. d. Ü.)

[14] Die Bibliothek ist Gilles Malet, dem Haushofmeister des Königs anvertraut. Beim Tode Karls VI. sind von den 1.200 von Karl V. hinterlassenen Bänden nur noch 823 vorhanden. Die Prinzen leihen sie gerne aus, vergessen aber ebenso gern sie zurückzugeben. Christian Arthur, *Etudes sur le Paris d'autrefois*, Paris, Champion, 1946. Katalog zur Ausstellung „La Librairie de Charles V", Paris, B.N., 1968.

Leute wollen keine Steuern mehr zahlen, berufen sich auf die Erklärungen des verstorbenen Königs, der die Abschaffung der Herdsteuer befohlen hatte; nach Ansicht des Volkes bedeutet das die Abschaffung jeglicher Steuer. Ein Teufelskreis beginnt: Einberufung der Generalstände, bei deren Zusammentreten jeder auf seiner Sicht der Dinge beharrt; aus dieser Unversöhnlichkeit werden Revolten geboren, die unterdrückt werden müssen, wobei Massaker unvermeidbar sein werden. Hier zeichnet sich ab, was fortan die „offene Wunde" des „Ancien Regime" sein wird: das Auseinanderklaffen zwischen den persönlichen Ressourcen des Königs und den finanziellen Erfordernissen des Königreiches. Wie soll der König leben, die Kosten seines Haushaltes decken, seine Truppen entlohnen? Die Einkünfte aus der königlichen Domäne reichen nicht aus – folglich müssen die Parlamente ihm ausreichende Mittel bewilligen.

Im Languedoc, in Rouen und Paris brechen Revolten aus: Im Süden des Landes will Johann von Berry für Ordnung und Steuerzahlung sorgen, aber er hat eine harte Hand, und die Untertanen fordern lauthals den Schiedsspruch ihres Königs. Der königliche Rat lässt sich nicht beeindrucken, er lädt die Vertreter des Languedoc nach Lyon vor und legt den Rebellen eine schwere Geldbuße auf, im Gegenzug befreit er sie von Steuern und stellt die städtischen Freiheiten wieder her.

In Rouen trägt die Revolte den Namen „harelle", in Paris spricht man vom Aufstand der „maillotins". Die Aufständischen haben sich der „maillets", kleiner Hämmer aus Blei bemächtigt, die der Stadtvorsteher im Rathaus für den Fall eines englischen Angriffs bereitgehalten hatte – so bewaffnet zieht das niedere Volk durch die Straßen und verbreitet Angst und Schrecken. Ähnliche Volkserhebungen gibt es auch in anderen Ländern, in Italien, vor allem in Florenz, wo die Ciompi, die Gevattern, zu den Waffen greifen, oder auch in Flandern. Dazu wird der Herzog von Burgund beim König vorstellig; der möge seinem Schwiegervater zu Hilfe kommen, denn schließlich ist der Herzog Erbe des Grafen von Flandern, Ludwigs von Male. Karl beschließt, sich an die Spitze seiner Armee zu stellen, um die Revolte niederzuschlagen. Die Erinnerung an die Schlacht von Courtrai, als die städtischen Bürgerwehren die französische Ritterschaft in Stücke gerissen haben, ist noch wach und schreit nach Vergeltung.

Im belgischen Land, wo das Gewerbe floriert und das Bürgertum reich ist, betrachtet man den Herzog misstrauisch. 1375 gewährt er Brügge die Erlaubnis, einen Kanal zu bauen, um seinen Hafen an die Lys anzuschließen und leitet so den Flussverkehr zum Schaden Gents um. Die Genter erheben die Waffen und erschlagen ihren Vogt. Die Stadt Ypern schließt sich Gent an. In Brügge selbst erheben sich die Weber gegen den Stadtadel. Ludwig von Male gelingt es nicht, den Aufstand niederzuschlagen, er bestätigt alle Freiheiten und stimmt der Einsetzung einer Kommission aus Vertretern der drei Städte zu, um etwaigen Missbrauch der Amtsgewalt zu untersuchen. Er hofft, Zeit zu gewinnen; in Brügge sind die Weber nicht mehr Herren der Stadt; in Ypern geht das Gespenst des Aufstandes um; der Graf nimmt mit Gewalt die Stadt wieder ein, zieht dann nach Gent, um es zu belagern. Die Städter, weiße Schweifkappen tragend, lassen sich das nicht gefallen. Ihr Anführer ist Philipp van Artevelde. Er versucht, es seinem Vater Jakob van Artevelde gleichzutun, der zu Zeiten der Herrschaft Philipps VI. aus Flandern eine Handelsrepublik nach Vorbild der Seerepublik Italiens machen wollte. Nur der Tod hatte ihn aufgehalten.

Die „weißen Kappen“ erobern Brügge, bringen die reichen Händler um, plündern ihre Häuser. Das Geburtsschloss des Grafen von Male wird niedergebrannt. Ratlos ruft Ludwig von Male seinen Schwiegersohn zu Hilfe. Und der königliche Heerbann macht sich auf den Weg nach Flandern. An der Seite des jungen Königs ziehen der Marschall Ludwig von Sancerre und Olivier von Clisson, der Kronfeldherr Frankreichs, auch zahlreiche Bretonen beteiligen sich am Feldzug. Der Sieger steht nicht von vorneherein fest, aber die Strategie des Marschalls erweist sich als entscheidend; die erste Stadt, die eingenommen wird, ist Commines. Karl, wackerer Ritter, beteiligt sich am Kampf. Ypern öffnet dem König von Frankreich seine Tore, aber Artevelde setzt den Kampf fort und liefert sich am 27. November 1382 bei Rosebeke, zwischen Ypern und Courtrai, eine Schlacht. Das französisch-burgundische Heer trägt den Sieg davon, dank des Marschalls und des Kronfeldherrn, die es als gelehrige Schüler Du Guesclins verstanden haben, die feindliche Armee einzuschließen. Philipp van Artevelde fällt, die Waffen in der Hand. Die flämische Revolte ist nicht mehr. Karl VI. lässt Courtrai erbarmungslos niederbrennen. Zuvor hat der Herzog von Burgund vom Bergfried das berühmte Glockenspiel bergen lassen, auf dem Jacques Marc und die Angehörigen seiner Familie, gekleidet wie man es im 14. Jahrhundert war, die Stunden mit Hämmern auf die Glocken schlugen – hier liegt der Ursprung des Begriffes „Jacquemart“[15]. Dieses außergewöhnliche Meisterwerk ziert nun den Glockenturm der Kirche Notre-Dame zu Dijon und erinnert noch heute die Passanten an den Sieg zu Rosebeke.

Der Feldzug hat das Ansehen Karls VI. erhöht. Er will zeigen, dass er der Herr ist. In Paris ist die Rechtsprechung der Onkel hart, zahlreiche Aufständische werden hingerichtet, die Vogtei der Händler verliert ihre Befugnisse an „den Vogt“, einen wahrhaften Polizeipräfekten des Königtums. Die Städte in der Provinz zittern und flehen um Gnade; im Februar 1383 werden die Steuern wieder eingeführt. Nolens volens leisten die Bürger großzügige Spenden – und zahlen.

Mit jeder Erzählung lernt Elisabeth die Vergangenheit und die Sitten ihres neuen Landes kennen. Ihr Leben fließt im Umgang mit ihren Lehrerinnen, ihrer Amme und ihrer Freundin Katharina ruhig dahin. Nach zwei Monaten der Trennung begegnet Karl seiner Gemahlin in Vincennes wieder. Der jungen Frau gefällt es in dieser königlichen Residenz, die gewissermaßen das Versailles der Valois ist. Dort richtet sich der Hof zur Sommerzeit ein, und dorthin wird er sich in den Zeiten neuerlicher Pestfälle in Paris zurückziehen. Im mehr als tausend Hektar großen Park, dem einzigen, den es seinerzeit in Frankreich gab, tummeln sich Hirsche. Wenige Meilen entfernt liegt Schloss Beauté, eine kleine aber zauberhafte Residenz, in die sich die Königin gern zurückzieht und den Blick genießt, den man von der Höhe der Türme über die Landschaft hat, wo der Wein

[15] Fachbegriff für geharnischte Stundenschläger auf Uhren. (Anm. d. Ü.)

gedeiht und sich die Flügel der Windmühlen drehen. Diesem Schloss hatte die ganze Aufmerksamkeit Karls V. gehört – es war sein bevorzugter Aufenthaltsort gewesen, an den er sich hatte bringen lassen, als er sein Ende nahen fühlte. Der „weise König“ hatte dort eine Orgel durch flämische Orgelbauer einbauen lassen; er hatte Wandteppiche beim Pariser Schaftmacher Nicolas Bataille bestellt, dessen Weberatelier sehr berühmt war.

In den Archiven findet sich noch der Beleg für den Erwerb einer bei Meister Jean Jouvence – um fünfundsechzig Francs – bestellten Uhr.

Auch der Dichter Eustache Deschamps[16] war von der Schönheit des Schlosses Beauté ergriffen:

An der Spitze aller angenehmen und schönen Orte,
die man auf dieser Welt findet, steht aus gefälligen Bauten errichtet,
fröhlich und schön anzusehen,
ein Schloss um dort zu verweilen,
freudig bereit, Euch zu beweisen,
warum, hier am Rande des Forstes von Vincennes,
König Karl, Gott gebe ihm Frieden,
Freude und Gesundheit seinem ältesten Sohn, dem Thronfolger,
ihm den Namen Schönheit gab.[17]

---

[16] Französischer Dichter (um 1346 - um 1406), angesehene Persönlichkeit am Hofe Karls V. und Karls VI. Der Schüler von Wilhelm von Machaut war mit seiner „Art de dictier“ (1392) ein Theoretiker der Dichtkunst und Autor von Geschichts-Gedichten, Balladen, Rondos. Sein Werk greift in realistischer Art alle Spielarten amuröser, anekdotischer, satirischer Art auf. (Anm. d. Ü.)

[17] *Sur tous les lieux plaisants et agréables*
que l'on pourrait en ce monde trouver,
édifié de manoirs convenables
gais et jolis pour voir et demeurer,
joyeusement puis devant vous prouver
que c'est là, à la fin du bois
de Vincennes, qui fit faire le roi
Charles, que Dieu donne paix, joie et santé
son fils aîné, dauphin de Viennois
donna le nom à ce lieu de Beauté.

Verständlich, dass dieser idyllische Ort Isabeau verzaubert, die sich aus ihrer bukolischen Kindheit die Liebe zu den Tieren bewahrt hat und die die Vogelhändler reich bedenkt, die alle Arten von Vögeln züchten. Hier fliegen weiße Turteltauben in aller Freiheit über den Garten mit schnurgeraden Pfaden, während in der Abenddämmerung die Nachtigallen in ihren goldenen Käfigen trillern.

Isabeau wird sich hier nur kurz aufhalten. Das Schloss wird Ludwig von Orléans abgetreten, der hier seine Mätresse Mariette von Enghien unterbringt, die Mutter des berühmten Bastards Johann, dem späteren Grafen von Dunois.

Die Jugend Elisabeths

Die Abkunft der jungen Königin unterscheidet sich deutlich von der ihres königlichen Gemahls. Die Pariser neigen dazu, die Vorfahren Isabeaus von recht geringem Stand zu halten. Aber Christine von Pisan preist das Haus Wittelsbach: „Ihre Familie ist von alter Abkunft und hohem Adel."

Jahrhundertelang haben die Wittelsbacher Bayern geeint und entwickelt; sie haben die Einfälle der Ungarn an den Ufern des Lechs abgewehrt, die Sümpfe trockengelegt, die Äcker bebaut. Sie haben Städte gebaut, Schulen gegründet, Kirchen gestiftet. Sie haben aus diesem Land, das sich von den Alpen Tirols bis zur Donau und von den Ufern des Lechs bis zu jenen des Inn erstreckt, die mächtigste und gedeihendste Provinz „Haute-Allemagne" gemacht!

Dieses ausgedehnte Fürstentum ist römischer Obedienz, was – in jenen Zeiten der Kirchenspaltung – als Karl und Elisabeth heirateten, unvermeidlich zu einigen Diskussionen führte, denn der Papst der Valois ist jener zu Avignon.

Zu Ende des 14. Jahrhunderts wird das Fürstentum von drei Brüdern regiert, Stephan, Johann und Friedrich. Sie verstehen sich und haben beschlossen gemeinsam zu regieren – bis 1365, dem Todesjahr ihres Vaters Stephan II. Stephan und Johann richten sich in München ein, von wo aus sie die Angelegenheiten Oberbayerns leiten, während Niederbayern Friedrich anvertraut ist. Die drei Brüder bilden die ältere Linie der Familie, während die jüngere den Hennegau regiert.

Elisabeths Vater, Stephan III., der „Jüngere“ oder der „Freigebige“ verdient wohl seinen Beinamen der „Kneißl“, der „Prachtliebende“. Seine Neigung zu Prunk und Luxus ist sprichwörtlich, aber er ist auch wacker und gerecht.

Bayerin durch ihren Vater, ist die junge Königin von Frankreich über ihre Mutter Thaddäa Visconti Italienerin. Im vierzehnten Jahrhundert gelten die Angehörigen der reichen Visconti-Familie als Emporkömmlinge, die ihren mit Eifer erworbenen Neureichtum verschleudern – aber was kümmert das Stephan von Wittelsbach. Die junge Frau ist schön, und die Verbindung mit einer italienischen Macht ist für seine Länder von Vorteil. Thaddäa verlässt ihre Eltern, ihre dreizehn Brüder und Schwestern, die sonnigen Ufer des Po und folgt ihrem Gemahl auf seine bayerischen Besitztümer.

Im ersten Jahr ihrer Ehe schenkt sie ihm einen Sohn, Ludwig, den man in Frankreich den „Gebarteten“, in Bayern den „Franzosen“ nennen wird. Weniger als ein Jahr darauf, in den letzten Monaten des Jahres 1369 oder gleich zu Beginn des Jahres 1370, bringt die schöne Italienerin eine Tochter Elisabeth zur Welt. Dieses Kind soll in der Alten Burg von München, anderen Überlieferungen nach in der Landshuter Residenz oder aber in Ingolstadt geboren worden sein, wo sich der Hof recht häufig aufhielt. An diesen drei Orten spielte sich jedenfalls im Wesentlichen seine Kindheit ab. Wie alle Prinzessinnen ihrer Zeit lernt Elisabeth schreiben und lesen, man bringt ihr genügend Latein bei, um dem Gottesdienst zu folgen. Man lehrt sie eine gute Hausfrau zu sein, fähig, eine zahlreiche Dienerschaft zu befehligen.

Ludwig und Elisabeth erleiden ihren ersten großen Kummer am 28. September 1381, dem Tag, da ihre Mutter stirbt: „Sie war noch keine dreißig Jahre alt“ vermerkt ein Mönch im Nekrolog des Kloster Seligenthal bei Landshut[18].

---

[18] Tod der Thaddäa Visconti, *Nekrolog des Klosters Seligenthal bei Landshut*. „Ihr Leichnam soll in der Münchner Frauenkirche bestattet worden sein“, zitiert nach Theodor Straub, Katalog der Ausstellung zu Isabeau de Bavière, München, 1969.

Ihr Tod hat die zwei Kinder im Alter von zwölf und elf Jahren geprägt. Fortan werden sie im September – Ludwig in Ingolstadt, Elisabeth in Paris – eine Seelenmesse für ihre zu früh verstorbene Mutter lesen lassen. Der gemeinsam erfahrene Kummer verstärkt die Zuneigung, die sie füreinander empfinden. Bruder und Schwester bleiben sich ihr ganzes Leben lang gewogen.

Im Stadtmuseum München befindet sich noch das Stundenbuch Thaddäas, auf dessen schönem Umschlag eine Jungfrau mit Kind abgebildet ist – geziert von den Wappen der Visconti und Wittelsbacher.

Im November 1383 sendet Philipp der Kühne zwei seiner Getreuen, Wilhelm von Mauvinet und Abel von Salins, als Botschafter aus. Sie sollen um die Hand Elisabeths anhalten. Friedrich, den Burgundern sehr zugetan, bemüht sich sehr, seinen Bruder Stephan, den Vater des Mädchens, zu bewegen, sie ziehen zu lassen. Erst nach langen Diskussionen stimmt dieser der Reise und der Vorstellung seiner Tochter vor dem König von Frankreich zu. Stephan sieht dieses Vorhaben nicht gern. Er würde für seine zärtlich geliebte Tochter eine sicherlich bescheidenere, aber dafür sicherere Heirat vorziehen. Er kennt die Bräuche am französischen Hof, die vorsehen, dass die Erwählte von Matronen untersucht wird, um festzustellen, ob sie in der Lage ist, dem König Kinder zu schenken – er weiß auch, dass der jungen Frau, einmal abgewiesen, keine andere Möglichkeit bleibt, als sich in einem Kloster zu verstecken.

Zudem gibt es in Frankreich mehrere Persönlichkeiten, die einer Verbindung mit Bayern kaum zugeneigt sind, auch ist Elisabeth nicht die einzige Prätendentin: Redet man nicht davon, dass der König von Frankreich Konstanze, die Tochter des Herzogs von Lancaster ehelichen soll? Sein Bruder Friedrich, hat abwiegelnd angemerkt, dass dieses Mädchen mütterlicherseits von Peter dem Grausamen, König von Kastilien, abstammt. Dies würde für die französische Diplomatie gewisse Schwierigkeiten darstellen – hatte nicht der König von Frankreich dessen Bruder Heinrich von Trastamare gegen Peter den Grausamen unterstützt?

Andererseits: Hatte man nicht gesagt, die Tochter des Königs von Schottland stelle eine gute Partie für den König von Frankreich dar? Hatte man nicht eine andere Isabeau, die Tochter Johanns I. von Kastilien, als Anwärterin erwogen? – So viele Konkurrentinnen für die zarte Isabeau, Prinzessin aus einem fernen Land. Auf all dies hatte Friedrich, doch ein wenig erschüttert, aber standhaft erwidert, er habe das Wort des Herzogs von Burgund, dass diese Hochzeit zustande käme. Und noch einmal hatte er seinen Bruder an die Beziehungen erinnert, die sie an Frankreich banden. Hatte er nicht zu den Waffen gegriffen, damals 1383, als Karl VI. ihn um Hilfe ersucht hatte, um die Städte Flanderns gegen die Engländer zu verteidigen? Bei dieser Gelegenheit, glaubt Friedrich, hatte er sich den Herzog zum Verbündeten gemacht. Was die zwei Brüder allerdings nicht abschätzen konnten war die Entscheidung Karls VI. angesichts der Porträts der in Frage kommenden Kandidatinnen, die von Malern auf Befehl Philipps von Burgund gefertigt worden waren. Und: Der König hatte Isabeau für die Schönste von ihnen gehalten.

KAPITEL 2

Eine glücksverwöhnte junge Frau

Ein Thronfolger für das Königreich

Zu Paris will der König sein erstes Weihnachtsfest mit seiner Ehefrau feiern, denn das Volk der Hauptstadt wartet auf jene, die er Isabeau nennt. Dieser Kosename hat – anders als man oft behauptet hat – nichts Abwertendes, da der Finanzverwalter ihren Namen so in die Rechnungen des königlichen Hauses einträgt.

Als Neujahrsgeschenk erhält Isabeau einen herrlichen Zeltersattel, der mit karminrotem Samt überzogen ist; darauf sind die ineinander verschlungenen Initialen E und K gestickt, die Monogramme ihrer Vornamen: Elisabeth und Karolus, die, in den Augen aller, die Liebe des Königs für seine junge Frau bezeugen[19]. Die jungen Eheleute überlassen die Angelegenheiten des Reiches dem Herzog von Burgund und entfernen sich von Paris[20] – zunächst begeben sie sich nach Melun.

---

[19] Neujahrsgeschenke 1386: „Für einen Zeltersattel für die Königin nach englischer Art, bezogen mit karminrotem Samt, übersäht mit den Buchstaben E und K ..., der ganze Bezug des Zaumzeugs von Buchstaben vergoldeten Feinkupfers, will heißen VII K und VII E.L. Selbigen Sattel gab der König am Vorabend des neuen Jahres ... für diesen Sattel 100 Francs." Paris, A.N., KK 34 f. 57.

[20] Brief Bureaus de La Rivière an den Kardinal von Laon, 31. Dezember 1385: „Und so hat der König Monseigneur von Burgund geschrieben, er wolle sich nach dem Neujahrstag in Melun, in Saint-Germain-en-Laye oder in Monbuisson aufhalten, wie es ihm gefalle. Und dazu, sehr verehrter Vater in Gott und mein sehr lieber Herr, denke ich, dass nach dem genannten Neujahrstag der König drei oder vier Tage fortreisen wird, um im Forst von Montmorency zu jagen und wird von dort nach Maubuisson und nach Saint-Germain gehen und werden sich dort in seiner und der Königin Umgebung aufhalten, bis sie neue Nachrichten von meinem genannten Seigneur von Burgund erhalten." Paris, B.N., AB XIX., K. 200.

Mehrere Tage lang vergnügt sich Karl in den umliegenden Wäldern bei der Jagd; die Königin bleibt bei ihm; dann, zum Drei-Königs-Fest, begibt er sich nach Maubuisson. Karl kann wieder seinem Lieblingszeitvertreib nachgehen und Isabeau wird beten. Die 1236 von Blanche von Kastilien gestiftete Abtei, die dem Orden von Citeaux zugehört, war ein Pilgerort für Frauen mit Kinderwunsch.

Als Isabeau nach Paris zurückkehrt, erfährt sie voller Trauer, dass ihre Amme nach Deutschland heimkehren will. Bedrückten Herzens sieht sie die Frau ziehen, die ihr die Mutter ersetzt hat. Um ihr die Reise zu erleichtern, lässt sie ihr einen Wagen neu herrichten. In einer mit dunkelblauem Tuch ausgeschlagenen, von vier stämmigen Pferden gezogenen Kutsche, kehrt die alte Frau nach Hause, jenseits des Rheins zurück[21].

In der Hauptstadt wird die Königin fortan meist im hôtel Saint-Pol logieren. Es liegt am Ende der rue Saint-Antoine, an der Straße nach Vincennes[22]. 1361 hatte Karl V. mehrere Paläste erworben: den der Grafen von Etampes in der rue Saint-Antoine, das Pfarrhaus von Saint-Maur an der rue de la Pute-y-musse – heute rue du Petit-Musc –, schließlich jenen der Erzbischöfe von Sens, nahe der Seine. Diese verschiedenen Gebäudekörper sind untereinander durch geschmückte Galerien verbunden. Der weise König hatte vom Architekten Raymond du Temple auch das hôtel Neuf für die Königin errichten lassen. Der gesamte Komplex bildete das hôtel Saint-Pol; der Name rührt von der benachbarten Kirche her. Er hatte dort eine Allee von Kirschbäumen anlegen lassen, deren Erinnerung heute im Straßennamen rue de la Cerisaie fortlebt.

In der Mitte des großen Hofes steht ein Brunnen, den ein Steinlöwe ziert. Wie in den Schlössern gibt es einen Burgturm, Symbol

[21] „Eine wackelige Kutsche ... welche der Mutter der Königin, die sie mit Milch genährt hatte, geliehen wurde, als sie von ihr ging, um in ihr Land zu gehen, am 24. Tag des Februars für 16 L.T. (Tourer Pfund; Anm.d.Ü.)“ Paris, A.N., KK 34 f. 93.

[22] Pierre Champion, *La Vie de Paris au Moyen Age*, Paris, Verlag Calmann-Lévy, 1934.

herrschaftlicher Macht, eine Uhr und eine Glocke, um die Dienerschaft zusammenzuläuten. Es gibt auch Ställe und Keller, in denen die Weinfässer gelagert werden – für den Wein, den die Weingärten des Palastes liefern, oder der von Händlern angekauft wird. In mehreren großen Becken werden alle möglichen Arten von Fischen gezüchtet, Brassen und Lachse, für die mageren Tage, also Mittwoch und Freitag, und natürlich die Fastenzeit. In den Volieren leben Tauben und Nachtigallen; die Menagerie, gut bestückt mit Wildschweinen und Löwen, ist im Stadtviertel berühmt. Sie ist ein beliebtes Ausflugsziel der Pariser, und man erinnert sich des Abenteuers eines wagemutigen kleinen Mädchens, das zu nahe an den Löwenkäfig herangegangen und gebissen worden war. Glücklicherweise hatte es einer der Bader des Königs verstanden, es erfolgreich zu verbinden.

In den Gärten führt Karl VI. die Verschönerungen fort, die sein Vater begonnen hat; auch der Name der rue Beautreillis ist ein Überbleibsel der Epoche der Valois. Philipp von Mézières, der erste Erzieher von Ludwig und Karl hatte aus Zypern eine Vorliebe für tief geschnittene Obstbäume mitgebracht – so hatte man für das hôtel Saint-Pol Holzspaliere entwickelt, an die man Apfel- und Birnbäume band und so den „Typus" schuf, den man in den Miniaturen des 15. Jahrhunderts findet. Karl V. ließ seinerseits andere Obstbäume, wie Pflaumenbäume, aber auch Rosen, Lilien und Lorbeer pflanzen.

Die Königin bewohnt die Gemächer Johannas von Bourbon. Sie bestehen aus großen Sälen, die von einer offenen Galerie mit bemalten Verschlägen umzogen sind. Hier werden die Kinder bei Regen spielen. An die Wände des Schlafzimmers von Isabeau – des Zimmers „mit den großen Schränken" – sind Szenen gemalt, die die Legenden der Ritter der Tafelrunde illustrieren; in dem Zimmer, das der Hofmeister bewohnt sind die Episoden des Romans vom Schwanenritter zu sehen. Besondere Sorgfalt widmet Isabeau ihrem Badezimmer: Der Boden ist mit Liais-Stein – einem feinkörnigen Kalkstein – gepflastert, die Tür ist aus „netzartigem Eisen", die Wände sind mit Holz aus Irland beschalt und die Badewannen sind „rundherum verziert mit vergoldeten Ziernägeln und verbunden mit Fassbändern, festgemacht mit Nägeln aus vergoldetem Kupfer“[23]. Mehrmals werden die Badetücher erneuert, die die Königin vor Splittern der Wanne bewahren, und die „Verhänge“, die sie vor Luftzug schützen, wenn sie badet. In den Schränken befinden sich „Mäntel zum Trocknen, wenn sie ihr Bad verlässt“. Die Kinder bewohnen Räume, die an die Privatkapelle der Königin anschließen.

Der König hält sich gern in seiner Hauptstadt auf, die am Ende dieses 15. Jahrhunderts wohlhabend ist; wie der König verschönern die Prinzen und reichen Kaufleute ihre Wohnsitze. Der Dichter Eustache Deschamps schreibt:

»Nichts kann sich mit Paris vergleichen ...
von allen Künsten ist es die Blüte – gleich was man sagt.«[24]

Es ist eine lebhafte Stadt, die von den Arbeiten aller Zünfte widerhallt. Hier bieten die Gasthäuser die beste Küche im Königreich; man verbraucht viertausend Schafe, zweihundertvierzig Ochsen, fünfhundert Kälber, sechshundert Schweine pro Woche. Die Paläste haben die weißesten Leintücher. Paris ist auch die Stadt, in der die Frauen am entgegenkommendsten sind. In der Hauptstadt versammeln sich die Gelehrten. Man zählt sechzigtausend Menschen, die lesen können, aber auch um die zwanzigtausend Bettler. Wie es ein Geistlicher sagt: „Paris war eine großartige Sache“.

Der Winter ist noch nicht vorüber, als Isabeau feststellt, dass sie schwanger ist. Sie lässt sich „den heiligen Stein (übergeben), der Frauen hilft, Kinder zu haben“[25], ein schönes Schmuckstück aus vier Perlen, sechs Emeralden, zwei Balasrubinen, in Gold gefasst. Auf dem Rücken ist das Wappen von Frankreich abgebildet. Das Wunderwerk der Gold-

---

[23] Sauval, *Histoire de Paris*, Bd. II., S. 280.

[24] *Rien ne se peut comparer à Paris ...*
De tous les arts c'est la flour, quoi qu'on die.

[25] Inventar der Juwelen Karls V.: „Ein Stein genannt der Heilige Stein, der Frauen hilft, Kinder zu haben, welcher in Gold gefasst ist, und befinden sich darauf vier Perlen, sechs Emeralden, zwei Balasrubinen und auf dem Rücken ist ein Ecu von Frankreich, geborgen in einem Etui aus Leder“.

schmiedekunst scheint zu wirken: Die Schwangerschaft verläuft problemlos und Isabeau kann weiterhin ein aufregendes Leben führen.

Im August nimmt sie an der Hochzeit ihrer Schwägerin Katharina von Frankreich teil. Auf Betreiben des Herzogs von Berry wird dieses Kind von acht Jahren mit Johann von Montpensier verheiratet. Am Hochzeitstag, zur Zeremonie, trägt Isabeau einen karmesinroten Rock mit scharlachfarbenem Umhang aus Brüsseler Spitze, ein Geschenk Karls. Sie behält die junge Katharina in ihrer Umgebung, die mit dreizehn Jahren stirbt – noch bevor sie zur Frau geworden ist.

Kurz nach der Heirat seiner Schwester reist Karl VI. nach Ecluse, von wo aus er nach England ziehen will. In Senlis angekommen ist die Königin ermüdet, sieht sich, ungeachtet ihres innigen Wunsches, die königliche Armee zu begleiten, gezwungen, umzukehren und nach Vincennes heimzureisen. Dort bringt sie am Morgen des 25. September einen Sohn zur Welt[26]. Die Nachricht von der Geburt des Thronfolgers verbreitet sich rasch im ganzen Königreich; am 30. September informiert ein Bote, Johann von Couste, Philipp von Burgund, der ihm vierzig Pfund für seine Mühe ausbezahlen lässt. Der Papst von Avignon, Klemens VII., wird erst am 15. Oktober davon hören. Alle Städte lassen Dankmessen lesen und veranstalten Freudesnfeiern. Die Freude ist jedoch nicht vollständig, die Kirchen erhalten nicht die erwarteten reichen Almosen und dem Volk werden nicht, wie erhofft, die Steuern erlassen. Sollte es ein schlechtes Vorzeichen gewesen sein, dass wenige Stunden vor der Geburt des Thronfolgers der Blitz nahe beim Schloss eingeschlagen hatte?

Der Erzbischof von Rouen, Wilhelm von L'Estrange, hat die Ehre, Mitte Oktober den Thronfolger auf den Vornamen Karl – wie seinen Vater, seinen Großvater, seinen Urgroßvater – zu taufen. Ein weite-

---

[26] Geburt des Thronfolgers: „Deshalb wurden reitende Boten ins ganze Königreich ausgesandt, um es den Männern der Kirche, Adligen und dem Volk zu verkünden. Sobald es getan war, herrschte überall große Freude. Und so sehr man auch in früherer Zeit Gewohnheit hatte, Almosen zu tun und das Volk von allen Lasten, die man ihm auftat, zu befreien; so wurde doch von all dem nichts getan noch gezeigt, dass man es tun wollte". Jean Juvénal des Ursins, *Histoire de Charles VI*, Ed. Godefroy, S. 58.

rer Karl, Karl von Troyes, Graf von Dammartin, hält den Säugling über das Taufbecken, wie er es achtundzwanzig Jahre zuvor mit dessen Vater getan hat. Zwei Monate später, am 27. Dezember, stirbt der Säugling in Vincennes. Noch in der Nacht ordnet sein Vater, der König, gramgebeugt an, seinen Körper in die Abtei Saint-Denis zu bringen. Beim Licht der Fackeln begleitet ein Zug hoher Herrn den kleinen Leichnam, der zu Füßen seines Großvaters, Karls des Weisen, bestattet wird, zur letzten Ruhe. Sein Grabstein ist eine Bronzeplatte: „Hier ruht der edle Karl, Dauphin des Vyennois, Sohn des Königs von Frankreich". Die Bronzeplatte wird der revolutionären Verfolgung nicht entgehen und 1792 eingeschmolzen werden.

Die Wiege und die „Prunkwiege" werden sorgfältig im Juwelen-Raum des Louvre aufbewahrt. Die Königin wollte sich nicht dem Brauch der Zeit beugen, diese Gegenstände zu verschenken und sie den armen Kindern des Hôtel-Dieu zu geben. Tief betrübt beweint diese Mutter von sechzehn Jahren den Verlust ihres erstgeborenen Kindes[27].

»Seit dem Alter von hundert Jahren und mehr war das Königreich Frankreich nicht reicher (Gott sei es gelobt!)«

CHRISTINE DE PISAN

Um seine Frau abzulenken, beschließt Karl VI., den 1. Januar 1387 großartig zu feiern. Die ganze königliche Familie schart sich zu diesem Neujahr um die jungen Herrscher: Die vier Onkel sind zugegen

---

[27] Tod des Thronfolgers: „An Wilhelm Gallande, Tuchhändler zu Paris, für 4 Ellen grobes Leinen, erworben von ihm am 13. Tag des März, um einzuwickeln eine Prunkwiege, die entworfen und bestellt für verstorbenen Herrn Thronfolger und in Sicherheit und Aufbewahrung im Juwelzimmer des Louvre".
„An Johanna von Brie, Tuchmacherin, für 4 Ellen grobes Leinen, erworben von ihr am 7. Tag des Mai, um einzuwickeln eine große Wiege und die Prunkwiege für verstorbenen Herrn Thronfolger verbracht nach Vincennes." Douët d'Arcq, *Comptes de l'hôtel des rois de France aux XIVe et XVe siècles,* S. 154.

und machen der Königin prachtvolle Geschenke. Besonderes Aufsehen erregt jenes von Philipp von Burgund: ein „goldener Tisch mit Edelsteinen geziert". Der Bruder des Königs, Ludwig, führt in der Neujahrsnacht mit der Jugend, die ins hôtel Saint-Pol drängt, den Ball an.

Einige Tage später, am 27. Januar, wird seine Verlobung mit Valentina Visconti dem Hof angekündigt. Die schöne Italienerin ist Tochter von Johann Galeazzo, dem Mann, der seinen Onkel Barnabas, den Großvater mütterlicherseits von Isabeau, gefangen nehmen und töten ließ. Nichts deutet darauf hin, dass Isabeau Valentina das geringste Anzeichen von Rachsucht entgegenbringt. Im Gegenteil: Sie unternimmt nichts, um die Heirat zu unterbinden, und bringt ihr während all ihrer späteren Leiden Zuneigung entgegen.

Nach den Festen, Ende Januar, verlässt die Königin Paris. Sie reist Karl nach, der einmal mehr seinem Onkel von Burgund die Regierungsgeschäfte überlässt und den Wildschweinen in den Forsten um Paris nachstellt. Mehrere Monate lang zieht der Hof von Ort zu Ort, je nachdem wo der König zu jagen beliebt: von Senlis nach Val-de-Reuil im Juli, dann im August nach Chartres. In dieser Stadt hält Isabeau mit großem Prunk ihren ersten Einzug. Die Bürger haben von der Neigung der Königin zur Musik erfahren; deshalb bieten sie ihr in dem Haus, das sie bewohnt, ein Orgelkonzert[28]. Später wird Isabeau eine Orgel in die Kapelle des Pariser Palastes einbauen lassen. Um sich zu entspannen, spielt sie auch gerne Harfe.

Nach diesem musikalischen Zwischenspiel reist die Königin zu ihrem Mann nach Beauvais. Sie will die Erste sein, die seinen waidmännischen Erfolgen Beifall spendet, aber auch die Erste in seinem Herzen: Sie hat verstanden, dass sie ihrem allzu verführerischen Gatten so nahe wie möglich sein muss.

---

[28] Die Königin in Chartres: „An einen Jakobinerbruder, der beim Kommen der Königin im hôtel von Johann Harengier Orgel spielte ..." Chartres, Stadtarchiv, 1387, f. 99.

Im Herbst heißt es nach Paris zurückkehren; keine große Enttäuschung für den Hof, denn ein Fest folgt auf das andere. Im November herrscht große Aufregung, die Dienerschaft ist eifrig beschäftigt, und das ganze Haus fiebert einer neuen Zerstreuung entgegen. Isabeau hat beschlossen, ihre Freundin Katharina von Fastavarin zu verheiraten. Sie möchte vermeiden, dass sie heimreist, sie will sie in ihrer Nähe behalten. Bald wird der Name des Erwählten bekannt: Johann Morelet von Campreny, ein Offizier im Dienste des Königs, der das Amt des Truchsesses ausfüllt. Karl und Isabeau wohnen der Unterzeichnung des Ehevertrages am 28. November 1387 in Saint-Eloi-les-Noyon bei. Sie schenken den Verlobten viertausend Francs, tausend, um die Schulden des Mannes zu zahlen, den Rest, um gute Ländereien zugunsten der Frau zu kaufen.

Katharinas Aussteuer wird von der Königin gestellt, die ihren Hofmeister anweist, dafür eine besondere Rubrik in den Konten des Schatzamtes einzurichten. Die Ausgaben belaufen sich auf dreihundert Francs. Die beiden Frauen verbringen ihre Tage damit, die schönsten Stoffe, die dichtesten Felle, die weichsten Seiden zu vergleichen und auszuwählen. Nichts ist zu schön für die künftige Braut. Ihre königliche Freundin lässt ihr prachtvolle Kleider schneidern: eine Robe mit Umhang in Karmesinfarbe, verziert mit feinen Vögelzeichnungen; eine andere, geschneidert aus weißgründigem Leinen, auf der sich Hirschkühe tummeln; schließlich eine dritte in einem Stoff, der mit Pfauenfedern besetzt ist; die Stücke sind mit feinem Pelzwerk gefüttert. Eine große Truhe aus gehärtetem Kupfer für die neuen Kleider wird von Pierre du Fou in den Palast geliefert. Der Kürschner Nicolas von Vaubrissey lässt wertvolle Pelze anliefern, Marder aus Schweden und Preußen oder auch Luchs aus Deutschland, um die weiten Überröcke zu verzieren. Bei Nicolas Bataille, einem Weber, der häufig für die Valois arbeitet, bestellt Isabeau die Wandteppiche, die das Brautgemach zieren sollen, Halbbetthimmel und Bettvorhänge für das Brautlager und drei karminrote Teppiche – alles bestickt mit den Wappen der Eheleute[29].

Die Hochzeit findet am 22. Januar in Schloss Vincennes statt. Der ganze Adel ist eingeladen; der Hof ist jung und fröhlich; alle Gelegenheiten, sich zu amüsieren, werden genützt. Ein Ball beschließt den Tag: Karl VI. ehrt ihn mit seiner Anwesenheit, gekleidet in ein Wams aus karminrotem Samt; die Herrn der Touraine und von Navarra und Heinrich von Bar, ebenso gekleidet, bilden seine Eskorte. Der paarweise Tanz ist seit der Hochzeit des Königs in Mode gekommen – und seither tanzt man!

Katharina freut sich besonders über eine freundschaftliche Geste des Herzogs von Burgund, der ihr einen silbernen Becher schenkt. Das Schicksal scheint dieser jungen Frau zu lächeln, die ihre Freundin, die Königin nach Frankreich begleitet hat; freundlich hatte man sie aufgenommen, und ihrem Gemahl, dem Ritter von Campreny, winkt eine schöne Zukunft im Dienste des Königs. Wer würde glauben, dass sich eine böse Fee über die Wiege Katharinas gebeugt hat? Dass ihr Glück nur von kurzer Dauer ist? Dass das Unglück auf sie lauert? Im folgenden Jahr wird man auf Katharinas zweiter Hochzeit tanzen. Nachdem der Ritter von Campreny verstorben ist, hat die schöne Deutsche rasch ihre Tranen getrocknet: Mit siebzehn Jahren bleibt man nicht lange allein. Diesmal ist der Erwählte ein Kammerherr des Königs. Er nennt sich Robinet von Boischien. Wieder folgt, am 25. Januar 1389, ein Ball dem Souper. Ludwig von Orléans zieht nun alle Blicke auf sich, in einem schillernden Wams macht er eine blendende Figur. Als charmanter Prinz schenkt er Katharina einen Humpen und eine Kanne aus vergoldetem Silber.

Anders als im Märchen lebten die Jungvermählten aber nicht lange glücklich und hatten viele Kinder[30]. Auch der Ritter Robinet von Boischien stirbt, Katharina ist zum zweiten Mal Witwe – mit einem Kind, das der König 1390 über das Taufbecken hält.

---

[29] Der Brautschatz Katharinas: Paris, A.N., KK 18 f. 101 - 103.

[30] Statt der deutschen Schlussformel in Märchen: „Und wenn sie nicht gestorben sind ...“ heißt es im französischen Märchen: „Und sie lebten lange und glücklich und hatten viele Kinder.“ (Anm.d.Ü.)

Eine Mutter und ihr Kind

Nach Katharinas erster Heirat stellt die Königin fest, dass sie wieder schwanger ist. „Die Königin war schwanger von einem Kind", schreibt Juvénal von Ursins, „worüber der König und das ganze Volk wohl erfreut waren". Der König lässt ein neues Konto im Schatzamt anlegen; diese „Kindbett"-Buchhaltung, in der alle erforderlichen Einkäufe für das Wohlergehen der jungen Frau und ihrer Kinder verzeichnet sind, wird häufig in Anspruch genommen werden, da Isabeau, in zweiundzwanzig Jahren, sechs Buben und sechs Mädchen das Leben schenken wird. Die Ankündigung der Schwangerschaft ist Gelegenheit, eine neue Steuer auf den Verkauf von Wein, genannt „Gürtel der Königin", zu erheben. Der eingehobene Betrag ist nicht gering: 1410 erbringt sie 4.000 Pariser Pfund bei einer Besteuerung auf mehr als 31.000 Schläuche Wein.

Dazu gezwungen, sich etwas Ruhe zu gönnen, bleibt Isabeau in Paris oder im Schloss Saint-Ouen: Sie kann Karl VI. nicht folgen, der häufig in die Provinz, wohin ihn die Politik ruft, oder in die wildreichen Forste von Saint-Germain und Gisors reist.

Die Königin bleibt in regelmäßigem Briefkontakt mit ihm. Je mehr die Monate verstreichen, rundet sich ihr Bauch, und die Schneiderin Robinette muss ihr eine angemessene Toilette fertigen. Aus den Tuchbeständen des Webers Aubelet Bringuet aus Rouen hat die Königin mehrere Stück Leinen ausgesucht, aus denen Hemden und ein langes Kleid geschneidert werden, das vorne geknüpft wird und in das sie sich hüllen kann, wenn sich die Sonne verbirgt[31].

Ende April 1388 zieht der Haushalt Isabeaus nach Schloss Saint-Ouen um. Hier wird Karl VI. zehn Jahre später das hôtel Bergeries erwerben, das Gilbert von Clamecy und seiner Gemahlin Katharina gehört, und es seiner Frau schenken, „damit sie sich dort aufhalten und sich erfreuen kann, wann immer es ihr gefällt". Wie es Marie-Antoinette

---

[31] „Bei Aubelet Bringuet, Tuchmacher ... drei und eine halbe Elle marmoriertes Leinen aus Mousteviller, gekauft von ihm am 9. Tag des März 1388 und dem Schneider gegeben, um ein weites und langes Kleid mit Knöpfen auf die ganze Länge vorne zu machen, um genannte Dame zu kleiden, wenn sie arbeite." Paris, A.N., KK 19 f. 107

vier Jahrhunderte später tun wird, wird Isabeau dort die Bauersfrau spielen; im Schafstall lässt sie zweihundert Schafe aufziehen; Hühner picken in den Gärten. Im unter ihrer Anleitung errichteten Stall leben drei Kühe und im Pferdestall stehen vier Pferde. Nicht zu vergessen die Tauben, die im Taubenhaus gurren. Sollte diese Vorliebe für ein – eher erträumtes als wirklichkeitsnahes – ländliches Leben vielleicht ein Zeichen für die Beunruhigung über die Zeitläufe sein[32]?

Jetzt aber ist Isabeau im „edlen Haus" untergebracht, dem Schloss, in dem Johann II. den Orden vom Stern gegründet hatte[33].

Um das Zimmer der Gebärenden ansehnlicher zu machen, liefert der Pariser Teppichmacher Nicolas Bataille fünf gewebte Teppiche mit dem Wappen Bayerns. Wie die Damen des Hofes feststellen, ist Isabeau die erste Königin von Frankreich, die „in Grün liegt". Die Farbe ist Symbol von Jugend und Freude, aber auch der Dauerhaftigkeit; man will in dieser Wahl der Königin den Wunsch sehen, das Schicksal zu beschwören, nachdem sie ihren Erstgeborenen verloren hat.

Das große Bett mit Daunenohrenkissen, schönen Betttüchern aus weißem Leinen und einer Decke aus Pelzen ist überhoch; an der Wand zeigt eine Anrichte voller Gold- und Silbergeschirr – wie es bei allen Möblierungen der Zeit üblich ist – den Reichtum der Gebärenden. Eine Wiege steht neben einer Truhe, die ein Abteil für den Säugling enthält, die Windeln sind aus weißem Tuch aus Montivilliers gefertigt[34].

---

[32] Im hôtel Bergeries: „Sie ließ ein Land bebauen und Geflügel und Getier züchten." Paris, A.N., JJ 154 f. 20 v.

[33] Der Orden vom Stern ist ein Ritterorden, der ein weißes Waffenhemd und einen karminfarbenen Überhang mit großem Stern trägt. Sehr rasch werden die Zusammenkünfte zu Ausschweifungen und abgeschafft.

[34] „An denselben (Aubelet Bringuet) für vier Ellen Weißware aus Moustierviller vorbereitet, erworben von ihm am letzten Tag und an den genannten Schneider gegeben von der genannten Dame getragen, um Windel zu machen für genannte Dame Johanna von Frankreich, wofür zum Preis von 40 s.p.". Paris, A.N., KK 19 f. 107.

Montivilliers ist im 15. Jahrhundert das weltweite Zentrum für feines oder sehr feines Leinen. Die Stadt wird darin abgelöst von Saint-Lô, dann von Louviers. Die Normandie ist der wichtigste Lieferant für solche Tücher, die in Rouen „Tücher des Vicomté" genannt werden. Sie konkurrieren mit der flämischen Herstellung.

Obwohl das Frühlingsende mild ist, knistert ein großes Feuer im Kamin. Im Herd werden große Wasserbecken in der richtigen Temperatur gehalten – sie werden den Waschungen für Mutter und Kind dienen. Für diese zweite Geburt hat der Messingschläger Périn von Cézille die Dreifüße, Kübel und Zuber hergerichtet[35]. Eine Dienerin hat die Messingflaschen bereitgestellt, die Seifen und Haarmittel – „Waschmittel" genannt – für Mutter und Säugling enthalten. Alles ist bereit, das königliche Kind würdig zu empfangen. Um sechs Uhr morgens am 14. Juni kommt ein Mädchen zur Welt; es erhält den Vornamen Johanna. Die Dienerinnen umstellen geschäftig die Wiege, in der das eng in Windeln gewickelte Baby liegt; ein Kissen wird daneben, auf den Fußboden gelegt – es dient zum Wickeln; ein bemalter Schirm hält die Hitze des Feuers ab.

Für die Taufe der kleinen Prinzessin hat der Fassmacher Johann Ledoux die Wanne gefertigt, die – mit einem karminroten Tuch ausgelegt – ins Taufbecken gelegt wird. Man hat auch einen Umhang vorgesehen, um sie einzuwickeln und dem Priester entgegenzuhalten.

Dann kommt der Zeitpunkt des ersten Kirchgangs – ein wichtiger Augenblick im Leben jeder Mutter; eine Bäuerin oder Bürgerin wird von Nachbarn und Freunden besucht, geht zur Kirche ihrer Pfarrei, um der Jungfrau für ihre Niederkunft zu danken, die ohne schlimme Vorkommen abgelaufen ist. Auch die Königin folgt diesem Brauch; um ihren Dank abzustatten trägt sie eine karminrote Robe[36], die der Diener Huguenin mit großer Sorgfalt mit Perlen bestickt hat. Darüber hat sie einen mit Hermelin gefütterten Mantel gestreift.

---

[35] „An Johann Ledoux, Fassmacher zu Paris, ihm zu zahlen, was ihm geschuldet für einen Zuber, gekauft von ihm für das Bad von Frau Königin nach ihrer Niederkunft ...; An Guillemin Porquet, Kesselmacher zu Paris ein weiterer mittelgroßer Topf, genannt Marmitte mit Deckeln, gekauft von ihm, um das Wasser zum Baden von Madame Johanna von Frankreich zu erwärmen."

[36] „An Pierre Kurzwarenhändler zu Paris zu zahlen, was ihm geschuldet für 10 Stück karminroten Samtes, gekauft von ihm am 19. Tag des Mai des Jahres 1388 und genanntem Schneider gegeben, um eine Mantel-Robe von vier Teilen zu machen für genannte Frau Königin, will heißen, Umhang, offenes Oberkleid, Mantel und kleines Mieder, welches Kleid bedeckt mit Stickerei für die Aufschläge genannter Dame, für dies zum Preis von 40 Pariser Pfund das Stück belegt durch Quittung ..." Paris, A.N., KK 19 f. 109.

Und da die Unterlagen uns kein Detail vorenthalten, erfahren wir, dass der Schneider Robert Thierry in den folgenden Wochen die Roben wieder verengen musste. Er nützt die Gelegenheit, neue Toiletten aus himmelblauem und einen Umhang aus scharlachfarbenem Samt zu fertigen. Sein Diener Pierre Letourneau musste sich drei Tage in Mantes für die Anproben aufhalten.

Der König regiert

Der König überlässt seine Frau ihren Kleidersorgen. Zum zweiten Mal Vater, neunzehn Jahre alt, hat er an Selbstsicherheit gewonnen – er möchte sich dem Treiben seiner Onkel entgegenstellen. An seiner Seite steht sein Bruder Ludwig, der, dank seiner natürlichen Autorität, als Abbild des Vaters gilt. Der Kronfeldherr Clisson, Ludwig, seine Sekretäre, alle, die glauben, dass es für sie von Vorteil ist, drängen Karl, sich von der Vormundschaft der Herzöge von Berry und Burgund zu befreien. Die Entscheidung ist gefällt: Es soll zu Allerheiligen 1388 geschehen, anlässlich der Heimkehr des königlichen Heerbannes von einem Feldzug gegen den Herzog von Geldern, Wilhelm von Jülich[37].

[37] „Der 1388 nach Geldern ziehende Heerbann lässt erstmals die extreme Gutgläubigkeit, Impulsivität und „persönliche“ politische Leichtsinnigkeit des jungen Königs erraten, der blind den Spuren seines „guten Onkels von Burgund“ folgt, der über alles befindet, von den Führern bis zu den Marschrouten. Die politischen Visionen Herzog Philipps des Kühnen in den brabantischen Sachen nicht erkennend, der die Demonstration militärischer Stärke zu eigenen Zwecken ausbeutet, getäuscht auch von den Luxemburger Spähern, denen es gelingt, ihr eigenes Fürstentum vor Plünderungen zu bewahren, indem sie die französischen Pioniere durch den Ardenner Wald schicken, wird er schließlich von der Lütticher Ritterschaft, die den katastrophalen Rückzug zu ausgiebigen Plünderungen nützt, düpiert. Der junge König, der von einer kleinen Herausforderung eines abgelegenen „großmäuligen“ Lehensmann „beleidigt“ worden war, zieht ohne einen Schwertstreich geführt zu haben, mit einer völlig gegenstandslosen Unterwerfung seines unsichtbar gebliebenen Gegners, orientierungslos und zerfiedert, als „Sieger“ ohne Sieg, ohne Beute nach Hause, ohne daraus die geringste Lehre zu ziehen.“ Alain Atten, handschriftliche Notizen, Berzy-le-Sec, 1987.

Einmal mehr hatte Philipp der Kühne Karl VI. gebeten, eine Armee auszuheben, um seine eigenen Interessen zu verteidigen. Diesmal ging es darum, Johanna von Brabant zu unterstützen – deren Erbin seine Gemahlin Margarete von Flandern ist. Sie wird vom Herzog von Geldern bedroht, der mit dem Einverständnis Luxemburgs und in Verbindung mit England handelt. Überdies hatte der Herzog von Geldern Karl VI. eine beleidigende Herausforderung gesandt, was für die „Reise nach Deutschland" den Ausschlag gegeben hatte. Herzog Philipp hatte die Vorteile von diesem Gewaltstreich. Fortan steht Johanna von Brabant in seiner Schuld, und sein Ansehen in den östlichen Provinzen ist gestärkt. Für Karl VI. sieht es etwas anders aus: Der Sieg der Franzosen ist armselig. Auf dem Rückzug war die Querung der Ardennen für das Heer, das sich mit der Kälte und den deutschen Landsknechtshaufen herumschlagen musste, eine Katastrophe gewesen.

Auf seinem Weg nach Paris macht Karl VI. in Reims Halt. Im großen Saal des erzbischöflichen Palastes, in dem sein Rat, seine Onkel und die Anführer seines Heeres versammelt sind, fragt er, ob es nicht an der Zeit sei, dass er, der Gesalbte des Herrn, hier in dieser Stadt gekrönt, Nachfolger des weisen Königs Karls V., allein regiere.

Alles schweigt; ein Mann erhebt sich: der Kardinal-Erzbischof von Laon, Peter von Montaigu. Er ergreift das Wort und beschreibt die Laster der Prinzen, hütet sich aber wohl, sie beim Namen zu nennen. Seine Beschreibungen jedoch sind so zutreffend, dass jeder weiß, wer gemeint ist. Die Rede wird feurig, der Vortrag eindringlicher; ein Raunen geht durch den Saal. Wie kann er es wagen? Peter von Montaigu beendet sein Plädoyer und fleht den König an, er allein möge die Last der Herrschaft tragen.

Der Rat stimmt lauthals zu. Der König, ganz Herr seiner selbst, wendet sich seinen Onkeln zu, dankt ihnen für ihre loyalen Dienste und erklärt, von diesem Tage an werde er allein die Leitung der Geschäfte besorgen.

Ein abgekartetes Spiel. Niemand wagt zu widersprechen. Die Onkel müssen sich beugen. Das Heer setzt sich nach Paris in Bewegung. Verbittert kehren von dort der Herzog und die Herzogin von Burgund in „ihre Staaten" zurück. Der Herzog von Berry sieht sich genötigt, ins Languedoc zu reisen und auf bessere Tage zu hoffen. Der Kardinal-Erzbischof, der so heftig die Herrn Onkel angegriffen hat, stirbt am 8. November; manche munkeln von Gift ...

Auf die Verwaltung der Onkel folgt jene der „marmousets"[38]. Karl beeilt sich, die wichtigen Ämter seinen Getreuen zu übertragen: Le Bègue de Villaines, Jean de La Rivière, dessen Bruder Bureau, Olivier de Clisson und Johann von Montaigu. Der Aufstieg des Letztgenannten ist märchenhaft. Sein Einfluss auf den König ist dergestalt, dass er in wenigen Monaten vom Obermundschenk zum Oberaufseher der Finanzen aufsteigt. Der Seigneur von Montaigu wird der Königin ebenso zu Diensten sein wie dem Prinzen Ludwig von Orléans. Die Ratgeber, in der Mehrzahl dem reichen Bürgertum entstammend, nutzen freudig ihre neuen Machtbefugnisse, vergessen aber keineswegs ihre eigenen Geldbeutel. Sie bemühen sich, Ordnung zu schaffen und die Staatskasse wieder zu füllen. Zu diesem Zweck beschließen sie, eine Goldreserve anzulegen – nicht in Form von Barren, sondern der einer Skulptur. Sie wählen die Gestalt eines Hirsches, eines der Lieblingstiere des Königs; das Tier wird nie einen Körper bekommen, nur Kopf und Hals werden hergestellt.

Wenn die „marmousets" dem König dienen, so leben ihre Ehefrauen auf vertrautem Fuße mit der Königin. Perrette de La Rivière und die Dame de Nouviant werden ihre Vertrauten. Zum großen Ärger des Herzogs von Burgund führt der ganze Hof ein überaus fröhliches Leben: Der König arbeitet den ganzen Tag, keine Frage, aber seine Nächte verbringt er zechend und tanzend.

Das Haus der Königin

Die Königin besitzt einen Palast; das bedeutet, ihr Haus ist mit allen damit verbundenen Diensten versehen: Bäckerei, Kellerei, Küche, Obstkammer, Stall und Holzkammer, einschließlich des dazugehörigen Dienst- und Verwaltungspersonals. Da das „Haus des Königs" ständig auf Reisen ist, muss die Königin in der Tat unabhängig

[38] Siehe Seite 39.

sein und ein normales Leben führen können. So war es bereits seit einem Jahrhundert. Die Königinnen von Frankreich hatten ihr eigenes „Haus", dessen Herrin sie waren.

Im Palast der Königin haben die Mitglieder der Dienerschaft auf Dauer festgelegte Ämter: Aus der Geschirrspülerin kann nie eine Hofdame werden. Die Entlohnung steht in Bezug zu Arbeit und sozialem Rang – die der „demoiselle", Frau eines Knappen, wird nicht die gleiche sein, wie die der „dame", Frau eines Ritters. Sich in der Umgebung der Königin auszukennen ist nicht einfach: Es fällt leicht, das niedere Personal einzuordnen, das feste Gehälter und genau beschriebene Aufgaben hat; die Rolle der Hofdamen dagegen ist nie genau festgelegt[39]. Isabeau hat fünfzehn Gefährtinnen. Sie wohnen nicht alle im Palast, begeben sich aber dort hin, wenn sie für diese oder jene Veranstaltung oder Festlichkeit gerufen werden: Empfang fremder Botschafter, fürstliche Hochzeit, Einzug in eine „gute Stadt". Um ihnen zu helfen, angemessen aufzutreten und eine gute Figur abzugeben, schenkt ihnen der König Schmuck, Roben und Gespanne.

Jene, die täglich im Dienste der Königin stehen, entschädigt der König mit einer Pension, die – je nach Lage der königlichen Finanzen – auf zwei Mal aus dem ordentlichen Haushalt des Reiches bezahlt wird.

Die Königin hat 1393 ihre eigene „Finanzkammer" und „Geldkammer", die die Ausgaben ihres Hauses verwalten. Der Zahlmeister des Hauses der Königin, den man den Großmeister des Palastes nennt, ist Philipp von Savoisy, Kammerherr-Berater und Freund König Karls V. Isabeau hat aber auch Truhen, aus denen sie nach Gutdünken schöpfen kann. Der Kammermeister Peter Floriot nimmt die Zahlungen nach Belegen, die die Königin abgezeichnet hat, vor. 1405 wird die Aufgabe auf einen Schatzmeister übertragen; 1407 wird Herbelet du Petitpas dazu ernannt; im folgenden Jahr ist Hémon Raguier für die Buchhaltung verantwortlich. Diese Ernennungen haben mit dem Anwachsen des Vermögens der Königin zu tun[40].

---

[39] Yann Grandeau; *De quelques dames d'honneur de la reine Isabeau de Bavière*; Paris, B.N., 1975.

[40] Maurice Rey; *Les Finances royales sous Charles VI, Les Causes du déficit 1388 - 1413*, Paris, 1965.

Die Dienerschaft der Königin: Blanche von Frankreich hat Isabeaus erste Schritte am Hof angeleitet; respektiert und allseits beliebt stirbt sie 1393; ihr folgt Madame d'Eu, assistiert von ihrer Tochter Mademoiselle de Dreux. Ihr Stand als Witwen war entscheidend für diesen Gunstbeweis ihres königlichen Cousins. Mehrere Jahre wird Isabeau deutsche Dienerinnen haben. Katharina von Fastavarin steht an der Spitze der Ehrenjungfrauen, die die Königin ganz besonders schätzt. Man sieht auch Anna Schmiecher von Schmiechen an ihrer Seite. Als Ehrenjungfrau, später Ehrendame, bleibt sie von 1387 bis 1405 am Hof. Und Elle aus Deutschland wechselt vom Dienst Isabeaus in den ihrer Töchter. Als Ehrenjungfrau Johannas verlässt sie Paris, um mit Michelle, Herzogin von Burgund, nach Dijon zu ziehen. Ursula Spazequerin, 1409 nach Frankreich gekommen, Isabeau aus Deutschland und Magdalena bleiben jahrelang im Dienst der königlichen Familie. Diese „Ausländerinnen" haben praktisch kaum Einfluss, sind aber ihrer Wohltäterin sehr verbunden[41]. Die Frauen der Knappen

[41] Theodor Straub, *Die Bayern in Paris zur Zeit der Königin Isabeau de Bavière*, München, 1969. Die Deutschen im Umfeld Isabeaus: Katharina zu Fastavarin heiratet den Ritter von Campreny, wird Frau von Hainceville und 1393 Gräfin von Ortemburg. Ehrenjungfrau 1387 bis 1388, Ehrendame 1388 bis 1393. Gehalt 200 Francs pro Jahr. Anna Schmiecher von Schmiechen, geborene Rohrbech von Rohrbach, Ehrendame von 1387 bis 1407. Gehalt 200 Francs, ab 1399 dann 400 Francs. Elle aus Deutschland (Elsa Thionville?), Ehrenjungfrau Johannas, Herzogin der Bretagne, von 1397 bis 1405. Gehalt 50 Francs. Im Dienste Michelles, Herzogin von Burgund von 1407 bis 1411. Isabeau aus Deutschland wird 1402 Madame de Pontbriant, Ehrenjungfrau. Gehalt 70 Francs. Sigonie Rohrbach von Rohrbach wird 1405 Gräfin von Ortemburg. Ehrenjungfrau von 1401 bis 1403. Gehalt 140 Francs. Ehrendame 1404 bis 1407. Gehalt 400 Francs. Magdalena aus Deutschland, verheiratet 1403, Ehrenjungfrau 1401 bis 1407. Gehalt 70 Francs. Elisabeth Schiecher von Schiechen. Ehrenjungfrau von 1401 bis 1407. Gehalt 70 Francs. Amelia, Gräfin von Ortemburg von 1406 bis 1408, Ehrenjungfrau. Gräfin von Moy, Ehrendame bis 1435. Ursula Spazequerin, Frau von Vielsville ab 1409, Ehrenjungfrau ab 1408. Gehalt 140 Francs. Ab 1413 Ehrenjungfrau Michelles von Burgund. Margaretha von Feneppemberg, Ehrendame 1408 bis 1411. Gehalt 200 Francs. Elisabeth Marschalk, ab 1412 Frau von Nouviant, Ehrenjungfrau von 1409 bis 1412, dann Ehrendame. Katharina Tüsslinger, Ehrenjungfrau von Amelia von Ortemburg 1406, dann Ehrenjungfrau von 1417 bis 1419.

und Ritter des Königs dienen bei der Königin, wie Margarete von Harcourt oder Frau von La Rivière. Am Hof lebt auch Johanna von Luxemburg, eine sehr fromme Frau, von der sich zu befreien Isabeau alle Mühe hat, wenn sie auf ihre Ländereien reist, um persönliche Angelegenheiten zu regeln. 1417, zu alt, um der Königin ins Exil nach Melun zu folgen, wird sie sich mit Bedauern auf Schloss Beaurevoir zurückziehen[42].

Katharina von Villiers, ehemals Vorleserin Johannas von Bourbon, wird siebenunddreißig Jahre lang das Amt der Bibliothekarin versehen. Sie kauft Manuskripte, entlohnt die Buchmaler, wählt den Samt aus, der die wertvollen Bücher schützt, und lässt ihre Schatullen reparieren. Zahlreichen Schriftstellern gewährt die Königin Pensionen bis hin zum berühmten Theologen Johann Gerson, der eine *Passion des Jesus-Christus* in französischer Sprache verfasst, „auf Bestellung der sehr edlen und gefürchteten Dame und mächtigen Prinzessin Dame Ysabel von Bayern, durch die Gnade Gottes Königin von Frankreich". Besonderen Raum nehmen die Werke Christines von Pisan ein. 1401 schenkt die Dichterin der Königin ihre *Briefe über den Roman der Rose*, 1405 widmet sie ihr die *Balladen*. Als Neujahrsgeschenke empfängt sie entweder einen Becher oder einen Humpen aus Silber.

Die Einkäufe werden genehmigt und die Ausgaben bezahlt von Anna von Schmiecher, später von Bonne Visconti, den Bewahrerinnen des Privatsiegels. Nennen wir abschließend eine Person, deren Amt recht bescheiden scheint: Johanna von Salsa, die zwanzig Jahre lang, unterstützt von einer Kammerzofe, „Leibwaschfrau" sein wird.

---

[42] 1417 kehrt Johanna von Luxemburg nach Beaurevoir zurück. Sie wird immer noch dort sein, als Johanna von Orléans, in Compiègne gefangen genommen, dort von ihrem Neffen Johann von Luxemburg festgehalten wird. Die Herzogin ist sehr freundlich zur Gefangenen. Johanna wird das in ihrem Prozess bezeugen und sagen, wenn es ihr möglich gewesen wäre, hätte sie wieder einen Frauenrock angezogen, um ihr zu gefallen. Die Herzogin wird von Beaurevoir nach Avignon ziehen, wo sie den Seligsprechungsprozess ihres Bruders, des Kardinals, eröffnet. Sie wird auf Reisen am 18. September 1430 sterben. Ihr Neffe nutzt ihre Abwesenheit, um Johanna an die Engländer zu verkaufen. Vgl.: Jacques Prévost-Bouré, *Jean de Luxembourg*, Paris, 1981.

Zwischen 1388 und 1413 steht Isabeau Jahr für Jahr den Hochzeitsfeierlichkeiten der einen oder anderen Dame aus ihrem Gefolges vor und stattet diese generös aus[43]. Isabeau aus Deutschland heiratet Olivier, Herr von Pontbriant; Sigonie Rohrbach vermählt sich mit einem Kammerherrn des Königs, Etzel von Ortemburg; seine Schwester Amelia ehelicht Karl von Soyecourt, Herr von Moy. 1412 nimmt

---

[43] Theodor Straub; *Die Hochzeiten am Pariser Hof Isabeaus de Bavière*, München, 1969.

1388, 22. Januar:	Katharina heiratet Morel von Campreny, Kammerherr des Königs. Mitgift 4.000 Francs, Aussteuer 300 Francs.
1389, 25. Januar:	Katharina heiratet Robinet von Boischien, Herr von Hainceville; der König ist 1390 Pate ihres Kindes.
1392, 28. Januar:	Katharina heiratet Etzel von Ortemburg, Kammerherr des Königs. Mitgift 10.000 Francs.
1402, Mai:	Isabeau aus Deutschland heiratet Olivier von Pontbriant.
1402, 8. Oktober:	Anna von Bourbon heiratet Ludwig, Herzog von Bayern. Mitgift 120.000 Francs; Hochzeitskleider 2.000 Francs.
1403, Juni:	Magdalena aus Deutschland heiratet: Kleidung, 110 Francs.
1405, um den 13. Februar:	Sigonie Rohrbach heiratet Etzel von Ortemburg. Mitgift 26.000 ungarische Gulden.
1408:	Amelia von Ortemburg heiratet Karl von Soyecourt, Herr von Moy, Kammerherr des Königs und des Kronprinzen Ludwig. Mitgift 6.000 Francs.
1409, April:	Ursula Spazequerin heiratet Jakob von Vielsville, Berater des Herzogs von Burgund, Truchsess des Kronprinzen Ludwig. Mitgift 6.000 Francs.
1411, 8. September:	Bonne Visconti heiratet Wilhelm von Royan, Herrn von Montauban (Bretagne), Kanzler der Königin. Mitgift 30.000 Francs; Goldgeschirr 2.000 Francs.
1412, Oktober:	Elisabeth Marschalk heiratet Karl Le Mercier, Herr von Nouviant, Kammerherr des Königs.
1413, 1. Oktober:	Katharina von Alençon heiratet Ludwig, Herzog von Bayern. Mitgift 30.000 Francs; Goldgeschirr 2.000 Francs.

Elisabeth Marschalk den Herrn von Nouviant, Kammerherrn des Königs zu Mann.

Die Ehrendamen haben das Privileg „Mund am Hofe“ zu sein, das heißt, sie speisen im Palast, wo sie von vier Truchsessen bedient werden. Sie werden auch auf Kosten des Prinzen „beheizt“, da die Ausgaben für Holz und Kerzen vom Palast getragen werden. Auch die Sättel ihrer Reittiere werden ihnen gnädig geschenkt.

Am 1. Mai und am 1. November erhalten sie, wie die Bediensteten, eine neue Livree. In ihrem Fall handelt es sich um zwei mehrteilige Roben. Bei jeder Festlichkeit – Geburt, Hochzeit, prinzlicher Empfang – werden sie neu ausstaffiert. Sind die Damen krank, ist es einer der Ärzte der Königin, der sie pflegt, und Johanna, die Kräuterfrau, bereitet ihnen Pflaster und Salben. Wollen sie beten und Kerzen stiften, so werden die Rechnungen für die Kerzen zusammen mit denen der Königin beglichen.

Um sich zu zerstreuen, hat die Königin eine Sängerin aus Spanien, Gracieuse Allègre, angestellt. Gewisse Schicksale scheinen sie besonders zu rühren: Eine Zwergin mit Vornamen Alips lebt bei ihr, ebenso wie eine arme Irre, Johanna, deren Mutter stumm ist.

Man kann der Königin von Frankreich den Vorwurf machen, sie lasse ihrer Umgebung zu viel Freiheit: Sie lässt die Frauen, ohne Kontrolle, in ihrem Namen handeln. Das Leben am Hof ist sorglos, und man gibt aus, ohne zu zählen. Was die Pariser Handwerker anbelangt, so haben sie keine Schwierigkeiten, Schmuck, Stoffe, Goldschmiedearbeiten, Geschirr und Felle an das hôtel Saint-Pol zu verkaufen.

Eine machtbetonte Frau wie Margarete der Provence oder eine sensible Frau wie Johanna von Bourbon hätten es verstanden, ihren Willen durchzusetzen und die Ausgaben zu kontrollieren. Isabeau dagegen, von ihrem schwachen Mann vergöttert, kann oder will kein gutes Beispiel geben.

Die Darstellung der Dienerschaft, welche die Königin umgibt, wäre unvollständig, würde man nicht die männliche Entourage nennen. An erster Stelle stehen die Hofmeister und Kapläne, die Physiker, will heißen Ärzte, ein Astrologe – Apotheker, und nicht zuletzt die

Kammerdiener, die Beschließer, Pferdeknechte, Kellermeister oder Gewürzbewahrer[44].

Alle werden zu Lasten der königlichen Finanzen unterhalten. Nachdem sie ihre Dienerschaft mit Mitgift versehen, ihre Kinder über das Taufbecken gehalten hat, kommt ihnen Isabeau zu Hilfe, wenn sie krank sind oder lässt nach ihrem Tod Messen für die Ruhe ihrer Seelen lesen.

Die Frauen, die im Umfeld der Königin lebten und so häufig von sauertöpfischen Chronisten gegeißelt wurden, kann man aber keineswegs vergleichen mit der fliegenden Schwadron Katharinas von Medici oder der prunkenden und korrumpierten Entourage der Marie-Antoinette. Dennoch: Das gemeine Volk, schlecht unterrichtet, erträgt den Lebensstil dieser Privilegierten nur murrend und beschuldigt sie, Ursache seines Unglücks zu sein.

Im Laufe der finsteren Jahre der Herrschaft werden die Pamphletschreiber die „Semihière“ ebenso übel behandeln, wie sie es vier Jahrhunderte später mit der „Polignac“ oder „Lamballe“ tun werden. Einige dieser Ehrenjungfrauen werden Opfer des Volkszornes bei den Revolten von 1417 sein. Der Mob wird sie bis in die Gemächer der Königin verfolgen, um sie ins Gefängnis zu werfen. Es bedarf des Eingreifens Isabeaus, damit sie entweder auf ihre Ländereien heimkehren oder Paris für einige Wochen verlassen können.

Immer bedient, umgeben, aber auch ausspioniert, hat die Königin kein Privatleben; sie muss immer repräsentieren; bei jeder Handlung

---

[44] Die Deutschen am Hofe Frankreichs:

Etzel II., Graf von Ortemburg, 1392 bis 1410, Kammerherr des Königs.

Stephan Schmiecher von Schmiechen, Ritter, 1392 bis 1411, Kammerherr des Königs ab 1400, Haushofmeister 1409 bis 1410.

Ulrich Zweienkircher, Knappe, 1400 bis 1410.

Heinrich Zweienkircher, Pferdeknappe 1400, erst Knappe 1403 bis 1404, Haushofmeister 1403 bis 1413.

Konrad Bayer von Boppard, Ritter 1409 bis 1415, Haushofmeister 1411 bis 1415, Berater Lothringens 1406 bis 1413.

Eckert Flagenhofer, Kammerdiener, 1412.

Johann von Ortemburg d.J., „Offizier” des Kronprinzen Ludwig 1412 bis 1414.

Hans Franchberger von Laberweinting, 1408 bis 1461, Marschall 1416 bis 1418, erster Marschall der Königin Maria von Anjou 1420 bis 1461.

Jörg Ganser, Knappe, Marschall, 1417 bis 1426.

hat sie Gefolgschaft, die ihr nicht die geringste Möglichkeit lässt, sich zu isolieren. Sie betet nicht alleine und nachts schläft eine Frau in ihrem Zimmer; man überwacht die Nächte, die sie an der Seite ihres Ehemanns verbringt. Hatte sie Gelegenheit, ihr neues Volk, ihr neues Land kennen zu lernen? Konnte sie sich zurechtfinden, wenn sie das hôtel Saint-Pol verließ?

KAPITEL 3

Das Leben ist ein Fest

Der Ritterschlag der Prinzen Ludwig und Karl von Anjou

Wie der König die Jagd liebt – er verbringt die ersten Monate des Jahres 1389 damit –, so liebt er auch Feste und ist bemüht, sie immer großartiger zu gestalten. So will er auch die Ritterinvestitur seiner Cousins, Ludwigs von Anjou, des künftigen Königs von Sizilien, und von dessen Bruder Karl, den man den Prinzen von Tarent nennen wird, mit großem Gepränge feiern. Die beiden Jungen sind die Söhne von Herzog Ludwig, der im September 1384 in Bari gestorben ist. Jetzt wollen auch sie nach Italien ziehen, den unsinnigen Traum ihres Vaters fortführen und über das neapolitanische Königreich herrschen. Auf den Rat ihrer Mutter Maria von Blois hin sind Ludwig und Karl gekommen, den König von Frankreich um ein Heer zu bitten. Karl bietet ihnen ein Schauspiel. Er will die vergessenen Riten des Rittertums wieder aufleben lassen.

Da es vom alten Zeremoniell nicht einmal mehr Spuren gibt, lässt er alle Handschriften ausgraben und die Alten befragen, um einen neuen Rahmen für das Fest zu schaffen. Die Wahl der königlichen Abtei Saint-Denis als Ort der Zeremonie ist nicht beziehungslos: Hier schlägt das Herz des Königtums.

Bald tragen Boten die Einladungen nach ganz Frankreich, aber auch nach Deutschland und England.

Man legt die Livreen fest: Das königliche Emblem wird der goldene Ginster sein und die Farben „weiß-grün-karminrot". Diesen Farbendreiklang wird Karl VI. bis 1392 tragen; er wird später nach dem Frieden von Tours 1444 von seinem Sohn Karl VII. symbolisch wieder aufgegriffen werden. Gewöhnlich trägt der König Kleider in seinen Farben und seinen Devisen. Nur die Lilien, Sinnbild des Königreichs Frankreich, sind den Roben vorbehalten, die bei feierlichen Anlässen wie Krönung, Gerichtstagen getragen werden – und im Grabeszug.

Jetzt fertigen die Schneider für den König und seinen Bruder Wämse aus karminfarbener Seide, bestickt mit Ginsterzweigen und dazu passende Kapuzen. Die Ritter werden vergleichbare Ausstaffierungen haben. Reitkleider aus grünem Brüsseler Tuch für dreizehn Damen und Jungfern des Hofes werden hergestellt, mit aufgestickten Ginsterzweigen an Ärmeln und Hauben; der Goldfaden, mit dem man das königliche Emblem webt, kommt aus Zypern. Mit Silberfaden verwoben ist er doppelt für die Damen, einfach für die Jungfern gefertigt. In diesem Mai 1389 wird die Königin ein Überkleid aus purpurrotem Seidentuch über einem Kleid aus grünem Taffetas tragen und ihre Haube wird aus karminfarbenem Samt sein.

Wie Françoise Autrand und Colette Beaune bemerken, spielt Karl VI. bei diesen Festen im Mai seine Rolle überzeugend: Seine Devise „fliegender Hirsch“ kann als Bezug zur Unsterblichkeit Christi ausgelegt werden oder aber ein Symbol für den Hirsch, der sich in den König verwandelt, sein. All diese Bilder gehen auf die Jugendzeit Karls zurück, jene Stunden der Träume, in denen er mit verträumten Augen, angesichts illustrierter Bücher zur Jagd, dem Erlegen der Tiere des Waldes nachsann. Es geht auch um die Erinnerung an die Begegnung des Kind-Königs mit einem Hirschen an einem Jagdabend. Karl hatte damals verboten, dass man das Tier tötete; er hatte es mit einer Lilie zeichnen lassen und freigegeben. Die Träumerei holt hier die Wirklichkeit ein. Der König war weit entfernt davon zu ahnen, dass man ihn einige Jahre später zum Heiligtum des Heiligen Hubert, des Patrons der Jäger, in die Ardennen bringen würde, um ihn von seiner „Raserei“ zu heilen.

Am Samstag, 1. Mai 1389, kommen der König, die Königin und Ludwig von Touraine in die Abtei Saint-Denis. Das Fest kann beginnen.

Die Nacht ist angebrochen, als sich, im Schein der Fackeln, die zwei Brüder, Ludwig und Karl von Anjou, dunkel gekleidet, zu Pferde nähern. Sie ähneln zwei fahrenden Rittern auf der Suche nach einer Bleibe. Vor der Kirche steigen sie von ihren Pferden und begeben sich an das Grab des heiligen Märtyrers, wo sie ihre nächtliche Wacht im Gebete verbringen.

Währenddessen ist im Kreuzgang, wo ein großes Zelt in den Farben Grün und Weiß errichtet worden ist, für das zahlreiche Gefolge, das das königliche Paar begleitet, ein Essen bereitet. Karl VI. präsidiert unter einem Thron mit Lilienblumen. Man hat die Illusion in einem Palast zu sein.

Beim ersten Morgengrauen betritt der König durch die Klostertür die Kirche und nimmt im Querschiff Platz. Dort begrüßt er die Königinnen von Frankreich und Sizilien mit ihrem Gefolge. Sobald diese edle Gesellschaft Platz genommen hat, tritt ein neuer Zug aus Herzögen, Rittern, Knappen und Sängern auf, der den zwei jungen Prinzen folgt.

Ein Prälat tritt zu Ludwig und Karl, um ihnen die Beichte abzunehmen; dann feiern sie gemeinsam die Messe. Anschließend folgt der Augenblick des Ritterschlags. Die jungen Leute knien vor dem König nieder:

„Es möge Euch gefallen, uns zu umarmen, um uns zu neuen Rittern zu machen", sagen sie im Chor.

Dann leisten sie den Eid. Karl VI. gürtet sie mit dem Schwert und schlägt ihnen mit der flachen Schneide des seinen auf die Schulter: „Seid gute Ritter".

Nachdem er sie an seine Brust gedrückt hat, übergibt ihnen der König die goldenen Sporen; ein Knappe schnallt sie um. Die Prinzen schwören, auf Lebzeit die Rechte der Kirche zu wahren. Sie erhalten dann den Segen des Bischofs, ehe sie die Abtei verlassen.

Nach dem Mahl beschließt ein Ball diesen ersten Tag der Zeremonie.

Drei Tage lang wird nun ein Turnier auf geschlossenem Kampffeld veranstaltet. Es defilieren die Ritter mit ihren grünen Schildern und dem Emblem des Königs, gefolgt von den Knappen, die Lanzen und Helme tragen. Die Damen auf ganz in Grün aufgezäumten Prunkpferden reiten in die Wallstatt und nehmen dann auf den Tribünen Platz. Die Waffengänge können beginnen. Die ersten sind dem Aufeinandertreffen der Ritter vorbehalten; am nächsten Tag kämpfen die Knappen untereinander. Am dritten Tage dann werden, ohne Unterschied, die Sieger der ersten beiden Tage kämpfen.

Diese Feste sind eine Gelegenheit, dem Volk die Veränderungen zu zeigen, die sich in der königlichen Politik ergeben haben. Karl VI. begleitet Madame von Saint-Pol, die Schwester König Richards II. von England; er will damit allen vor Augen führen, dass er Frieden mit diesem Lande wünscht.

Die Feste des Mai enden am 6. mit einer Grabrede auf den Kronfeldherrn Du Guesclin, der 1380 vor Châteauneuf-de-Randon fiel, als er gegen die Engländer kämpfte. Die religiöse Zeremonie findet in der Abteikirche statt, die mit Schildern mit den Wappen des Königs und der großen Herrn seiner Umgebung geziert und von tausenden von Kerzen beleuchtet ist; der Sarg des Herzogs steht in der Mitte der Kirche, bedeckt mit einem Goldtuch, das sein Wappen trägt. Die Versammlung strömt herein. Der Hof ist in schwarze Roben gekleidet, um die Grabrede zu hören. Der Sire von Clisson, ein alter Waffengefährte des Kronfeldherrn, führt die Trauergemeinde an. Er wird begleitet von den zwei Marschällen von Frankreich und von Olivier Du Guesclin, dem Bruder des Verstorbenen. Ritter tragen Opfergaben, Helme, Schilder, Banner, führen auch zwei Schlacht- und zwei Turnierpferde am Zügel. Dann ergreift der Bischof von Auxerre das Wort: »Weint, Streiter, der Sire Bertrand ist nicht mehr; er, der Euch so liebte und der zu seinen Lebzeiten so großartige Erfolge errang; Gott sei seiner Seele gnädig, denn niemand hatte eine so gute.« Alle folgen der Zeremonie voller Andacht.

Isabeau nimmt an dieser letzten Zeremonie nicht teil. Die letzten fünf Tage waren für sie eine harte Prüfung gewesen, denn sie ist im vierten Monat und trägt schwer an dieser Schwangerschaft. Von dieser dritten Schwangerschaft an fühlt sich die Königin sehr oft erschöpft und muss sich erholen. Diese Festlichkeiten sind häufig beschrieben worden und es gab Verdächtigungen, dass es Ehebruch bei diesen Festen gegeben hätte. Der Mönch von Saint-Denis hat der Nachwelt einen Widerhall davon bewahrt: »... war wie ein Gerücht, dass von genannten Turnieren unehrenhafte Dinge in Liebeshändeln herrührten und von denen viele Übel gekommen sind.«

Für gewisse Historiker ist die Interpretation eindeutig: Es geht hier um die Leidenschaft Ludwigs für seine Schwägerin Isabeau[45].

In Wirklichkeit ist es ganz anders. Denn Isabeau sorgt sich, erschöpft von den Festlichkeiten, um das Ungeborene. Auch diesmal lässt sie sich, in der Hoffnung, dass dies die Schwangerschaft erträglicher macht, „den Gürtel der Jungfrau“ übergeben, eine wertvolle Reliquie, die 1205 von den Kreuzrittern mitgebracht und einige Zeit lang in Soissons ausgestellt worden war, ehe sie in Notre-Dame zu Chartres aufbewahrt wurde. Einige Tage später geht sie auf Pilgerfahrt nach Chuisne, wo sie eine neuntägige Andacht hält und von Herzen hofft, dem König einen Thronfolger zu schenken.

Dann wird sich die Königin in Saint-Martin bei Tours niederlassen, wo sie der Meldereiter ihres Gemahls, Johann Fonatier, erwartet, der ihr mehrere Botschaften Karls und, als Geschenk, den Kopf eines prächtigen Zehnenders übergibt[46]. Der König hat sich das Vergnügen der Jagd nicht versagt und er hat Isabeau diese Trophäe vom Forst von Senlis hierher geschickt. Erst einige Wochen später werden sie sich in Chartres wieder treffen.

---

[45] „Diese fatale Nacht war vielleicht jene, in der die Liaisons zwischen der Königin und dem Herzog von Orléans, dem Bruder des Königs, und zwischen Margarete von Bayern, Frau des Herzogs von Burgund, mit dem selben Prinzen begannen.“ Dreux du Radier.

[46] Botschaften des Königs an die Königin: „Der Burgunder Meldereiter, ausgesandt von Evreux zur Königin ein Meerschwein zu bringen, dafür und zurück, an diesem Tag (13. März), 40 s.p.“ A.N., KK 30 f. 48.

„Colar Villete, Meldereiter, ausgesandt, um Briefe von Rouen nach Creil zu bringen zur Königin und von dort nach Croissy zu Madame von La Rivière, dafür und zurück am Hof, Donnerstag, 25. des März, der König in Rouen arg. 43 s.p.“

„Der Burgunder Meldereiter gesandt von Senliz nach Saint Oyn, Briefe zur Königin zu tragen mit dem Kopf eines Hirschen, dafür und für seine Rückkehr von dort 20 s.p.“ A.N., KK. 30 f. 49.

„Jehan Fonatier, Meldereiter, gesandt von Senliz nach Chartres, um Briefe an die Königin zu bringen, dafür und seine Rückkehr zum Hofe, Donnerstag, 27. Tag des Juni, der König in Senliz, arg. 40 s.p.“

Ludwig und Valentina

Gemeinsam verlassen König und Königin die alte gallische Stadt, um nach Melun zu reisen, wo am 17. August 1389 die Hochzeit des Bruders des Königs, Ludwig von Touraine mit Valentina Visconti gefeiert wird. Die beiden hatten sich zwei Jahre zuvor per Prokuration verlobt. Es hatte lange gedauert, die Mitgift des Mädchens zusammenzubringen – man hat unterstellt, die Königin von Frankreich habe die Heirat aus Eifersucht verzögert; das jedoch heißt die Gesamtheit der Verhandlungen und ihren Kontext schlecht zu kennen. In der Tat bringt die Verlobte in ihrem Brautschatz die Grafschaften Asti und Vertus und 450.000 Gulden mit. Überdies wollte Valentinas Vater, Johann Galeazzo Visconti, nicht, dass seine Staaten im Falle des Todes seiner Tochter Valentina und seines Schwiegersohnes Ludwig an den König von Frankreich fielen. Deshalb wartet er ungeduldig darauf, dass ihm seine älteste Tochter einen Erben schenkt. Das Kind kommt 1388 zur Welt. Fortan steht der Heirat Valentinas mit Ludwig nichts mehr im Weg.

Valentina, 1370 in Pavia geboren, ist neunzehn Jahre alt; sie ist Tochter des Herrn über Mailand und der Isabella von Valois, einer Schwester Karls V. Ihre Schönheit hat ihre Zeitgenossen erstaunt. Eustache Deschamps beschreibt sie als „jung, hübsch, frisch und von hoher Schönheit“. Später wird Christine von Pisan sie als kluge, weise, mutige Frau beschreiben, die sehr verliebt in ihren Mann und eine perfekte Hausfrau ist, die sich wohl darauf versteht, ihre Güter zu verwalten. Die Dichterin fügt an, dass Valentina gerecht gegen jedermann sei und in großem Maße Barmherzigkeit übe. Der Dichter wird sagen können, dass sie den Armen ein sanftes Herz zeigt, dass sie die Gerechtigkeit in Person ist, dass Mitleid jede ihrer Handlungen begleitet, dass sie aber eitle Menschen nicht erträgt.

Ihr Vater, Johann Galeazzo, ist ein habgieriger Mensch; er rühmt sich, der größte Plünderer und Dieb der Lombardei zu sein. Man muss zugeben: Er überhäuft sein Volk mit Steuern. Er rechnet es sich auch zum Ruhme an, dass ein Mädchen mit Händen voller Gold durch sein Land ziehen könnte, ohne beraubt zu werden. Er ist – vor der

Zeit – der personifizierte Renaissance-Prinz, dem es gefällt, die Paläste und Häuser, die er bewohnt, mit aller Herrlichkeit auszustatten; er interessiert sich für Kunst und Musik. Und er hat eine Vorliebe für Komfort: So lässt er auf öffentlichen Straßen einen Weg bauen, der seinen Equipagen vorbehalten ist, damit er leichter von einer Stadt zur anderen kommt.

Valentina heiratet also Ludwig von Touraine, bald Herzog von Orléans, den von seinen Zeitgenossen hochgeschätzten Prinzen. Was man als Erstes an ihm erkennt, ist seine Liebenswürdigkeit. Er erweckt Vertrauen, und wenn er spricht, kann sich niemand seiner Beredsamkeit entziehen. Bei vielen Gelegenheiten erweist er sich als brillanter Redner; er hat eine klare Sprache und weiß seine Zuhörerschaft zu fesseln. Er argumentiert gelehrt und übertrumpft durch seine dialektische Gesprächsführung die ehrenwertesten Mitglieder der Pariser Universität. Ob es um Geschichte oder Theologie geht – Ludwig von Orléans hat meist das letzte Wort. Die fremden Botschafter beobachten diese gleiche Eleganz seiner Rede in ihrer eigenen Sprache. Er ist anerkannter Latinist, der bei „Disputationen" oft obsiegt – aber: Er verliert nie seine sprichwörtliche Höflichkeit, bemüht sich, seinen Gegner nicht zu erniedrigen, hört ihm zu, widerlegt ihn dann mit großer Rücksicht.

Alle Chronisten erkennen einmütig an, dass dieser Prinz, am 13. März 1370 geboren, von früher Jugend an „mit hoher Verständigkeit" begabt ist. Aber: So intelligent er auch sein mag, man wirft ihm zu Recht seine Impulsivität vor. Denn: Ludwig handelt gelegentlich, ohne alle Folgen seines Tuns zu bedenken.

Auch Christine von Pisan beschreibt ihn: Er sei charmant in seinem Auftreten und immer vorzüglich gekleidet. Ludwig liebt es, gut gewandet zu sein, trägt Kleider aus den seltensten und teuersten Stoffen von Seide und Samt; seine Roben sind mit symbolischen Attributen bestickt: Wölfen, Armbrüsten, Brennnesseln, Stachelschweinen oder dem berühmten Knotenstock. Er verkörpert die Extravaganz: Er trägt die schwersten Ketten und lässt im Rhythmus seiner Schritte goldene Glöckchen, die auf sein Wams genäht sind, klingeln. Dieses Bedürfnis zu Prunk, zur Schaustellung lässt seine Umgebung neidisch werden. Schlimmer noch: Er verzaubert die zurückhaltendsten

Frauen, wenn er ihnen Verse vorträgt, die er selbst geschmiedet hat, er tanzt graziös und musiziert bei den Abendgesellschaften im hôtel Saint-Pol.

Die sauertöpfischen Geister kritisieren ihn genüsslich: Beteiligt er sich nicht am Würfelspiel? Man flüstert, er liebe Frauen von geringer Tugend. „Er wiehert wie ein Zuchthengst bei allen schönen Frauen", höhnt Thomas Basin. Der Erfolg bringt immer Eifersucht mit sich – Ludwig kümmert sich nicht darum. Er antwortet Heinrich IV. von England, der ihn der Grausamkeit gegenüber Frauen anschuldigt, gelassen: „Mir liegt daran, dass sich von der Edelsten bis zur Niedrigsten, die es auf dieser Welt gibt, keine über mich beklage. Wenn ich geliebt habe, so wurde ich geliebt, jenen die ich geliebt habe, danke ich und bin darüber glücklich".

Großartig ist Ludwig auch in seinen Bauten. Er, der beim Tod seines Vaters ein klitzekleines Erbteil angetreten hat, kauft bald sieben Paläste in Paris, lässt seine Residenzen nach dem Vorbild der königlichen Verwaltung durch einen „Obermaurer" und einen „Oberzimmerer" bauen oder restaurieren[47]. Schritt für Schritt übernimmt er die Grafschaften Valois, Vertus, Porcien, Blois, Dunois, Asti, Angoulême und Périgord. Er erwirbt auch die Baronie Coucy, damit die sagenhafte Festung, die er im Jahre 1400 der Maria von Coucy abkauft – das Schloss liegt an einem strategisch wichtigen Punkt zwischen Burgund und Flandern. Am 18. August 1402 wird Ludwigs Bedeutung noch gesteigert, er kauft das Herzogtum Luxemburg, eine weitere Bedrohung für Burgund und ein wahrhaftes Bollwerk gegen eine eventuelle Bedrohung aus deutschen Landen. Schließlich wird er Besitzer des Herzogtums Orléans – und anderer Orte dazu, von weniger Bedeutung, aber durchaus nicht geringerer Finanzkraft. Das kostet viel, sehr viel – den Herzog, aber mehr noch die Krone!

Durch die Pracht seiner Schlösser will Ludwig allen zeigen, dass er die erste Persönlichkeit im Königreich ist. Durch Geschenke, die grandiosen Empfänge, mit denen er seine Gäste ehrt, zieht er sich eine zahlreiche Anhängerschaft heran. Hinzu kommt seine „Barm-

---

[47] Protokoll des Seminars „Jeanne d'Arc, une époque, un rayonnement", Paris, C.N.R.S. 1982. Claude Ribéra-Pervillez: „Louis d'Orléans".

herzigkeit“, auch seine frommen Stiftungen sind zahlreich. Sollte er sich durch diese „Fürbitten“ die Gnade Gottes erwerben wollen?

Der Einzug Isabeaus in Paris

Karl VI. hat ganz entschieden Geschmack an Prunk und Dekor gefunden. Zwei Monate nach den Festen des Mais bittet er Königin Blanche, Gattin von Philipp VI., die Verantwortlichen anzuleiten, die in würdiger Weise die Krönung der Königin und ihren feierlichen Einzug in Paris organisieren sollen. Bei verschiedenen Gelegenheiten war schon die Rede von einem „Aufenthalt“ Isabeaus in Paris gewesen. In der Mehrzahl dieser Fälle gibt es keine genaueren Angaben. Es ist wahrscheinlich, dass der „feierliche Einzug“ ein bestimmtes Datum bezeichnet, während die vorherigen „Aufenthalte“ nichts anderes als Durchreisen gewesen waren. Nichts wird dem Zufall überlassen, um das Volk zu entzücken. Man weiß, dass eine große Menge kommen wird, um Isabeau bei ihrem Einzug, begleitet von ihrer Schwägerin Valentina, zuzujubeln.

Anweisungen werden erteilt: Paris muss sauber sein. Die Straßen werden gereinigt, der Kehricht von den Plätzen beseitigt, auf denen sich jeder nachts trotz der wiederholten Verbote seines Unrates entledigt! Auch die Handwerker haben viel zu tun: Die Goldschmiede schmelzen Stücke aus Edelmetall ein, um noch prunkvollere herzustellen. Die Schneider fertigen Kostüme aus Samt und Seidentaftas aus dem Orient für die Prinzen und Prinzessinnen.

Der König möchte, dass seine Frau die Schönste ist. Am Tag ihres Einzugs in die Hauptstadt, am Sonntag 22. August 1389, ist sie das in der Tat. Sie sitzt in einer offenen Sänfte, im sechsten Monat schwanger, und trägt eine Robe aus rosarotem Samt mit einem Schnürleib, der mit goldenen Lilien bestickt ist, dessen Knöpfe in Form kleiner Blumenbuketts gearbeitet sind, als Schlüsselblumen grüner und goldener Farbe, garniert von einer blauen Blume. Ihr Überkleid ist aus kaminrotem Samt, gefüttert mit Zindeltaft. Als Kopfschmuck trägt sie einen großen Fellhut, der in dreizehn Fransen endet, jede besetzt mit einem großen Diamant, eingerahmt von achtzig kleineren, die in tausend Feuern funkeln. Perlen in goldenen Fassungen erhöhen noch den Glanz dieser Ausstattung.

Der Zug setzt sich mittags am Stadttor Saint-Denis in Bewegung. Das Tor ist umgestaltet worden in einen sternenbesäten Bogen, über dem sich die Wappen von Frankreich und Bayern befinden. Als Engel verkleidete Kinder singen, eine Frau, die die Jungfrau Maria darstellt, hält der Königin das Jesuskind entgegen. Neben dem schweren Wagen, dessen Plane aus Goldbrokat man gesenkt hat, reitet Valentina auf einem reich gezäumten Zelter. Sie strahlt im Glanz ihrer neunzehn Jahre, trägt Schmuck aus verglastem Silber aus der Lombardei.

Zahlreiches Gefolge begleitet die beiden Frauen. Die Herzoginnen von Bar und Burgund haben in einer anderen Sänfte Platz genommen, begleitet von der jungen Herzogin von Berry, der Gräfin von Nevers, der Dame von Coucy. Auch sie sind alle in Rosa gekleidet. Ihre Eskorte bilden die Herzöge von Touraine, Berry, Bourbon und Burgund, gefolgt von den Grafen von Nevers und La Marche. Sie schreiten zwischen zwei Reihen voran. Auf der einen Seite die Diener des Königs in rosa Livreen, auf der anderen die Bürger, gekleidet in Roben aus grüner Farbe. An den Straßenkreuzungen bieten Mädchen, die Hüte aus Goldbrokat tragen, den Passanten freundlich zu trinken an und füllen die Kelche aus vergoldetem Silber mit Gewürzwein und Likören, die aus den Brunnen sprudeln. Der Zug wächst mit jedem Augenblick, so wie es geplant wurde. Der Herzog von Lothringen und Wilhelm von Ostrevant, der Sohn des Grafen vom Hennegau, schließen sich ihnen an der Straße Saint-Denis an. Beim nächsten Halt überreichen die Bürger von Orléans Geschenke. Johann Jouvenel tritt heran, der Aufseher der Handelszunft, auch er ganz in Grün gekleidet, um der Königin einen Willkommensgruß zu entbieten. Dann beschließen die Musiker zum Klang der Flöten und Tamburine den Zug. Beim hôtel der Dreieinigkeit wird von den Minnesängern eine Szene aus den Kreuzzügen dargestellt. Man sieht, wie sich Richard Löwenherz dem König von Frankreich nähert und ihn bittet, sich ihm anzuschließen, um die Mauren aus Palästina zu verjagen. Schauspieler mimen, unterstützt vom großen Geschrei der

Menge, den Kampf gegen die Ungläubigen. Der Zug zieht weiter, aber bald hält der Wagen der Königin von neuem unter einem sternenbesticktem Himmel, von dem zwei „Engel“ herabsteigen, um der Königin eine Krone aus Gold mit Edelsteinen aufzusetzen. Sie singen:

»Dame, von Blumen und Lilien umschlossen,
Königin seid ihr von Paris,
von Frankreich und dem ganzen Land,
wir verkünden das im Paradies.«[48]

Dann schweben sie hinauf in den Dekor. Die Maschinerien funktionieren perfekt – zur Begeisterung der großen und der kleinen Leute.

Vor der Kapelle St. Jakob führt man zum Klang der Orgeln eine Szene auf, die beschreibt, wie schön es ist, in Frankreich zu leben. Beim Châtelet eine neue Darbietung. Diesmal geht es um einen Gerichtstag, den „Madame Hl. Anna, umgeben von Feldhasen vornimmt, während um sie herum Vögel flattern“. Alle betrachten voll Bewunderung diese Szene, die an Motive der Wandteppiche „mit den tausend Blumen“ erinnert, die man zu jener Zeit stickt. Auf den Theatervorhang ist ein Wald gemalt. Er öffnet sich plötzlich: Ein Hirsch, gefolgt von einem Adler, taucht aus den Kulissen auf. Das edle Tier flüchtet sich zu der Heiligen, zwölf Mädchen stürzen sich auf den Angreifer, verjagen ihn und retten so den König des Forstes. Die Menge ist ganz gefangen von dem Schauspiel, als plötzlich zwei Männer zu Pferde versuchen, sich einen Weg zu den ersten Rängen zu bahnen. Das Geschrei der herumgestoßenen Bürger alarmiert die Sergeanten, die mit Stockschlägen die beiden Männer vertreiben, die die Pantomime nur aus größerer Nähe beobachten wollten.

Der Zug quert den Pont-au-Change; die Brücke ist bespannt mit Tüchern aus blauem Taftas mit den Lilienblumen, überzogen mit einer Leinwand, auf der zugleich Sonne und Sterne prangen. Als man durch die Rue Neuve-Notre-Dame zieht, sieht man ein Seil, das über

---

[48] *Dame enclose entre fleurs et lys,*
Reine êtes vous de Paris,
de France et de tous pays ...
Nous en rallons au Paradis.

die Dächer der Häuser gespannt und am höchsten Haus der Brücke Saint-Michel festgemacht ist. Ein Mann tritt oben aus einem Turm von Notre-Dame, tanzt über das Seil und hält dabei zwei angezündete Kerzen. Er begnügt sich nicht damit, über das Seil zu wandern, sondern singt und macht alle Arten von Freiübungen. Es ist ein Seiltänzer aus Genua, dessen wirklich außergewöhnliche Kühnheit niemals mehr ihresgleichen gefunden hat.

Die Königin begibt sich für eine kurze Ansprache in die Kathedrale von Paris, wo sie vom Bischof, Pierre d'Orgemont, empfangen wird. Zum Klang der Hymne *»Singen wir laut und klar«* geht Isabeau durch das Schiff, gefolgt vom Kapitel von Notre-Dame und dem Pariser Klerus in Prozession; sie legt die Krone, die ihr die Engel beim hôtel der Dreieinigkeit geschenkt haben, auf den Altar der Jungfrau. Die Minister Bureau de La Rivière und Jean Lemercier übergeben ihr eine noch prächtigere. Als man Notre-Dame verlässt, ist die Nacht angebrochen. Der Vorplatz sieht märchenhaft aus, er ist von mehr als 500 Kerzen erleuchtet.

Im Königspalast auf der île de la Cité beschließen ein Souper und ein Ball diesen Tag. Der König ist glücklich und stolz auf seine Frau. Als diese ein wenig müde, aber strahlend mit ihren Damen plaudert, nähert er sich ihr und bittet sie, die Geschichte vom Châtelet zu erzählen. Isabeau erwähnt auch den Zwischenfall, der sich dort abgespielt hat. Karl unterbricht sie und enthüllt, dass er und sein Freund Philippe de Savoisy sich als einfache Leute des Volkes verkleidet hatten, dass er hinter Savoisy auf das Pferd gestiegen sei und sie sich einen Weg gebahnt hätten, denn er habe seine Frau aus größerer Nähe sehen wollen. Unter großem Gelächter gesteht der König, dass ihm die Schultern wegen der Schläge noch weh tun!

Die Krönung der Königin

Am nächsten Morgen begibt sich Karl VI. von zahlreichen großen Herren eskortiert in die Sainte-Chapelle. Er trägt das alte königliche Gewand, die bodenlange Robe. Darüber hat er einen langen scharlachroten Mantel gezogen, der mit Bändern aus damaszener Stoff geschmückt und mit Hermelin gefüttert ist und ein wenig an das griechische Chlamys erinnert. Auf dem Kopf trägt er ein Diadem. Die alten Höflinge haben nichts an ihm auszusetzen. Sie denken, dass der König die Stattlichkeit gefunden hat, die ihm bislang fehlte, und dass er diesmal nicht mit seinen kurzen und gegürteten Kostümen, die er sonst so gerne trägt, „verkleidet" ist.

Gegen Mittag verlassen die Königin und die Prinzen das Palais Royal, um sich ebenfalls in die Sainte-Chapelle zu begeben, wo die heiligen Reliquien aufbewahrt werden. Die Kirche ist ausgeschlagen mit goldenen Verhängen mit den Wappen von Frankreich und Bayern, letztere aus 21 silbernen und blauen Rauten pro Stoffbahn.

Isabeau ist in eine violette Seidenrobe gekleidet, die über ein weites Hemd aus feinem Stoff von Reims geknüpft ist, das offen ist, um die königliche Salbung zu erhalten. Ihre Haare fallen offen über die Schultern. Zum Klang des Te Deums folgt sie der Prozession des Erzbischofs von Rouen, Wilhelm von Vienne, und des Abtes von Saint-Denis, Guy von Montceau, zum Hauptaltar. Dort kniet die Königin nieder. Der Erzbischof segnet sie, dann steht sie wieder auf, verbeugt sich vor dem König und nimmt im Chor unter einem Baldachin aus goldener Seide Platz. Auf dem Altar liegen die Insignien der königlichen Macht: das Szepter, die Hand der Gerechtigkeit und die Krone. Das Kreuz, das sie trägt, ist mit 83 Diamanten, Saphiren, Rubinen und großen Perlen geschmückt. Der Bischof nimmt die Weihehandlung vor. Er salbt die niedergekniete Königin an fünf Stellen und sagt jedes Mal: „Im Namen des Vaters und des Sohnes und des Heiligen Geistes, diese Salbung diene Dir zu Ehre und zur ewigen Bestätigung; so sei es." Wilhelm von Vienne steckt ihr dann den heiligen Ring an den Finger: „Nimm den Ring, Zeichen des Glaubens und der heiligen Dreieinigkeit, durch die Du alle häretischen Übel vermeiden mögest, und durch die Tugend, die Dir gegeben ist, die barbarischen Nationen zur Erkenntnis der Wahrheit rufen mögest." Dann setzt er ihr die Krone auf den Kopf: „Nimm die Krone des Ruhmes und der Freude, damit Du strahlend und gekrönt vor Freude auf immer glänzen mögest." Die Herzöge treten vor und strecken ihr symbolisch die Hand als Zeichen ihrer Unterstützung entgegen. So begleiten sie Isabeau zum Thron, während der Erzbischof eine Gnadenfürbitte betet.

Nach der Messe findet ein Souper im Palast statt.[49] Im großen Empfangssaal nimmt die Königin, nachdem sie sich die Hände gewaschen hat, am Marmortisch neben dem König Platz. Leo VI. von Lusignan, König von Armenien, die Bischöfe von Langres und von Noyon begleiten die Herzoginnen von Berry, der Touraine und von Burgund; sie haben große Schwierigkeiten sich ihren Weg zu bahnen, so dicht ist die Menge der Gäste. Wie üblich dauert das Festmahl lange, die Speisen folgen im Überfluss aufeinander; zwischen den Gängen unterhalten Minnesänger und Jongleure die Gäste. Die Theaterstücke sind sehr anspruchsvoll; unter anderem findet die Darstellung der Belagerung von Troja großen Beifall. Die Luft wird immer dicker und die Hitze drückend. Mehrere Frauen fallen fast in Ohnmacht. Auch die Königin wird blass, führt ihre Hand zum Hals und atmet schwer. Ein Diener, der das beobachtet hat, stürzt herbei und zerbricht das Fenster, das sich hinter ihr befindet, um ihr ein wenig Luft zu verschaffen.

Nach einem solchen Tag muss sich Isabeau ausruhen. Man bringt sie in ihr Schlafzimmer.

Früh am nächsten Tag, die Frische des Morgens nützend, quert die Königin die Stadt in der Sänfte, um sich ins hôtel Saint-Pol zu begeben; trotz der morgendlichen Stunde eskortieren sie mehr als tausend Personen. Der König hat den kürzeren und diskreteren Weg genommen. Er reist die Seine im Schiff hinunter, um seiner Gemahlin allein die Freudenkundgebungen der Menge zu überlassen.

Aber kaum in ihrem Palast angekommen, lässt die Königin ihren Arzt kommen, der ihr empfiehlt im Bett zu bleiben. Die Feierlichkeiten dieses Tages nach der Krönung laufen deshalb ohne sie ab. Erst am Dienstag, dem 24. August, ist sie wieder kräftig genug, um in ihrem Parade-Zimmer die Bürger zu empfangen, die gekommen sind, ihr ihre Verbundenheit zu zeigen. Zuvor sind sie durch die Straßen von Paris gezogen und haben den begeisterten Schaulustigen die reichen Geschenke gezeigt, die sie dem König, der Königin und der

[49] Françoise Autrand, *Charles VI.*, Fayard, 1987.

Herzogin von Touraine übergeben wollen. Jede der drei Sänften, auf denen die Kannen, Salzstreuer, Töpfe oder Konfektbüchsen ausgestellt sind, wird von Männern in Uniform getragen. Um Karl VI. ein Vergnügen zu bereiten, tragen zwei Wilde – ein finsteres Vorzeichen – die Geschenke, die ihm bestimmt sind: etwa 30 Kilogramm Gold. Die Geschenke für die süße Valentina werden von zwei Mauren getragen, eine höfliche Aufmerksamkeit, um an ihr Land zu erinnern, das nahe an Afrika liegt. Für Isabeau schließlich, deren Zuneigung zu Tieren die Pariser kennen, sind es ein Bär und ein Einhorn, die das Geschirr mit den Wappenzeichen von Bayern auf Goldbrokat herbeitragen. Die Chronisten haben bemerkt, dass der König und seine Schwägerin den Bürgern mit großer Gerührtheit danken. Im Gegensatz dazu notieren sie, dass die Königin nicht ein einziges Wort des Dankes spricht.

Wie soll man dieses Schweigen Isabeaus interpretieren? Sie war sicherlich sehr abgespannt, sie konnte sich noch nicht sehr gut in französischer Sprache ausdrücken; aber ihr Schweigen verrät auch die Unfähigkeit zu einfacher Gelassenheit im Umgang mit dem Volk. Diese Ungeschicklichkeit wird ihr ihr ganzes Leben lang vorgeworfen werden.

Dann kommen Gefangene, um ihr zu danken, dass sie am Tage ihrer Krönung freigelassen wurden. Auch in diesem Fall ist Isabeau nicht in der Lage, ihnen das geringste Wort der Ermutigung zu entbieten.

Nachdem sie in ihrem Zimmer eine leichte Stärkung eingenommen hat, begibt sich Isabeau zum Katharinenfeld, um einem Lanzenstechen „Zur goldenen Sonne“ beizuwohnen, bei dem sich 30 Reiter messen werden. Der König will sich eine solche Gelegenheit zum Turnier nicht entgehen lassen und betritt trotz der Beschwörungen seiner Berater den Kampfplatz. Er kämpft brillant und trägt einen der Preise davon, die am Abend im hôtel Saint-Pol vergeben werden. Am nächsten Morgen findet ein neues Turnier statt, diesmal für Knappen. Isabeau hat ihre Anwesenheit zugesagt. In der Hoffnung auf Kühlung spritzt man Wasser aus großen Eimern auf den Sand. Trotzdem fühlt sich die Königin wieder unwohl.

Wie bei den Mai-Festen kämpfen Ritter und Knappen am drittten Tag gemeinsam. Dann übergeben der König und die Königin von Frankreich ihren ausländischen Gästen Geschenke als Andenken an die Krönung. So enden die Festlichkeiten, und wieder einmal sind die Bürger enttäuscht, denn sie hatten gehofft, dass aus Anlass des Einzugs der Königin und der unmittelbar bevorstehenden Geburt ein Teil der Steuern erlassen würde. Doch dem ist nicht so.

Während sie sich in Saint-Pol erholt, denkt Isabeau über das Fest nach. Der fröhliche Einzug hat bei vielen großen Eindruck gemacht. „Man wird in vielen Ländern davon reden, wie die Königin von Frankreich das erste Mal in Paris eingezogen ist".

„Der König reist nach Toulouse"

Gegen Mitte September 1389 – die Schwangerschaft der Königin neigt sich dem Ende zu – kehrt Isabeau, nachdem sie einige Tage mit ihrer Schwägerin im Schloss Beauté verbracht hat, nach Paris zurück. Da erreicht ein Hilferuf des Languedoc den Hof. Die Bürger sind der Steuererhebungen des Herzogs von Berry müde. Ein Mönch vom Orden des Heiligen Bernhard schildert dem Kronrat die Lage. Er betont, dass zahlreiche Familien lieber das Land verlassen haben, um sich in Aragon oder im Königreich Provence niederzulassen, als so übertriebene Steuern zu zahlen. Der König und sein Bruder reagieren und beschließen, sich sogleich auf den Weg in den Languedoc machen. Es ist einfach, ihren Reiseweg nachzuvollziehen, denn regelmäßig schreibt der König seiner Gattin, und ein Meldereiter überbringt die Briefe. Am 27. Dezember sind der König und sein Bruder in Nevers; die Post wird von einem gewissen Michelet Harmon überbracht. Am 24. Oktober ist es Thierry Gaudy, der sechs Pfund und sieben Sous für die Überstellung aus Romans bekommt. Am 10. November muss der Eilbote Thomas Guerat, gerade eben im hôtel Saint-Pol mit Briefen des Königs angekommen, sich wieder auf die Straße begeben, um die Geburt einer kleinen Prinzessin mitzuteilen, die tags zuvor um zwei Uhr früh zur Welt gekommen ist. Er kann hinzufügen, dass das Kind den Vornamen Isabella erhalten hat.

Karl sieht sein drittes Kind erst drei Monate später. Mehr als sechs Monate lang kehrt er nicht in seine Hauptstadt zurück. Er ist unterwegs, nicht nur um sich „Tänzen und Vergnügungen“ mit den hübschen Jungfrauen von Avignon hinzugeben oder um Bankette und ausgedehnte Gelage mit seinem Bruder und ihren Cousins Heinrich von Bar und Peter von Mortain zu feiern, sondern auch um die Geschäfte wieder in die Hand zu nehmen und sich dem Volk zu zeigen. Diese Reise ist ein Prestigeunternehmen: Wenn der König sich entschlossen hat, selbst in den Süden zu reisen, dann, um zu regieren. Die Reiseroute ist von den „marmousets“ sorgfältig vorbereitet worden, nichts wurde dem Zufall überlassen, betont Françoise Autrand: „Jeder ist an seinem Platz. Wenn die Regierung auf den Straßen ist, so sind die Verwaltungsbeamten in Paris.“

Am Ende ihrer ersten Etappe sind der König und sein Bruder Gäste ihres Onkels, des Herzogs von Burgund. Zu ihren Ehren organisiert er in Dijon, wo sie am 7. Oktober ankommen, prunkvolle Feste. Der Herzog hat extra einen Turnierplatz auf einem Gelände, das den Mönchen von Saint-Étienne gehört, errichten lassen. Er hat 500 Francs Entschädigung an das Kloster entrichtet, um störende Mauern und Bäume beseitigen zu lassen. Acht Tage lang wird pausenlos gefeiert. Festmählern folgen Turniere und Konzerte. Jeder bemüht sich, amüsant zu sein und sich bei den beiden Brüdern und ihrem Gefolge – den Vorbildern für jede Ritterlichkeit – beliebt zu machen.

Die Reiseziele sind nach der wirtschaftlichen Bedeutung der besuchten Orte gewählt, die Einzüge in die Städte nach dem Vorbild von Fronleichnamsprozessionen geregelt. So wird auch die Begegnung mit Papst Klemens VII. entsprechend inszeniert; die Anwesenheit Ludwigs, König von Sizilien, findet große Aufmerksamkeit. Dies ist eine Gelegenheit für den Papst, ihn zu krönen. Frankreich ist das einzige der großen Königtümer der Christenheit, das den Papst von Avignon unterstützt. Vor allem aber gelingt es Karl VI., sich mit Gaston Phébus und dem Grafen von Armagnac zu versöhnen, was die Befriedung des Languedoc nach sich ziehen wird.

Nach diesem diplomatischen Erfolg begeben sich Ludwig und Karl auf den Rückweg nach Paris. Sie reisen über Nîmes, wo sie sich zwei Tage aufhalten. Nach diesen langen Wochen auf den Straßen wünschen sie sich nur eines: So schnell wie möglich in die Hauptstadt zurückzukehren und dort ihre Ehefrauen zu treffen: »Lieber Bruder, ich wünschte, dass ich und Ihr bereits in Paris wären, denn ich habe großes Begehren, dass ich die Königin und Euch, Schwägerin von Touraine, sehe«[50]. So schließen sie in Bar-sur-Seine eine Wette ab, wetteifern darin, welcher von beiden als Erster in Paris ankommt. Die Brüder streiten darum, wer das bessere Pferd findet, wer weniger vom Hunger geplagt wird, wer mehr Ausdauer hat, den kürzeren Weg findet und die längeren Tagesritte durchsteht.

Beide Prinzen liefern sich ein wahnwitziges Verfolgungsrennen. In Troyes nimmt Ludwig von Touraine, geschickter als der König, ein Schiff, um die Seine bis Melun hinunterzufahren, während Karl ermüdet sich vier Stunden Ruhe gönnt. Und diese verlorene Zeit erlaubt es Ludwig als Erster am 23. Februar abends, in Paris anzukommen. Als der König ihn aufsucht, um ihm die 5000 Francs des versprochenen Preisgeldes auszuzahlen, findet er eine in Tränen aufgelöste Ehefrau vor, die gerade „die Wiege der jüngst verstorbenen Tochter des Königs" verschenkt hat. In ihrem Kummer hat sich Isabeau diesmal nicht dem Brauch entzogen und dem Hôtel-Dieu die Wiege der kleinen Johanna geschenkt, die gestorben ist, ehe sie ihr zweites Lebensjahr erreicht hat. Der König ist betrübt. Ist es dieser neue Trauerfall oder die Müdigkeit nach einem mit so viel Energie geführten Wettbewerb? Sicher ist seine sichtbare Niedergeschlagenheit. Ludwig organisiert, um ein Lächeln auf die Lippen seiner Schwägerin und Fröhlichkeit in den Blick seines Bruders zurückzuzaubern, am 6. März im Palast Saint-Pol unter dem Vorwand, die Befriedung des Languedoc zu feiern, ein Fest.

Im Mai verkündet der König die vierte Schwangerschaft seiner Gemahlin, indem er den Hof zu einem Turnier lädt. Um sich auszuruhen reisen Isabeau und Valentina im Juni nach Saint-Germain, wohin ihre Ehemänner am 23. August 1390 nachkommen.

---

[50] H. Moranvillé, *Une course de Bar-sur-Seine à Paris en 1390*, bibliothèque de l'Ecole des chartes, 1893, t. 54.

Das Schloss dieser kleinen Stadt ist Ort einer Begebenheit, die der Mönch von Saint-Denis berichtet. Es ist ein warmer Sommertag, jeder ersehnt den Anbruch des Abends mit einer kühlenden Brise. Isabeau nützt die Möglichkeit vor dem Abendessen auszuruhen. Sie kniet in ihrem Betraum, als plötzlich Blitze den Himmel zerreißen. Ein ebenso heftiges wie unvorhergesehenes Gewitter bricht aus. Fenster gehen zu Bruch, Blitze fahren hernieder und töten mehrere Leute. Die Königin bricht in Tränen aus, dann stürzt sie, ohne sich zu kleiden, mit offenem Haar in das Arbeitskabinett, wo der König mit seinen Beratern zusammensitzt. Weinend wirft sie sich zu seinen Füßen und beschwört ihn, auf die Steuerpläne, die er ausarbeitet, zu verzichten. In Antwort auf die fragenden Mienen der Minister erklärt sie, dass sie in diesem Sturm der Elemente die Hand Gottes sieht, der eine Besserung der Lage des Volkes wünscht.

Auch wenn Isabeau keinen Anteil an politischen Entscheidungen hat, versucht sie, ihren Einfluss zugunsten des Wohlergehens ihrer Untertanen zu nützen. Der König ist gerührt. Er will die Mutter seines so sehr ersehnten Thronfolgers nicht enttäuschen und verfolgt seine Steueziele nicht weiter. Dies ist nicht das einzige Beispiel, das man Isabeau zugute halten muss: Ihr ganzes Leben betrachtet sie mitleidigen Auges das Elend, das sie umgibt, auch wenn sie nicht immer die Konsequenzen gezogen hat, die erforderlich gewesen wären.

Isabeau denkt an die nächste Geburt und begibt sich auf Wallfahrt in die Zisterzienserabtei von Maubuisson, eine neue Gelegenheit, dem Heiligtum, das sie liebt, Geschenke zu machen. Sie stiftet Goldbrokat für die priesterlichen Gewänder, Lebensmittel, Wein und Hafer für die Pferde der Abtei. Sobald sie einen Sohn haben wird, wird die Königin in dieser Kirche nicht mehr beten.

Aber es ist kein Sohn, sondern eine Johanna, die am 24. Januar 1391 im Schloss von Melun zur Welt kommt. Einige Monate später wird die Königin von neuem schwanger sein, und von neuem wird sie auf Wallfahrt gehen.

ZWEITER TEIL

Die schrecklichen Jahre 1392 - 1402

KAPITEL 1

Der „verhinderte“ König

»Gespenster in Gestalt bewaffneter Ritter bekämpften sich am Himmel« DER MÖNCH VON SAINT-DENIS

Plötzlich scheint sich der Himmel zu verdunkeln, üble Vorhersagen nehmen überhand, die Astrologen beobachten neue Kometen, die Chronisten berichten von der Geburt monströser Lebewesen. Und doch: Das Leben fließt friedlich dahin zu Beginn dieses Jahres 1392. Isabeau ist gezwungen, in Paris zu bleiben, um ihre fünfte Schwangerschaft zu Ende zu bringen. Sie hat Karl VI. nicht nach Tours begleiten können. Der König verhandelt dort über die Heirat ihres vierten Kindes; es hat den gleichen Vornamen Johanna wie seine 1390 gestorbene Schwester. Johanna ist ein kräftiges Kleinkind, zwölf Monate alt, das sein Vater mit Johann von Montfort, dem Sohn von Johann IV. der Bretagne und der Johanna von Frankreich, verlobt. Die Mitgift beträgt mehr als 500.000 Francs. Wohlgemerkt: Es ist keine Rede davon, das Kind von der Mutter zu trennen und es der Familie seines Verlobten anzuvertrauen. Karl vergisst seine Ehefrau nicht und lässt ihr, ganz der Gewohnheit entsprechend, am 1. Januar prachtvolle Geschenke überreichen. Darunter ein Halsband besetzt mit Diamanten und Rubinen.

Der König ist am 6. Februar gegen sieben Uhr abends in den Palast Saint-Pol zurückgekehrt, als Isabeau dem so sehr ersehnten Thronfolger das Leben schenkt. Das Kind erhält zu Ehren seines Großvaters, des weisen Königs, und in Erinnerung an seinen 1386 verstorbenen Bruder den Vornamen Karl. Endlich erhört, kündigt Isabeau die gute Neuigkeit an, präsentiert ihren Sohn als künftigen König. Sie kann nicht wissen, dass er sein zehntes Lebensjahr nicht erreichen wird[51]. In diesem Augenblick gibt es nur Freudenschreie und die Begeisterung der Menge, die spontan große Feuer auf den Straßenkreuzungen entzündet.

Die Boten werden überall freudig empfangen. So der Minnesänger Jakob Resjoy[52] und Raoulet le Guiterneur. Begleitet von einem veritablen Orchester von acht Musikern, welche blasen und auf ihren Instrumenten spielen, musizieren sie „zwei Tage lang und einen großen Teil der Nacht" in Orléans, um die Geburt des Thronfolgers zu feiern und die Bürger zum Tanzen bringen[53]. In allen Städten des Königreichs feiert man ausgelassen, und die Mesner lassen alle Glocken läuten.

In Paris erlässt der König, wie es der Brauch erfordert, den Gefangenen des Châtelet ihre Strafe. Aber einmal mehr ist das Volk nach einigen Tagen des Festes enttäuscht: Man hat die Steuern keinesfalls gesenkt, und in den Augen der Christen erhalten die Kirchen als Dank für so viele Jahre der Gebete nur magere Almosen.

---

[51] „Elizabeth, Dei gratia Francorum regina.
Amici carissimi, eximiate dilectionis affectu quem ad nos, geritis, credimus vos laetari, si de nostro statu vobis nova prospera nuncientur. Vobis itaque presentibus intimamus nos, die date isparum, filium peperisse, futurum hujus regni, divina dante clemencia, successorem; et ob hoc dilectum et fidelem familarem nostrum magistrum Waltherum Gips de Sulsz, exhibitorem presencium, ad vos duximus destinandum.
Scriptum Parisius, sexta dei februarii."

[52] Resjoy: Wortspiel im Französischen: Freude des Königs (Anm.d.Ü.)

[53] „An Jacques Resjoy, Minnesänger und vier andere Minnesänger seiner Art und mit ihm Raoulet le Guiterneur und vier andere Gitarrenspieler seiner Art ... welche spielten und pfiffen auf hohen Instrumenten, während zweier Tage und großer Teile der Nacht in der Stadt Orléans, um die Bürger, Bürgerinnen und andere Anwesende und Bewohner genannter Stadt zu unterhalten, aufgrund der guten Neuigkeiten, die sie erhalten hatten von der Neuigkeit der Geburt von Monseigneur dem Thronfolger, Sohn des Königs, unseres Herrn, und tanzten die Bürger und Bürgerinnen und andere Leute, errichteten große Feuer an den Kreuzungen genannter Stadt, und war große Freude der Leute." Orléans, Stadtarchiv, CC 257, f. 24 v.

Der Thronfolger Karl wird am Tag nach seiner Geburt, am 7. Februar 1392, getauft. Eine große Eskorte von Rittern und Knappen begleitet die Prachtsänfte, in der der Neugeborene, geschnürt in ein goldenes Tuch, in den Armen seiner Gouvernante ruht.

Die Paulskirche ist mit Wandteppichen geschmückt, und wie bei den vorhergegangenen königlichen Kindern ist das Taufbecken mit karminrotem Samt ausgeschlagen. Der Erzbischof von Sens versieht sein Amt. Der Marschall Ludwig von Sancerre hält das Salz, während der Marschall Johann Le Maingre, Herr von Boucicaut, die angezündete Kerze hält. Paten sind der Herzog von Burgund und der Graf von Dammartin; eine der Patinen ist Blanche von Orléans.

Isabeau kümmert sich um das „Haus des Thronfolgers“: Johanna von Rouvres wird als „Wiegerin“ bestimmt, um ihn, für ein Jahresgehalt von 50 Franc, in den Schlaf zu singen. Marion und die „Leib-Demoiselle“ Johanna von Barre wachen über das Kind und kümmern sich um es; die Wäscherin Bellon Gentilfemme wäscht die Windeln und Schnürleibchen. Zum Personal des „Hauses des Thronfolgers“ gehört auch Isabelle La Ligière, die Amme, die unter vielen anderen ausgewählt worden ist.

Der gesamte Haushalt steht unter der Überwachung der Gouvernante, Madame von Mallicorne, die alles besorgt und nur der Königin rechenschaftspflichtig ist. Sie ist eine sehr kluge und geschätzte Frau, die seit mehreren Jahren im Dienst der Königin steht und regelmäßig von ihr Geschenke erhält.

Zur Zerstreuung des Kindes liefert der Goldschmied Johann Duvivier mehrere silberne Rasseln in den Palast. Er wird mehrmals wiederkommen müssen, um zerbrochenes Spielzeug zu reparieren.

Alles in allem: Für das Wohlergehen des Neugeborenen stehen sechs Personen zur Verfügung. Später wird der junge Prinz Kammerdiener, Mundschenke, Kellermeister, Hofmeister und andere Knappen in seinen Diensten haben, ferner seinen persönlichen Kaplan und seinen Kämmerer, der sich der Ordnung seiner Finanzen annimmt.

Diese Dienerschaft wächst im Verhältnis zum Umfang der Lehen der Söhne und zum Reichtum der Verlobten bei den Töchtern. Die eindrucksvolle Zahl von 260 Offizieren im Dienste des Herzogs von

Guyenne, 19 Jahre alt, wird vom Volk von Paris mit Unverständnis betrachtet werden und den Zorn der königlichen Familie gegenüber anheizen.

Am 24. März begibt sich Isabeau, begleitet von der treuen Valentina und Maria von Harcourt, nach Notre-Dame, um Gott für die Geburt des Thronfolgers zu danken und das Fest ihrer Erhebung aus dem Kindbett zu feiern. Das Volk von Paris drängt sich um die Sänften dieser Damen; der König hat seine Gemahlin nicht begleitet, denn er befindet sich in Amiens, wo er einer Begegnung mit hohen englischen Würdenträgern vorsteht, um einen Frieden auszuhandeln, was sich aber als schwierig gestaltet.

Zu Ostern befindet er sich immer noch in dieser Stadt. Er bekommt hohes Fieber, das man als „heiße Krankheit“ bezeichnet. Er kann sich nicht auf dem Pferd halten und muss in einer Sänfte nach Paris zurückkehren. Mehrere Tage liegt er fiebrig im hôtel Saint-Pol. Als er schließlich, noch sehr schwach, wieder dem Kronrat vorstehen kann, entscheidet er sich, die Macht mit seinem Bruder zu teilen. Um diese Entscheidung deutlich zu machen, verleiht er ihm den Titel des Herzogs von Orléans. Man möchte glauben, dass diese Entscheidung für die Regierung des Landes von Vorteil sein wird. Die allgemeine Lage ist schlecht. Die „marmousets“ haben sich unbeliebt gemacht, indem sie die Kassen des Staates mit ihren eigenen Geldbeuteln vermengt und sich den Hass der Onkel zugezogen haben. Sie halten sich für unverzichtbar und unangreifbar.

Der Frühling bricht an und mit ihm eine ganze Reihe von Festen. Der junge und brillante Hof findet sein ganzes Vergnügen darin, Bälle und Soupers zu organisieren; Isabeau und Valentina sind die Königinnen dieser nächtlichen Feste. König Karl, jederzeit begierig seine körperlichen Kräfte zu messen, lädt jedermann, der bereit ist, mit ihm zu turnieren, auf den Turnierplatz bei Saint-Pol ein.

Eines schönen Abends – Karl hat sich früher als üblich in seine Gemächer zurückgezogen – unterrichtet ihn ein Diener, dass der Kronfeldherr von Clisson überfallen worden sei; als er das hôtel Saint-Pol verließ. Er berichtet, dass man den Schuldigen kenne. Es handle sich um Pierre von Craon, einen Diener von Johann IV. der Bretagne.

Schockiert und wütend kleidet sich der König an, wirft einen Hausmantel über seine Schultern und lässt sich bis zum hôtel von Clisson eskortieren.

„Mein Kronfeldherr“, ruft er aus, „ich will nicht, dass er stirbt!“ Dann wendet er sich an die Ärzte und Chirurgen, die ihn umgeben:

„Ihr haftet mir für sein Leben.“

Er nähert sich dann dem Bett und fragt mit milder Stimme:

„Kronfeldherr, wie fühlt ihr Euch?“

Der arme Mann murmelt:

„Lieber Herr und Sire, schwach und klein.“

Der König verspricht daraufhin:

„Kronfeldherr, keine Sache wird so teuer bezahlt werden, wie es diese da sein wird.“

Die Entscheidung wird unverzüglich getroffen: Der Schuldige wird sühnen.

Clisson überlebt, der Ruf der Ärzte ist gerettet, aber der König erklärt nichts desto minder Johann IV., zu dem sich Craon geflüchtet hat, den Krieg.

Die Onkel verfolgen diese Auseinandersetzung nicht mit Wohlwollen. Aber der König, unterstützt von seinem Bruder und den „marmousets“, verlangt Gerechtigkeit.

»Bei welcher Reise ihm ein entsetzlich Abenteuer widerfuhr, von dem sein Königreich seither viel zu leiden hat.«

Der Feldzug in die Bretagne wird energisch betrieben. In wenigen Tagen ist eine veritable Armee aufgestellt. Proviant wird vorbereitet, ein Plan teilt die Etappen ein. Je näher der Augenblick des Aufbruches rückt, desto mehr füllen sich die verschiedenen Höfe des Palastes mit Soldaten, Pferden, Zugtieren und Wägen. Alles staut sich, der Umgangston wird rüder, Schreie und Beleidigungen fliegen durch die Luft, und man wird handgreiflich.

Dennoch, am festgesetzten Tag ist alles fertig. Karl besteigt sein Schlachtross und setzt sich an die Spitze seiner Truppen, als Isabeau herbeistürzt. Zur Überraschung aller hängt sie sich an das Halfter des Pferdes ihres Mannes und bittet ihn, seine Reise aufzuschieben. Die Königin scheint in großer Aufregung. Alle fragen sich, warum die Königin eine solche Bitte ausspricht. Isabeau beharrt: Sie will die kleine Armee nicht ziehen lassen. Plötzlich bricht sie in Tränen aus und erklärt, sie habe eine Vorahnung.

Die Königin drängt: Karl dürfe nicht abreisen. Er müsse auf sie hören und diese Strafexpedition absagen.

Der König lässt sich nicht erweichen. Er versucht, seine Gattin zur Vernunft zu bringen, sie zu beruhigen. Schließlich vertraut er sie und den Thronfolger dem Schutz von Karl von Dammartin an.

Isabeau erkennt, dass sie ihn nicht umstimmen kann, sie resigniert und übergibt ihm einen Rosenkranz aus Perlen als Unterpfand ihrer Liebe und ihrer Gebete.

Nachdenklich sieht die junge Frau die kleine Truppe davonreiten. Sie ist 22 Jahre alt und mit ihrem sechsten Kinde schwanger. Hat sie geahnt, dass ihr Leben an einem Scheidepunkt steht und bald nichts mehr sein wird, wie es war?

Was sich dann ereignet, ist unzählige Male beschrieben worden: Am 1. August ist Karl in Le Mans, und dort bricht die Tragödie aus: seine für Isabeau und das Königreich Frankreich so unheilvolle Geisteskrankheit.

»Der König ist unpässlich, er erweckt den Anschein von Geisteskrankheit«, vermerkt der Mönch von Saint-Denis. Die Ärzte raten vorsorglich zum Halt. Karl VI. möge sich ausruhen, aber er weigert sich. Er unterstellt ihnen, dass sie sein Unwohlsein übertreiben und verdächtigt sie einer Koalition mit den Onkeln, die sich gegen diesen Feldzug gestellt hatten. So setzt er sich über alle Ratschläge hinweg und verlässt Le Mans am 5. August.

Auch wenn sich die Berichte über die folgenden Ereignisse unterscheiden, so stimmen sie doch in den wesentlichen Punkten überein: Der König ist sehr müde, reizbar und melancholisch, brütet über den Angriff, dessen Opfer sein Kronfeldherr werden sollte. Die Klugheit hätte dem König geboten, sich auszuruhen und nicht weiter zu ziehen.

Der Chronist Jean Froissart beschreibt die folgende Szene: Es ist ein Hochsommertag mit stechender Sonne und drückender Hitze, die allen Unwohlsein bereitet, als der König entscheidet, in der Mitte des Tages aufzubrechen. Karl trägt ein Wams aus schwarzem Samt, um den Kopf hat er sich eine Haube aus purpurnem Tuch gebunden. Seine Diener finden ihn noch ein wenig fiebrig.

Alle reiten Schritt – ein wenig abgesetzt vom König, um ihm nicht zu viel Staub zuzuwirbeln. Plötzlich taucht ein Mann auf, gekleidet in einen armseligen Waffenrock aus grobem weißem Wollstoff. Er macht einen verwirrten Eindruck. Er ergreift die Zügel des königlichen Pferdes, hält es an und sagt:

„König, reite nicht weiter, kehre um, denn Du bist verraten!“

Karl ist von dieser Erscheinung zwar erschüttert, setzt aber seinen Weg fort. Als er aus dem Wald herauskommt, reitet er in eine große, sandige und von der Sonne ausgedörrte Ebene hinein. Der Page, der direkt hinter ihm reitet, trägt einen „Hut von Montauban“ – einen blitzenden Stahlhelm. Der Page dahinter hält eine Lanze und einen großen seidenen Banner mit den königlichen Insignien. Er schläft auf seinem Pferd ein und lässt die Lanze auf den Helm seines Vordermanns fallen. Ein metallischer Lärm ist zu hören. Von Angst ergriffen und den Worten des armen Irren verwirrt, glaubt der König, dass ihn von hinten Reiter angreifen, um ihn zu töten. Er wirft sich auf seinen Diener, um ihn in Stücke zu reißen. Sein Bruder eilt heran, um ihn aufzuhalten, aber der König erkennt auch ihn nicht und schlägt auf ihn ein. Der Herzog von Burgund erkennt, dass er handeln muss. Er stürzt sich zwischen die beiden und schreit:

„Hara, Hara, welch ein Unglück! Monseigneur hat den Verstand verloren! Um Gottes Willen! Man halte ihn!“

Dann wendet er sich an Ludwig und fügt hinzu:

„Flieht, flieht, schöner Neffe von Orléans, flieht. Monseigneur will Euch töten!“

Wilhelm Martel, einem Kammerherrn, den der König sehr liebt, gelingt es, sich von hinten heranzuschleichen. Er umfasst ihn am Körper, zieht ihm die Zügel weg und zwingt ihn schließlich, sich auf eine Sänfte zu legen. Man bringt ihn nach Le Mans zurück.

Zwei Tage lang gibt der König nicht das geringste Lebenszeichen von sich. Er scheint in ein tiefes Koma gefallen zu sein.

Zahlreiche Ärzte untersuchen ihn. Allen voran Regnault Fréron, Magister der Medizin, der 1389 zum „ersten Physiker des Königs“ ernannt worden war. Er erhält 100 Francs für seine Untersuchung, kann aber keine Diagnose stellen. Johann Durand beugt sich über das Bett des Königs, unterstützt von seinem Kollegen Thomas Froissard, auch er ein Gefolgsmann des Herzogs von Burgund. Auch sie können nichts sagen. Der Herzog von Orléans lässt seinen Arzt Mathieu Regnault[54] an das Bett seines Bruders kommen – er hat nicht mehr Erfolg. Ein Arzt aus Le Mans, Wilhelm Touze, wird ebenso gerufen wie Johann von Montnanteuil, „Physiker der Blanche von Frankreich“, um ihre Urteile abzugeben.

Alle sind sich einig: »Es war die Folge des Aufwallens der schwarzen Galle als Folge des Ärgers und des Überdrusses über die Verspätung seiner Truppen, die alle seine inneren Sinne durcheinanderbrachte.«

Andere Gelehrte, Doktoren der Universität, sehen darin eine Strafe Gottes oder aber die Folge des „Giftes oder der Hexerei“.

Das Gerücht verbreitet sich schnell. Der Herzog von Berry sieht sich wiederholt gezwungen darauf hinzuweisen, dass der König weder vergiftet noch verhext worden sei. Es sei denn, durch die schlechten Ratschläge der „marmousets“!

Die medizinische Wissenschaft ist machtlos, obwohl die Ärzte „medizinierten so viel sie konnten“.

Man beginnt mit Aderlässen, verordnet dann Umschläge; man endet mit dem Rezitieren von Gebeten, lässt den Kranken Reliquien berühren und organisiert Prozessionen zur Wiederherstellung seiner Gesundheit.

Am 16. August kehrt der königliche Zug nach Paris zurück. Der König wird ins hôtel Saint-Pol gebracht. Zum ersten Mal trägt man Ausgaben in die Haushaltsbücher ein, die künftig sehr häufig auftau-

---

[54] Er wird später Almosenmeister des Ludwig von Orléans und 1404 Bischof von Thérouanne werden. E. Wickersheimer, *Dictionnaire biographique des médecins en France au Moyen Age*, Droz, 1969.

chen werden. Es sind die Beträge für die Reparatur von Haushaltsgegenständen, die Karl VI. während der Anfälle von „Phrenesie" zerbricht. Es ist der Beginn einer Liste, die bis zum Tod des Königs eine beachtliche Länge aufweist ...

Die Anfälle werden so heftig, dass man einen weiteren Arzt konsultiert: Wilhelm von Harcigny, der vom Großkellermeister, Enguerrand VII. von Coucy, empfohlen wird. Er rät, dass man dem König jede Aufregung, jede Unannehmlichkeit erspare. Selbst die Königin darf ihn nicht sehen. Man bringt den König daraufhin von Paris auf das Land nach Schloss Creil. Vorsichtsmaßnahmen werden getroffen: Man vergittert die Fenster, damit er sich nicht in die Tiefe stürzt, verriegelt die Türen und entfernt die Waffen.

Im Herbst geht es dem König besser und Harcigny, „der sehr wackere und weise Arzt, der nirgends seines Gleichen hat", nimmt – trotz der Bitten zu bleiben und 1.000 Kronen Honorar – sein Alter zum Vorwand, um nach Laon zurückzukehren[55]. Seine letzte Weisung ist: Sobald es dem König besser geht, muss man ihn ablenken, „ihn daran hindern an seine Krankheit zu denken, seinen Geist mit fröhlichen Reden beschäftigen". Fatalistischer kann man wohl kaum sein.

Wilhelm von Harcigny stirbt bald darauf. Sein Denkmal – eine liegende Statue in Form eines Skeletts – die erste in Frankreich skulptierte – ist noch heute in Laon zu sehen.

Im Winter befindet sich Karl bei guter Gesundheit. Zum ersten Mal, wie dann nach jeder seiner Wiedergesundungen, bittet er jene um Verzeihung, die er misshandelt hat. Er beichtet und kommuniziert bei einer in seinem Zimmer zelebrierten Messe.

Der König verspricht, sich auf Wallfahrt in die Kirchen von Chartres und Saint-Denis zu begeben, sobald er hinreichend genesen sei. Sein

---

[55] G. von Harcigny kommt in Laon um 1300 zur Welt. Er erwirbt den Magister der Medizin in Paris, besucht Ägypten und hört Vorlesungen an den Fakultäten Italiens, ehe er nach Laon zurückkehrt. Als er den König verlässt, stellt man ihm vier Pferde zur Verfügung, damit er zum Kranken zurückkehren kann. Aber nachdem er am 18. Juni 1393 sein Testament gemacht hat, stirbt er am darauf folgenden 10. Juli. Heute kann man seine Grabesstatue in der unteren Kapelle der ehemaligen Bischofskirche von Laon besichtigen, die sich im Garten des Stadtmuseums befindet.

erster Gedanke als geheilter Mann gilt seiner Frau und seinen Kindern. Er wünscht sie „unverzüglich und sofort“ zu sehen. So begeben sich Isabeau und die Kinder nach Creil, wo der König sie „mit einem Bankett empfängt und sie mit Freude aufnimmt“.

Ein traurig berühmtes Fest

Der Alltag beginnt wieder. Sobald es dem König besser geht, hoffen alle, dass es sich um einen einmalige Erkrankung gehandelt hat.

Um die dritte Hochzeit ihrer Freundin Katharina, Madame von Hainceville, zu feiern, die nun den reichen deutschen Herren Etzel von Ortemburg ehelicht, veranstaltet Isabeau ein Fest im hôtel Saint-Pol[56]. Wie seinerzeit üblich, wenn eine Witwe oder ein Witwer sich wieder verheirateten, organisiert man einen „Charivari“, d.h. alle möglichen extravaganten Spiele.

Der Hochzeitstermin ist auf den 28. Januar 1393 festgelegt[57]. Man entscheidet sich für ein Kostümfest. Die Idee für das Motto stammt von einem Knappen des Königs, dem Normannen Hugonin von Geussay. Er lässt Kostüme von „Wilden“ für sich selbst, den König und vier ihrer Freunde schneidern: den Grafen von Joigny, Karl von Poitiers, den Sohn des Grafen von Valentinois, Yvain von Galles, Bastard von Foix und Sohn des Herrn von Nantouillet. Dazu lassen sie sich direkt auf die Haut Gewänder schneidern, die mit Pech und Werg beschmiert werden.

Der König freut sich auf diesen Spaß. Einer seiner Gefährten, Yvain von Foix, warnt ihn:

»Sire, befiehlt sofort, dass sich Euch niemand mit einer Fackel nähere, denn wenn dies geschähe und die Luft des Feuers in diese

---

[56] Der dritte Gemahl der Katharina, Etzel von Ortemburg, wird Kammerherr des Königs bis 1410 sein. Er wird sich dann mit einer anderen Ehrendame der Königin, Sigonie Rohrbach verheiraten. Das Glücksrad hatte sich gedreht und die schöne Katharina war verstorben.

[57] Nach Johann Juvénal von Ursins soll dieses Fest im Palast der Königin Blanche in Saint-Marcel, in der Nähe von Paris, stattgefunden haben.

Gewänder eindringt, mit denen wir verkleidet sind, würde das Fell Feuer fangen und wir wären verbrannt und rettungslos verloren.«

Karl stimmt zu und verbietet den Dienern, sie mit Fackeln zu begleiten, um der Versammlung eine Überraschung zu bereiten, die von dieser Maskerade nichts weiß. Sich der Gefahr wohl bewusst, ruft er einen Waffenträger, um den Befehl weiterzugeben; und von neuem, ehe sie den großen Saal betreten, befiehlt er, dass alle Fackeln entfernt werden. Die Träger stellen sich längs der Wände auf.

Der Einzug der Bande von Wilden wird begeistert aufgenommen und gelingt zur Freude aller Eingeladenen. Kurz danach hat der Herzog von Orléans seinen Auftritt, begleitet von sechs seiner Freunde, die mit Fackeln in den Händen herumspringen. Und jetzt tanzen der König und seine Gefährten, „bedeckt mit Leinenfellen wie die Pferde", sagt der Chronist, „vom Kopf bis zu den Füßen", so dass niemand sie erkennen kann, einen Sarazenentanz von diabolischer Wildheit. Sie haben sich aneinander gekettet und stürzen auf die Frauen zu, fragen sie, ob sie erraten, wer sich unter diesen Kostümen verbirgt.

Karl geht auf die Herzogin von Berry zu und gibt ihr durch Gesten zu verstehen, dass sie einen Namen sagen soll. Die junge Frau geht auf das Spiel ein und sagt:

„Ihr entkommt mir nicht, ehe ich Eueren Namen weiß!"

In genau diesem Augenblick senkt Ludwig von Orléans seine Fackel, um besser zu sehen. Leinen und Pech fangen sofort Feuer. Die brennenden Männer beginnen zu schreien. Einer von ihnen, der Herr von Nantouillet, kann sich losreißen und rennt in die Küche, um sich in einen Geschirrtrog zu stürzen. Er ist gerettet. Aber im Saal selbst gellen Schmerzenschreie. Beim Anblick der sich in den Flammen windenden Körper fällt die Königin in Ohnmacht. Glücklicherweise hat die Herzogin von Berry den König retten können. Sie hat geistesgegenwärtig einen der Wilden, der nahe bei ihr stand, mit ihrem Schleppenkleid zugedeckt und damit verhindert, dass er verbrennt. Der Mann macht sich los und versucht sich zu entfernen. „Wo gehen sie hin?", fragt die junge Frau. Da sie keine Antwort erhält, fragt sie: „Wer seid ihr?" Eine farblose Stimme antwortet: „Ich bin der König" – „Dann Monseigneur zieht schnell andere Kleidung an und zeigt Euch der Königin, denn sie ist in großer Sorge um Euch."

Karl zieht sich so schnell wie möglich um und eilt zu seiner Gemahlin, die, vor Freude ihn gerettet zu sehen, weint. Er spricht beruhigend auf sie ein, während man sie sehr geschwächt in ihr Schlafzimmer bringt.

Zwei Akteure in diesem Drama, Karl von Poitiers und Hugonin von Geussay, sterben noch während des Balls. Zwei andere, der Bastard von Foix und der Graf von Joigny, die man in ihre hôtels gebracht hat, werden einige Stunden später unter entsetzlichen Qualen ihr Leben lassen.

Sobald die Neuigkeit von diesem finsteren „Flammentanz" bekannt wird, eilen mehr als 500 Aufständische auf die Straßen, klopfen an die Türen des hôtels Saint-Pol und verlangen, ihren König zu sehen. Karl zeigt sich seinem Volk, auf dem Thron sitzend, mit heiterem Gesicht und dankt durch einige liebenswürdige Worte jenen, die gekommen sind, ihm ihre Zuneigung zu beweisen.

Nach diesem Ereignis entsteht das Gerücht – das sich immer weiter verbreiten wird –, man habe den König zu einem ausschweifenden Leben verführt, das seiner Gesundheit schade. Die Königin und der Herzog von Orléans werden als die Hauptschuldigen genannt.

König Karl VI. weiß, dass, wenn ihm ein Unglück geschehen wäre, seine Untertanen mit Gewalt reagiert hätten, und er warnt den Herzog von Burgund:

„Nie können die Boshaften schweigen, und sie sagen, dass, wäre mir ein Leid geschehen, sie Euch alle umgebracht hätten."

Ist Karl nicht der „Vielgeliebte"?

Die Herzöge Philipp und Johann sowie Prinz Ludwig ziehen barfuß in einer Prozession vom Stadttor Montmartre bis Notre-Dame. Dort holt sie der König zu Pferde ein, um einer in großer Feierlichkeit gesungenen Dankesmesse beizuwohnen.

Ludwig von Orléans ist entsetzt. Er weiß, dass er den Unfall verursacht hat. So gesteht er auch demütig seinen Teil der Verantwortlichkeit ein und klagt sich an:

„Keiner soll in dieser schmerzhaften Angelegenheit befragt noch beschuldigt werden, für alles, was zu tun ist, und alles geschah durch mich, und ich bin der Grund."

Der Herzog weint und bittet Gott um Verzeihung. Der Anstifter dieser Maskerade, Hugonin von Geussay, ein Knappe mit dem traurigen Ruf eines reuelosen Ausschweifenden, erhält als Grabesrede des Volkes von Paris, das hinter seinem Leichenzug herschreitet, die Worte: „Belle, Hund!" Denn oft, so der Chronist, zwang er die einfachen Leute, diese Tiere nachzuahmen ...

»Es gab großes Mitleid wegen der Krankheit des Königs«

JOHANN JUVÉNAL VON URSINS

Der Flammentanz hat keine unmittelbaren Auswirkungen auf den geistigen Zustand des Königs. Aber fünf Monate später, zu dem Zeitpunkt, da die Prinzen mit England verhandeln – in jenen Tagen, die man die Konferenzen von Leulinghen nennen wird – erleidet Karl in Abbeville einen heftigen Wahnsinnsanfall. Man muss ihn in die Gegend von Paris zurückbringen. Herzog Philipp nimmt den Platz des Königs ein und erreicht einen Modus Vivendi. Die am 18. Juni 1393 unterzeichneten Verträge sind zugleich für Frankreich und den flämisch-burgundischen Staat von Vorteil. Richard II. soll Cherbourg zurückgeben – was am 21. Januar 1394 erfolgt – und seine Heirat mit einer französischen Prinzessin wird ins Auge gefasst.

Über den Zustand von Karl hält der Mönch von Saint-Denis fest: »Er begann, wie schon zuvor, Zeichen von Umnachtung zu geben und sich Extravaganzen auszuliefern, die der königlichen Majestät vollends unangemessen waren.« Der Mönch, der die Entwicklung der Krankheit verfolgt, stellt weiter fest: »Auf die Dauer bedeckt sich sein Geist mit dichtem Nebel.« Darin besteht das ganze Drama. In den ersten Jahren, als Karl VI. immer wieder zu Verstand kommt, scheint er von neuem im Vollbesitz seiner Kräfte zu sein und kann regieren. Aber im Laufe der Zeit wird er unfähig, eine Entscheidung zu treffen und ein vernünftiges Urteil zu fällen.

Hierin liegt auch der Leidensweg Isabeaus, die ihren Mann liebt und sich seine Krankheit nicht eingestehen will. Sehr lange hofft sie auf seine Heilung.

Bei seinem ersten Rückfall am 15. Juni 1393 wagen es die Diener, die den König nach Creil zurückbringen, nicht, die Königin zu unterrichten. Sie glauben, dass diese traurige Nachricht für sie unerträglich wäre und ihrer Gesundheit schaden würde. Denn sie ist erneut schwanger und wird zwei Monate später niederkommen.

Dokumente belegen: Zwischen dem ersten Anfall 1392 und dem Todesjahr des Königs 1422 wird es 44 Anfälle geben, die zwischen drei und neun Monate andauern. Zudem notiert man 43 vorübergehende Gesundungen, die drei bis sechs Monaten anhalten. So beruhigt sich die Krankheit im Januar 1394, aber der König erleidet bereits im August des gleichen Jahres einen Rückfall. Im Februar 1395 geht es Karl schließlich besser; zu Beginn des Jahres 1396 ist er wieder in den Klauen „seiner Dämonen“. Im Juli 1397 folgt eine neue Besserung, aber das Übel packt ihn rasch wieder.

Bis 1421 ist das körperliche Allgemeinbefinden des Königs durchaus gut, Karl ist 53, als seine heftigen Anfälle ihn auch körperlich ausgelaugt haben. Die Ärzte sind ohnmächtig und raten: „Er möge Äpfel, Orangen und Granatäpfel zu sich nehmen.“ Der Herzog von Burgund lässt sie für viel Geld über seine flämischen Staaten besorgen, denn in Paris sind diese Früchte im Winter nicht zu haben.

So manche Vermutung wird vorgetragen, um die Krankheit des Königs zu erklären. Der berühmte Harcigny vermutet, dass „Karl die Anlage seiner Mutter“ habe. In der Tat gab es mütterlicherseits Fälle von Geisteskrankheit. Karls Mutter Johanna von Bourbon hatte 1373 bei der Geburt ihrer Tochter Anna einen depressiven Anfall erlitten. Auch Ludwig von Bourbon, der erste Herzog, soll „in Melancholie“ gestorben sein, und Robert von Clermont, der sechste Sohn des Heiligen Ludwig und Begründer der Dynastie, wurde ebenfalls wahnsinnig – allerdings als Folge eines Schädeltraumas. Karls Vater, Karl von Valois, ist an den Folgen einer Gehirnblutung gerstorben, was nach heutigen medizinschen Erkenntnissen jedoch nicht den Wahnsinn seines Sohnes erklärt. Bei Johann II., dem Guten, finden sich zweifelsfrei Anzeichen von geistiger Unausgeglichenheit.

Heute führt man die Krankheit Karls VI. auf Inzucht zurück. Die Mutter des Königs, Johanna, war die Cousine von Karl V. Man diagnostiziert auch: „Funktionelle Unausgeglichenheit des Gefühlslebens und des Willens." Man analysiert und beschreibt eine „latente Psychose mit Anfällen von Verfolgungswahn". Man psychoanalysiert: „Hassliebe von Karl für Ludwig und von Ludwig für Karl" gehen im verwirrten Hirn des Königs um, und Françoise Autrand schließt: „Die Rivalität zwischen den beiden Brüdern steht im Mittelpunkt des persönlichen Dramas des Königs[58]."

Richard Famiglietti, der die Krankheit des Königs nach den jüngsten Methoden und Erkenntnissen der Psychiatrie untersucht hat, diagnostiziert Schizophrenie. Die psychotischen Äußerungen Karls entsprechen Schritt für Schritt dem einen oder anderen Stadium der Krankheit, so dass, selbst wenn der König vernünftig zu handeln scheint, er doch immer unter dem Einfluss seiner Krankheit steht.[59]

Beobachtungen der Chronisten zufolge durchläuft der König unterschiedliche Krankheitsphasen. Zeiten wahnsinniger Erregung folgen morbide Krisen. Auf völlige Apathie folgen Momente der Phrenetik, während derer er bis zur Erschöpfung durch den Palast läuft. Gelegentlich verbringt er ganze Tage in undurchdringlichem Schweigen. Manchmal hat er die Wahnvorstellung, verfolgt zu werden, und empfindet Feindseligkeit für diese oder jene Person. Zeugen berichten, dass Karl während dieser Krisen behauptet, nicht verheiratet zu sein, keine Kinder zu haben, dass er den Vornamen Georg trage und dass sein Wappen nicht die drei Lilienblüten seien, sondern ein von einem Pfeil durchbohrter Löwe.

---

[58] Françoise Autrand, *Charles VI.*, a.a.O.

[59] Richard Famiglietti, *Royal Intrigue at the Court of Charles VI., 1392 - 1420*, A.M.S. Press, New York, 1986. „Dieser Text ist bewundernswürdig und wirft ein neues Licht auf die Zeit. Die Analyse wird bestätigt von unseren zeitgenössischen Psychiatern der Universität Paris V – René-Descartes und des Militärkrankenhauses 'des Invalides'."

Der Wahn des Königs zeigt sich bei mehreren Gelegenheiten vor allem dann, wenn er sich mit Eisenbändern festschnallen lässt, um nicht zu zerbrechen, wenn er falle, denn – so behauptet er – er sei aus Glas! Manchmal hat er Angst, dass man ihn berührt. 1405 weigert er sich, sich zu waschen, so dass er von Läusen, Ungeziefer und „Abfall" bedeckt ist. Seine Diener behelfen sich mit einer List. Sie verkleiden sich als Wilde: Unter entsetzlichem Geheul gelingt es ihnen, den armen Irren zu packen und zu baden. Häufig geschieht es auch, so berichten die Quellen, dass der König, der sich für ein Tier hält, „tierisch" isst. Einmal muss ein Arzt eingreifen, um einen Dolch zu entfernen, den der König direkt auf der Haut trug und der sich in sein Fleisch gebohrt hat.

Auch gegenüber seiner Ehefrau verhält sich der König unberechenbar. Aber selbst in den Augenblicken, da er nicht bei Sinnen ist, begehrt er sie. So wurden sechs ihrer Kinder nach dem ersten Wahnsinnsanfall gezeugt. Dann wiederum wird er ihr gegenüber gewalttätig und schlägt sie derart brutal, dass man Isabeau, um ihr Leben fürchtend, das Bett ihres Ehemanns verbietet. Der Mönch von Saint-Denis berichtet von »Gewalttätigkeiten und schlechter Behandlung – von der Königin ertragen«. Und zum Verhalten des Königs fügt er hinzu: »Hätte er die gleiche Aversion für ihr ganzes Geschlecht gehabt, vielleicht hätte sie sich eines allgemeinen Übels getröstet, aber er war ganz besonders gewalttätig gegen sie; denn er vergnügte sich genügend mit anderen und vor allem mit der Herzogin von Orléans.« 1405, nach dreizehn entsetzlichen Jahren, während derer Karl die schwersten Anfälle erlitt, und als keine Hoffnung mehr bestand, dass der König genesen würde, muss Isabeau zustimmen, dass man ihm Odette von Champdivers als Gespielin zuführt.

Odette ist die erste königliche Mätresse, deren Name der Geschichte erhalten geblieben ist. Der familiäre Hintergrund der süßen Odette ist nur unzureichend bekannt. Manche halten sie für die Tochter eines Stallknappen[60], andere für die Tochter von Odin von Champdivers,

---

[60] Der Stallknappe hat die Pferdeknechte unter seinem Befehl und als wichtigste Aufgabe, den Steigbügel zu halten, wenn sein Herr zu Pferde steigt.

dem Herrn von Monterjon[61]. Aber was bedeutet schon ihre Abstammung. Sicher ist, dass sie, die man die „kleine Königin“ nennen wird, zur Partei Onkel Philipps gehören wird, und – was noch viel wichtiger ist – dass sie bis zu seinem Tod an der Seite des armen irren Königs bleiben und ihm ihre Zuneigung beweisen wird. Karl VI. schenkt ihr die Einnahmen aus dem Zollrecht der Brücke von Saint-Jean-de-Losne: Die Unterlagen belegen dies; sie werden von Herzog Johann, dann von Karl VII. bestätigt. Odette bringt eine Tochter mit Vornamen Margarete zur Welt, die gemeinsam mit den Königskindern erzogen wird. Später wird König Karl VII. sie als eine seiner Schwestern bezeichnen. In heute populären Bildern wird der König dargestellt, wie er mit Odette Karten spielt, während die Königin ein ausschweifendes Leben in ihrem Palast Barbette führt. Die Wirklichkeit ist vielschichtiger: Die Königin, als realistische und resignierte Frau, zieht es vor, den König den Umarmungen seiner Mätresse zu überlassen, statt neue Leiden zu erfahren. Ihre Zeitgenossen haben sich darüber keinen Illusionen hingegeben: Sie berichten uns, dass die Königin weint, nachdem sie erkannt hat, dass sie sich von ihrem Ehemann fern halten und den Platz Odette überlassen muss. Einmal mehr sind die Chroniken des Mönchs von Saint-Denis aufschlussreich. Sie enthüllen, wie sehr Isabeau Opfer der Angriffe des Königs war. Verschiedene Begebenheiten sind beschrieben worden. Sie spielen um das Jahr 1393, als Isabeau sich am Bett von Karl aufhält und ihm Zeichen ihrer Liebe gibt, er sie aber nicht erkennt:

»Wer ist diese Frau, deren Blick mich verfolgt?«, fragt er seine Diener und fügt hinzu:

»Erkundigt euch, ob sie etwas braucht, und befreit mich von dieser Belästigung, damit sie sich nicht an meine Füße hefte!«

Kann man sich einen bittereren Leidensweg für diese junge Frau von 22 Jahren vorstellen, die mit ihrem sechsten Kind schwanger ist, die einen der schönsten Prinzen der Christenheit geheiratet hatte, in

[61] Die Herrschaft von Monterjon befindet sich zwei Meilen von Melun entfernt, acht Meilen vom Schloss von Viviers, zwei Residenzen des Königs.

den sie unsterblich verliebt gewesen war, und die sich nun einem unmenschlichen und grausamen Wesen gegenübergestellt sieht? Wie könnte sie diesen Mann noch lieben, der sie schlägt und sie nicht erkennt – weder sie noch ihre Kinder? Bei einigen Anfällen zerbricht der König die Bilder der Wappenschilder von Bayern. In solchen Augenblicken ist die einzige Frau, die er neben sich duldet, seine Schwägerin Valentina: »Sie war die Einzige, die er in seinen Anfällen erkannte, und er empfand so große Leidenschaft für sie, dass er es nicht ertrug, wenn er sie nicht jeden Tag sah. Er nannte sie seine viel geliebte Schwester und suchte selbst nach ihr, wenn sie nicht kam, um ihn zu besuchen[62].« Valentina war sehr über die Krankheit des Königs betroffen, »eine der Leidendsten und Betrübtesten, die es gab« – so sagt Johann Juvénal von Ursins. Schließlich musste sie abreisen und ihre Ländereien besuchen, um nicht mehr die Diffamierungen des Volkes von Paris zu hören, das sie beschuldigte, Karl mit hexerischem Zauber belegt zu haben. Eine Verleumdung, die von der Herzogin von Burgund gern unterstützt wird, die ihr feindlich gesinnt ist.

Es ist eine entsetzliche Krankheit, selbst wenn es ihm besser zu gehen scheint, ist der König doch durch ein innere Angst gelähmt. Er ist Beute der Unausgeglichenheit, die ihn am Handeln hindert, oder – in Umkehr der Dinge – dazu treibt „unsinnige Handlungen" zu begehen. Aber nach Recht und Sitte ist der König immer König, und man kann nicht gegen seinen Willen vorgehen.

In den Zeiten der Erholung erinnert sich Karl an seine Extravaganzen, er bedauert die Skandale und lebt in panischer Angst vor kommenden Anfällen. Er vervielfacht Wallfahrten und Gebete, hält neuntägiges Fasten, macht den Kapiteln der Kirchen Stiftungen, bittet jene, die er misshandelt hat, um Verzeihung und nimmt dann die Angelegenheiten des Königreiches wieder in die Hand. Er steht dem Rat vor, unterzeichnet die Urkunden, empfängt die Botschafter und scheint bei klarem Verstand. Plötzlich aber, während einer Audienz, einem Festmahl, beginnt er zu zittern, dann zu schreien, als wäre er,

---

[62] So der Mönch von Saint-Denis.

wie er selbst sagt, „von tausend Eisennägeln und von Schuften gepikst“.

Das Volk leidet mit seinem König, und es ist wahrscheinlich dieses lange Martyrium, das ihm die Liebe seiner Untertanen und den Beinamen der „Vielgeliebte“ eingebracht hat.

In seinen hellsichtigen Momenten wünscht Karl, die Wunden zu verbinden, aus denen sein Land blutet. Er hat die Absicht, Gutes zu tun und alles zu verbessern. Aber es gelingt ihm nicht richtig zu handeln. Vor allem wird er im Laufe der Jahre immer sensibler und mitleidige. Er beweint das Unglück anderer – ohne jedoch eine realistische Lösung dafür zu finden.

Er hört alle Bitten und Klagen, die man ihm vorträgt, an. In seiner eigenen Welt verloren, hat er kein eigenes Urteil mehr und billigt alles. »Der König ist mit allem zufrieden«, berichten uns die Chronisten.

KAPITEL 2

Die Königin wacht über ihren Gemahl

Pflege des Königs

In manchen Krisen weigert sich der König, sich zu waschen, zu rasieren oder seine Wäsche zu wechseln. Dann ist er voller Läuse. Der Herzog von Burgund, Johann Ohnefurcht, zögert nicht, sich des Zustands des unglücklichen Königs zu bedienen, um den Herzog von Orléans zu verleumden, „der seinen Bruder ohne die geringste Hilfeleistung" dahinvegetieren lasse. Eine solche Verleumdung verbreitet sich rasch unter dem Volk, das seinen König bedauert.

»Es war großes Erbarmen, ihn zu sehen, denn sein Körper wurde von Läusen und Ungeziefer zerfressen«, jammern seine Untertanen.

Die Ausgabenlisten des Palastes belegen jedoch eine andere Wahrheit: Wenn der König schmutzig ist, wechseln seine Diener seine Wäsche und Betttücher. Sie kaufen Kämme, Mützen für seinen Kopf, Badetücher, „feine Stoffe, dazu bestimmt, seine Hände und das Gesicht des Königs" zu pflegen. Eine Schneiderin ändert regelmäßig seine Kleider und füttert seine Wintermäntel. Wie oft ist sie gezwungen, das Wams mit einem neuen Futter zu versehen, „da es durch den Urin des genannten Herren verdorben wurde"? Nach jedem Anfall sind die Diener sorgfältig bemüht, alles wieder an seinen Platz zu stellen, ganze Seiden- und Samtstücke für die Ausstattung neu zu kaufen, denn Karl zerreißt oder wirft ins Feuer, was in seiner Reichweite ist. Der Verfasser des *„Wahrhaftigen Traums"*, der sonst so kritisch mit den Prinzen umgeht, erkennt an, dass der „arme Kranke" gut behandelt wird:

Aber von seinen kleinen Dienern
wird er sehr wohl versorgt.

Ebenso im Winter wie im Sommer
ebenso in der Krankheit wie in der Gesundheit[63].

Man lässt nichts unversucht, den König zu heilen. Die angesehensten Mediziner werden zu Rate gezogen. 1393 lässt der Herzog von Burgund aus Italien einen sehr angesehenen Gelehrten kommen, der einen „Aderlass im Kopf" vornimmt. Handelt es sich um eine Trepanation, um einen Einschnitt in die Kopfhaut, oder aber – wie es Hippokrates empfiehlt – um eine Nasenspülung, um die „Produkte zerebraler Herkunft" zu entfernen? Was auch immer es war, an diesem Tag gesundet der König zur großen Freude des Volkes. 1395 treten von neuem die Ärzte und Chirurgen des Königreiches zusammen, um ihre Erkenntnisse über seinen Zustand auszutauschen. Nach allgemeiner Ansicht ist die Krankheit angeboren und Karl hat sie „aus dem Bauch seiner Mutter mitgebracht". Man versucht die widerlichsten Heilmittel, manchmal erträgt sie der König, dann, wenn er wieder klarsichtig ist, schickt er seine Physiker zu ihren Studien zurück!

Vier Jahre später, 1399, konsultieren die Prinzen erfolglos Mediziner der Universität von Paris, wie Johann von Montanteuil oder Mathieu Regnault. Auch Dr. Élis aus Pisa kommt 1409 zu keiner Diagnose. So bleibt es dem Apotheker Thévin von Merles überlassen, die Umschläge und Tränke zuzubereiten: Er folgt seinem Herren bei allen Reisen und bewahrt die Drogen in einer geräumigen lederbeschlagenen Holztruhe auf, deren Schlüssel er vorsichtigerweise am Leibe trägt[64].

---

[63] *Mais de ses petits serviteurs*
Est-il trop bien servi toujours
Tant en yver comme esté
Tant en son mal comme en santé

[64] „Genanntem Nicolas Alixandre für eine Brüsseler Elle, geliefert an Merles, den Apotheker des Königs, unseres Herrn, zu Beschlag und Umschlag, wo er die Medizinen zur Auferlegung auf den Kopf genannten Seigneurs aufbewahrt". A.N., KK 23 f. 221. „An ihn für eine Truhe aus Holz, bestickt mit Kupfer und beschlagen, welche ihm gehört, schließend mit einem Schlüssel, gekauft von ihm an genanntem Tag des Junis (9. Juni) und geliefert an Chenemin von Mark, Apotheker des Königs, um im Wagen die Apotheke und Drogerie des Genannten zu stellen und zu befördern. Für vier Pariser Pfund". A.N., KK 25 f. 54 v. (1396).

»Und kamen dann böse Hellseher, Hexer und gleicher Art Gesindel« JOHANN VON MEUNG, »ERSCHEINUNGEN«

Nach den Ärzten haben Scharlatane ihren Auftritt am Hofe. 1397 machen sich zwei Augustinermönche, Peter und Lancelot, anheischig, den König zu heilen. Zunächst ist der Herzog von Burgund misstrauisch. Sie erscheinen seltsam, tragen Waffen und sind weltlich gekleidet, aber sie sind so überzeugend, dass er sich entschließt, sie im Turm Saint-Antoine, nicht weit vom hôtel Saint-Pol, einzuquartieren. Ihr erstes Heilmittel ist ein Getränk aus destilliertem Wasser und fein zermahlenen Perlen. Nachdem der König es getrunken hat, scheint es ihm besser zu gehen. Die Königin ist bereit, alles zu tun, um ihren Ehemann zu retten. Sie schenkt den zwei Mönchen Vertrauen und öffnet ihnen weit ihre Börse. Sie führen fortan ein ausschweifendes Leben und terrorisieren den armen König nur umso mehr. Heilen können Sie ihn nicht und werden schließlich auf der Place de Grève am 30. Oktober 1398 enthauptet. Sie versuchen, dem Tod zu entrinnen, indem sie einen Diener des Herzogs Ludwig und einen Barbier des Königs, Merlin Joly, als ihre Komplizen bezeichnen. Die Beschuldigten werden einige Tage im Gefängnis verbringen, ehe man erkennt, dass sie unschuldig sind.

Einige Tage lang glaubt Isabeau an die Heilkraft des „Smaragd“, den ein Wunderheiler aus dem Languedoc besitzt, und der angeblich die Schmerzen Adams nach dem Tode von Abel gestillt habe. Ein Priester, Yves Guillaine, eine junge Frau, Maria von Balcy, ein Schlosser, Perin Emeré, rühmen sich, den König heilen zu können. Man schickt sie auf den Scheiterhaufen, nachdem man festgestellt hat, dass sie den Teufel beschworen und andere Hexereien vorgenommen hatten. 1403 werden zwei weitere Scharlatane hingerichtet. Es handelt sich um Poison und Briquet, beide Lehensleute Herzog Philipp des Kühnen.

Einer der wenigen, die angesichts dieser Situation gesunden Menschenverstand bewahren, ist der Pariser Geistliche Johann Gerson. Er missbilligt alle Versuche, den König durch „magische Mittel“ zu heilen: „So zu handeln bedeutet nicht nur nichts zu erreichen, sondern auch sicherlich, das gute Leben und die Gesundheit des Königs zu verhindern."

Im Volk wächst der Unmut gegen den Herzog von Orléans und man schickt einen Priester, um den armen Irren zu exorzieren. Die Päpste zu Avignon und zu Rom sehen ihrerseits in der Krankheit des Königs eine Bestrafung Gottes, um sie für ihre Auseinandersetzung zu züchtigen.

Nachdem sie auf die Wissenschaft der Menschen gehofft hat, wendet sich Isabeau nun dem Himmel zu, denn, so schreibt der Chronist Jean Froissart: »Die gute Königin von Frankreich war eine wackere Dame, die Gott fürchtete und liebte, die tief betrübt über das Leiden ihres Mannes war und deshalb mehrere schöne Almosen und Prozessionen angeordnet hatte, insbesondere in der Stadt von Paris«[65].

In der Hoffnung, damit die Gnade Gottes zu erreichen, hat sie ihre Tochter Maria noch vor deren Geburt Gott gewidmet. Das Kind wird in das Kloster von Poissy eintreten und dort am 8. September 1397 im Alter von fünf Jahren den Schleier nehmen. Später, im Jahr 1405, wird die Königin ihrer Tochter entmutigt anbieten, ihrer Gelübde zu entsagen. Der Herzog von Bar möchte das junge Mädchen ehelichen; aber Maria bleibt bis zu ihrem Tod im Jahre 1438 im Kloster. Sie will ihre Gelübde nicht brechen, und dies „aus Liebe für ihren Vater und ihre Mutter".

Ab dem Winter 1392/1393 werden auf Befehl der Königin und der Prinzen feierliche Prozessionen in Paris durchgeführt. Die Bischöfe gehen barfuß, an den Straßenkreuzungen fordern die Predigerbrüder das Volk auf, sein Gewissen zu prüfen und sein Leben zu ändern, nie mehr zu sündigen, um die Heilung des Königs zu erlangen.

Einige Reaktionen scheinen uns heute nicht nachvollziehbar. So die Entscheidung, Juden zu vertreiben. Sie sind zu Sündenböcken geworden; ihre Zinsnahme wird nicht mehr toleriert. Man behauptet, sie handeln gegen Gottes Gesetz, das es nicht erlaubt, Geld zu verleihen und daraus irgendwelchen Vorteil zu ziehen. So ist es zulässig, sie zu verfolgen und es gilt als gute Tat, sie zu berauben.

---

[65] J. Froissart, *Chroniques*, Buch IV, Kapitel XXXVI.

Auf Befehl der Königin unternehmen selbst die Prälaten des Königreiches ein neuntägiges Fasten, rufen die Heiligen Gildas und Nicolas an, die Heiler der Irren. Einmal wird der König in die Ardennen gebracht, zum Heiligtum des Heiligen Hubertus. Man lässt ihn eine Nacht in der Krypta allein, in einen Sarkophag gebettet. Aber einmal mehr umsonst, denn der Heilige, Patron der Jäger, greift nicht ein!

Isabeau vervielfältigt die Almosen an die Armen und die Stiftungen für die Kirchen, wie alle bestätigen: »Man unternahm viele und edle und fromme Prozessionen auf Bitten und auf Anweisung der Königin von Frankreich[66].«

1393 bringt ein Pariser Bürger einen vollständigen Kapellenschmuck zum Heiligen Grab nach Jerusalem, um den Himmel gnädig zu stimmen. 1397 wird ein Edikt gegen die Blasphemiker erlassen, „in der allgemeinen Überzeugung, dass man glaubt, dass es vor allem eines zu unwürdigen, aber auch so allgemeinen Verbrechens wegen erscheint, dass Gott den Rückfall des Königs erlaubt hat“. 1399 wird das Heilige Schweißtuch aus Burgund herbeigebracht und der Anbetung der Gläubigen ausgesetzt.

---

[66] „Ysabiel, von Gnade Gottes Königin von Frankreich. Verehrter Vater in Gott, durch Entscheidung und auf Rat von mehreren von Blut und Abstammung, von Monseigneur und des großen Rates und auch mehrerer frommer Personen, wird angeordnet, dass für die gute Gesundheit und Wohlergehen meines vorgenannten Herrens drei Generalprozessionen stattfinden, die Erste an einem Tage, Donnerstag, zu Ehren des Heiligen Geistes, die Zweite an einem Tag, des Freitags zur Erinnerung der Passion unseres Herrn Jesus Christus. Die Dritte an einem Tag, dem Samstag, zu Ehren und in Verehrung der glorreichen Jungfrau Maria, und dass das Volk aufgefordert werde, am Tag zu fasten, da man die Prozession mache, und bei dieser barfuß zu erscheinen oder im Trauerkleid oder in anderer Art je nach Verehrung. Wir bitten sie und fordern so demütig, wir können, dass genannte drei Prozessionen von ihnen angeordnet werden und sie diese überall in ihrer Diözese durchführen. In der Art, wie es gesagt ist, so rasch wie sie können und dass es kein Fehl daran gebe, so teuer, sie unseren Herren schätzen mögen und unseren Willen erfüllen. Unser Herr wache über sie. »Geschrieben im Wald von Vincennes am zweiten Tag des Januar.«“
Der Brief wurde veröffentlicht in Roubaix am 19. Januar 1396. Stadtarchiv Tournai.

Auch die Kinder sind betroffen. Nicolaï di Bonnacorse, der das berühmte Haus Prato beim Papst repräsentiert, ist Zeuge dieser unglaublichen frommen Volksbewegung: »Zwei Monate sind verstrichen, da begannen sich in verschiedenen Ländern des Königreichs Frankreichs hundert oder zweihundert im großen Teil unberührte Jungen zu versammeln. Sie erhoben ein Banner, auf dem gezeichnet sind auf der einen Seite der Engel Michael und auf der anderen die Wappen von Frankreich, der Bretagne oder ihrer Herkunftsländer, ohne von ihren Vätern noch Müttern Abschied genommen zu haben, ohne Geld, ohne Brot, ohne Wein. Einer von ihnen trägt dieses Banner und alle anderen folgen. Sie setzen sich in Bewegung und gehen zum Mont-Saint-Michel. Diese Bewegung hat sich von dieser Region her ausgebreitet, und hier in Avignon sagt man, dass zwischen vorgestern und heute zweihundert Kinder, kleine und große, dorthin gezogen sind mit den Bannern, von denen ich gesprochen habe«.

Diese außerordentliche Bewegung lässt den Papst von Avignon nicht unberührt, er sendet Hilfsmittel. »Am 18. September wurden vom Seigneur Simon Triadet, Kaplan Almosenmeister, durch die Hände des Steuereintreibers von Tours, gesandt vom Herrn Papst zum Mont-Saint-Michel, dem Ort des Schutzheiligen der Seefahrer, hundert Goldecus (übersandt), um zu den Bedürfnissen der armen Kinder und Pilger, die aus dieser Stadt Avignon und den umliegenden Orten auszogen, um sich auf den Mont zu begeben (beizusteuern).[67]«

Wenig später begibt sich auch Karl selbst auf Wallfahrt zum Heiligtum des Heiligen Schutzherrn auf den Mont-Saint-Michel. Die Städte, die er besucht, wollen ihn ehren. In Caen schenken ihm die Ratsherren ein Goldschmiedekunstwerk: „Einen Hirsch, der zwischen zwei Vögeln fliegt, über einem silbernen Schiff." Dieses symbolische Geschenk muss ihm schmeicheln. Als er bei dem berühmten Heiligtum ankommt, befreit der König die Händler von „Zeichen des Herrn Saint Michel, von Muscheln und anderen in Formen gegossenen Bleiwerken", anders ausgedrückt, die Souvenirhändler von den Steuern.

---

[67] Zitiert von Régine Pernoud in *Christine de Pisan*, Verlag Calmann-Lévy, 1982.

Einige Monate später benennt Karl, jetzt wieder guter Gesundheit, sein Kind, das nach der Pilgerfahrt geboren wurde, zu Ehren des Erzengels Michelle. Aber nach einem neuen Rückfall ist der König wieder auf den Straßen von Frankreich. Diesmal reist er in die Auvergne und hofft, dass Notre-Dame-du-Puy barmherziger als Saint Michel sein würde.

Während der ganzen Reise erhält er Geschenke. In Digne sind es „zwei silberne Waschbecken", in Riom ein Goldbecher, in Montferrand eine „hohe Konfektdose aus vergoldetem Silber in Form einer Muschel".

Jede Reise des Königs stürzt Isabeau in große Unruhe, denn sie weiß weder, wie er sich seinen Gesprächspartnern gegenüber verhalten wird, noch ob er gesund zurückkehren wird. So schickt sie 1398, als Karl nach Reims zieht, um Wenzeslaus von Luxemburg, den König von Böhmen und Kaiser Deutschlands zu treffen, um den Frieden der Kirche wiederherzustellen, zahlreiche Boten aus, um Briefe zu überbringen und ihre Antworten abzuwarten. Einmal mehr wird sie nur das Versagen ihres Mannes feststellen können.

Die Boten berichten ihr, dass man Schwierigkeiten hatte, den König auf die Begegnung mit dem Kaiser vorzubereiten. Als der König von Frankreich seinen Verstand ein wenig wiedergefunden hatte, war es Wenzeslaus, ein hartgesottener Trunkenbold, der besinnungslos darniederlag, und als der Kaiser von Deutschland aus seinen Alkoholnebeln auftauchte, war es wiederum der König von Frankreich, der unpässlich war!

Trotz allem führt Isabeau das Eheleben mit Karl VI. weiter. Zumindest unterrichten uns die Urkunden des Palastes über die Wünsche des Königs. In diesem Jahr 1398 wird eine Ausgabe erwähnt, die Robin der Färber erhält. Er repariert einen „kleinen Eckstand, der dazu dient, ihn einzukleiden und herzurichten, wenn der König zur Königin geht[68]".

[68] Y. Grandeau, *Itinéraire d'Isabeau de Bavière*, a.a.O.

»Wir lassen vom ganzen Rate Frankreichs anweisen, welcher die Verwaltung und die Herrschaft über das Königreich Frankreich habe, der Neffe von Orléans oder wir«

Während der ersten Anfälle haben die Onkel versucht, dem Volk die Krankheit des Königs zu verbergen. Sie wollten Zeit gewinnen, um Vorkehrungen zu treffen, denn sie wollen die Macht zurückgewinnen. Die Regentschaft kommt nach den königlichen Erlassen Ludwig zu, aber Philipp der Kühne, Herzog von Burgund, sieht das anders. Während der „Abwesenheiten" seines Neffen reißt er die Zügel der Macht an sich und herrscht nach seinem Gutdünken. Während der Zeiten der Erholung ist es an Ludwig, Einfluss auf seinen Bruder zu nehmen.

Die erste Maßnahme des Onkels Philipp scheint sehr wohl von Eifersucht diktiert zu sein. Er möchte den „marmousets" die Macht entreißen. Der Erste, den er ins Visier nimmt, ist Johann von Montaigu, ein großer Freund und enger Vertrauter des Königs. Er erhält Befehl, sich Karl vor dessen vollständiger Genesung nicht mehr zu nähern. Johann von Montaigu ist gewarnt und hält es für klug, Paris zu verlassen. Nach Einbruch der Nacht schleicht er sich diskret durch das Tor Saint-Antoine davon und jagt mit verhängten Zügeln nach Avignon.

Er hat wohl gehandelt; der Herzog von Burgund hatte in der Tat die Absicht, die „marmousets" von der Macht zu entfernen. Hatte er nicht seine Gemahlin Margarete unterrichtet? „Die Rute ist geschnitten, mit der sie baldigst geschlagen und gezüchtigt werden. Wie Sie es sehen werden und bald Nachricht erhalten, aber sollen sie ein wenig warten und leiden. Clisson, La Rivière, Montaigu, Le Mercier, de Villaines und andere dazu haben schlecht gehandelt, und man wird es ihnen in Kürze zeigen". Olivier de Clisson, auch er vorsichtig, zieht sich in die Bretagne auf sein Lehen von Josselin zurück. Weniger Glück haben Le Bègue de Villaines und Le Mercier, die gefangen genommen und in den Louvre geworfen werden, wo La Rivière zu ihnen stößt, der in seinem Schloss Annens gefangen genommen wurde. Der Herzog von Burgund nimmt Rücksicht auf das hohe Alter von Le Bègue und exiliert ihn nach Kastilien, die anderen Gefährten aber lässt er in der Festung Bastille einsperren. Nach vier Monaten des Bangens werden sie dank der Intervention einer Frau, Johannas von Boulogne, befreit. Sie ist die junge Gemahlin des Herzogs von Berry. Sie verdankt La Rivière ihre prestigeträchtige Heirat und hat sich, um ihm ihre Dankbarkeit zu erweisen, zu seiner Fürsprecherin gemacht und seine Sache bei ihrem Ehemann vorgetragen. Der Herzog von Berry hat sich bemüht, den Richterspruch abzumildern. Deshalb werden die „marmousets" auch nur ihres Eigentums beraubt und erhalten den Befehl, nie mehr am Hofe zu erscheinen. Ihre Ehefrauen, die Damen von Nouviant und La Rivière, die sich seit vielen Jahren der königlichen Kinder annehmen, werden ebenfalls verabschiedet, zum großen Missvergnügen Isabeaus, die dieser parteilichen Entscheidung machtlos zusehen muss. Das beweist einmal mehr, wie gering ihre Macht angesichts der Onkel ist.

Allerdings steht die Königin trotz der Verbote in anhaltenden Briefkontakten mit diesen Damen, und später setzt sie durch, dass sie an ihren Hof zurückkehren.

Tatsache aber ist: Der Herzog von Burgund regiert. Er tauscht die Mitglieder des königlichen Haushalts aus. Offiziere, von den höchsten bis zu den einfachsten, werden versetzt, und in den Schlüsselpositionen werden Männer ernannt, die ihm ergeben sind.

Isabeau wird so gegen ihren Willen in ein wichtiges politisches Problem hineingezogen. Dem Königreich fehlt eine geschlossene Regierung, aber sie erkennt das nicht. In dieser Epoche von 1392 bis 1394 hätte sie zu einem Element der Stabilität werden können, noch war sie nicht die „Verhasste". Tatsache aber ist auch, dass weder der Herzog von Orléans noch die Onkel die Absicht hatten, ihr auch nur einen Schatten von Macht zu überlassen. Hätte sie ihre Absichten durchsetzen können? Es gibt kein Anzeichen dafür, dass sie dazu den Willen oder den Mut hatte. Anderes beschäftigt sie. Sie interessiert sich vor allem für ihre engere Familie. Als aufmerksame Ehefrau, vorbildliche Mutter geht es ihr um das Alltagsleben. Das Wohlergehen ihrer Kinder, deren Erziehung und künftigen Ehen fesseln ihre Aufmerksamkeit. Dies erscheint ihr wichtiger als die Sitzungen des Rates. Sie setzt sich allerdings zur Wehr, wenn eines ihrer Kinder in

Gefahr zu sein scheint. Man muss zugeben, dass sie bis zu diesem schrecklichen Jahr 1392 ein glückliches Leben neben dem geliebten Mann geführt hat, selbst wenn sie als Mutter durch den Verlust zweier ihrer Kinder große Schicksalsschläge verkraften musste. So ist es verständlich, dass sie sich intensiv um ihre vier lebenden Kinder kümmert.

In einer Zeit, da die Königin sehr isoliert ist, nähert sie sich ihrer Familie an und ruft ihren Bruder, den Herzog von Bayern, Ludwig, zu Hilfe, um sie in der Aufgabe zu unterstützen, das Kind Karl, den einzigen Erben des Königreiches, „zu bewahren, zu nähren und zu erziehen". Darf man ihr das vorwerfen, wie es das das Volk von Frankreich in hohem Maße tut? Allein, von ihren Gesellschaftsdamen getrennt, häufig von ihren Schwangerschaften erschöpft, vom Rat ferngehalten, vom König bei seinen Rückfällen getrennt, wendet sie sich einer der wenigen Personen zu, die ihr Hilfe bringen können, ihrem Bruder.

Fortan votiert Isabeau, hineingezogen in den Konflikt der Prinzen von Geblüt, die sich untereinander zerfleischen, für ein Verhalten, das die Interessen der Wittelsbacher voranstellt. So steht sie auch dem Herzog von Burgund nahe. 1401, als es darum geht, den Erben zu verheiraten, wird die Königin – unterstützt von Rupert von Bayern – eine Enkelin von Philipp dem Kühnen einer Allianz mit der Familie von Orléans vorziehen.

KAPITEL 3

Eine Mutter und ihre Familie

Die Königin verheiratet ihre Tochter

Kurz nach ihrer Machtübernahme entscheiden sich die Onkel, ein königliches Testament zu veröffentlichen. Sie wollen die Regentschaft neu organisieren und einen Vormundschaftsrat einrichten. Zunächst wird beschlossen, eine Kämmerei für die Königin, unabhängig von der des Königs, einzuführen. Ein Betrag von 10.000 Francs wird zur Verfügung gestellt. Diese Entscheidung ist wichtig für das Alltagsleben Isabeaus und ihrer Kinder, denn im Falle des Ablebens des Königs, mithin der Auflösung des Palastes, werden so die verschiedenen Dienste nicht beeinträchtigt[69].

Noch im Januar 1393 stellt der Rat ein Wittum von 25.000 Tourer Pfund bereit. Daran ist nichts Ungewöhnliches: Für andere Königinnen wie für Johanna von Burgund oder Blanche von Navarra hatte

---

[69] M. Rey, *Les Finances royales sous Charles VI, les causes du déficit. 1388 - 1413*. Die Kämmerei besteht aus folgenden Abteilungen:
Der Schatzkammer, von einem einzigen Kämmerer verwaltet, der nicht in seinen Initiativen von der täglichen Überwachung eines Kontrolleurs behindert wird.
Einer Geldkammer, unter der Leitung eines Meisters – dieser Dienst geht auf 1385 zurück.
Einer Abteilung der Weingüter, gemeinsam mit der des Thronfolgers, ab Januar 1412.
Einer Hofhaltung, zu der die Ställe gehören, mit einem Kämmerer, einem Kontrolleur und anderen Offizieren.
Den Truhen der Königin, einer kleinen Privatschatulle von geringer Bedeutung.
Kämmerei und Kasse der Herzogin von Guyenne und der anderen Kinder von Frankreich, die unter der Aufsicht ihrer Mutter verblieben sind.

man bereits ein Wittum von vergleichbarer Bedeutung errichtet. Königin Blanche von Navarra stirbt am 5. Oktober 1398, und im Mai 1403 bittet Isabeau, ihr Wittum gegen das der Verstorbenen auszutauschen. Halten wir fest, dass die Einkünfte der Königin regelmäßig steigen und dass man durchaus von ihrem persönlichem Reichtum sprechen kann. Man muss auch festhalten, dass jede Geburt, jeder Besuch ausländischer Gäste, die Gehaltssteigerungen ihrer Diener neue Ausgaben mit sich bringen. Isabeau führt ein Leben auf großem Fuß und versteht es, den richtigen Leuten zu leihen.

Das ganze Jahr 1394 verbringt Isabeau, zum siebten Male schwanger, in Paris beim König. Ihre einzige Reise ist eine Wallfahrt nach Saint-Sanctin-les-Chartres, auf die sie ihre Kinder mitnimmt. Am 12. Januar 1395 bringt sie ihre Tochter Michelle zur Welt, die Herzogin von Burgund werden wird.

Im folgenden Frühjahr scheint es dem König besser zu gehen, was Isabeau nutzt, um unter dem Vorwand, man wolle die neue Jahreszeit feiern, ein Fest im Schloss von Valla-Reine zu organisieren. Sie folgt damit nur den Anordnungen des Arztes Harcigny, der seinem königlichen Patienten Zerstreuungen empfohlen hat. Ein auserlesenes Diner wird im großen Saal serviert. Die Gäste speisen von dem von der Königin bevorzugten Silbergeschirr, das von den Wappen Frankreichs und Bayerns geziert wird. Goldene Kerzenhalter beleuchten die Speisen, die man nacheinander aufträgt. Mundschenke servieren in wappengeschmückten Kelchen die seltensten Weine. Man trinkt viel am Hofe Frankreichs. Vor allem Wein aus Burgund. Meist aus der Gegend von Beaune, aber auch Wein aus Saint-Pourçain. Weine aus der Ile-de-France werden an der Tafel der Königin wenig serviert. Der so genannte „französische" oder auch „Bastardi"-Wein, das heißt Wein mit Wasser, ist den Dienern vorbehalten.

Alle erhalten einen goldenen Ring als Andenken – mit Ausnahme des Königs, dem seine Gemahlin ein prächtiges Wams aus schwarzem Samt schenkt.

Wenige Tage nach diesem Frühjahrsfest spricht Philipp der Kühne mit Isabeau. Er will sie über die Politik des Königreiches unterrichten. Einmal mehr stimmen seine Ansichten nicht mit denen seines Neffen Ludwig, dem Bruder des Königs, überein. Er hat erst jüngst eine hitzige Diskussion mit dem Herzog von Orléans geführt. Der Herzog von Burgund wünscht aus verschiedenen Gründen, die er Isabeau aber nicht erklärt, eine Allianz mit England. Das gefällt Ludwig von Orléans, nicht und er ist nicht der Einzige. Es gibt in der Tat zwei Fraktionen in beiden Völkern: In Frankreich wie in England sind viele gegen diese Annäherung. Der Herzog von Burgund wünscht die Hochzeit einer Tochter von Frankreich mit dem Königwitwer Richard II. Auf der anderen Seite des Ärmelkanals setzt sich der Herzog von Gloucester gegen eine solche Verbindung ein. Herzog Philipp legt seine Pläne dar: Eine Allianz mit England wäre ihm willkommen; warum sollte man nicht die Prinzessin Isabella mit Richard II. verheiraten? Isabeau stimmt diesem Vorschlag zu, zum großen Missvergnügen des Herzogs Ludwig von Orléans. Auf beiden Seiten des Ärmelkanals beginnen die Verhandlungen. Und bald sind die Botschafter des Königs von England Gäste im hôtel Saint-Pol. Das ist Anlass für eine besondere Szene. Isabeau empfängt die Lords umgeben von ihren Kindern Marie, Karl, Johanna und der kleinen Michelle, die in ihrer Wiege schlummert, sowie Isabella, der dem König versprochenen Prinzessin. Der Graf von Nottingham, Marschall von England, kniet vor dem Kind nieder und fragt es, ob es Königin von England werden möchte. Isabella antwortet:

»Sire, wenn es Gott und Monseigneur, meinem Vater, gefallt, dass ich Königin von England sei, so will ich es gerne tun, denn man hat mir gesagt, dass ich dann eine große Dame wäre.«

Dann streckt sie dem Marschall die Hand entgegen, der sie zu ihrer Mutter führt. Alle lächeln. Die Botschafter reisen, vom Benehmen des Mädchens verzaubert, ab und sagen vorher »dass sie eine große Dame von großer Ehre und großen Gütern sein werde und dass es bereits gut damit begonnen habe«.

Die Verlobung wird am 8. Juli 1395 feierlich verkündet. Der Vertrag wird im März 1396 unterzeichnet. Er hält fest, dass sich die Mitgift auf 800.000 Francs belaufen wird, und dass das Kind auf alle Nachfolgerrechte seines Vaters verzichtet. Ein Vorbehalt bezüglich der Nachfolgerechte seiner Mutter wird festgehalten.

Die Verlobungsmesse findet im April in der Sainte-Chapelle in Anwesenheit des Marschalls von England und des Grafen von Rutland statt. Der Patriarch von Alexandrien liest die Messe; nach der Verlesung des Vertrags und der Errichtung des Brautgutes steckt ein englischer Botschafter einen Goldring an die Hand der Prinzessin, Symbol ihrer Übereinkunft mit Richard II. Dann treffen französische und ausländische Gäste im Saal des Palastes zum Festmahl zusammen. Ein Waffenstillstand auf 28 Jahre wird zwischen den zwei Ländern vereinbart.

In den folgenden Monaten unterrichtet ein englischer Ritter die sechsjährige Prinzessin in der Sprache und den Gepflogenheiten ihres neuen Landes. Pariser Goldschmiede liefern Ketten, Colliers, Ringe und Kronen aus Feingold für die Mitgift. Für die Kleider hat man aus dem Orient Gold- und Seidenstoffe kommen lassen, die mit Edelsteinen verziert werden. Die Robe, die die Braut tragen wird, ist ein Werk von Nicolas Moulin, Schneider am Hof – einer der ersten großen Pariser Couturiers, dessen Name in den Annalen der Geschichte erhalten ist. Frisch gestrichene Karren dienen zum Transport der Truhen, und man achtet darauf, die Puppen des zärtlich geliebten Mädchens nicht zu vergessen.

Ein diplomatisches Problem stellt die Wahl der Stadt dar, in der man Richard seine Verlobte übergeben wird. Die französischen Diplomaten hatten in der Hoffnung, der König von England würde diese Stadt dann dem König von Frankreich übergeben, an Calais gedacht. Aber Richard II. bleibt hart: Er wünscht, diese schöne Stadt für sich zu behalten. So sind die Franzosen gezwungen, für die Begegnung ein großes Lager zwischen Calais und Ardres zu errichten.

Das Volk hofft, diese Heirat könne den Frieden garantieren: „Vermittels genannter Heirat hoffen wir zu Gott, dass die Kriege, die so lange zwischen unseren feindlichen Vorgängern geherrscht haben, ein Ende finden und ein guter Frieden daraus erwächst.[70]« Sind die vorhergegangenen fünf Konflikte damit vergessen? Das ist es zumindest, was das Volk glaubt, als es dem Kind zujubelt, das die Haupt-

---

[70] A.N., P. 2297 f. 89.

stadt am 4. Oktober verlassen hat und nun, von seinem Vater geleitet, seinem Schicksal entgegengeht. Am 27. Oktober 1396 übergibt Karl VI. seine Tochter in dem Lager von mehr als 120 Zelten, in dem die Zeremonie stattfindet, dem König von England. Isabella, in ein prachtvolles Kleid mit aufgestickten goldenen Lilien gewandet, erregt großes Aufsehen, als sie sich, von einem prunkvollen Zug nobler Damen geleitet, ihrem künftigen Ehemann vorstellt. Der König von Frankreich begleitet sie und sagt:

»Mein Sohn, hier ist meine Tochter, die ich Euch versprochen habe. Ich übergebe sie Euch und bitte Euch, sie fortan wie Eure Frau zu lieben.«

Die Hochzeit wird am 4. November in der Kirche Saint-Nicolas von Calais gefeiert. Der Erzbischof von Canterbury nimmt das Eheversprechen entgegen. Beim Bankett trinken die zwei Könige als Zeichen ihrer Verbundenheit aus dem gleichen Pokal und beschließen, gemeinsam eine Kirche zu errichten, die den Namen Notre-Dame de la Paix tragen soll.

In Paris lässt sich Isabeau vom Ablauf des Festes berichten. Sie hat ihre Tochter nicht begleiten können, da eine neue Schwangerschaft sie vom Reisen abhält. Wieder einmal ist sie beunruhigt: Ist dieses Unwetter, das das Zeltlager gleich nach der Übergabe der Verlobten heimgesucht hat, nicht ein weiteres übles Vorzeichen? Die Unruhe der Königin von Frankreich nimmt zu. Brief um Brief lässt sie durch den Botenreiter Johann Salmon an ihre Tochter überbringen. In großer Regelmäßigkeit bittet sie den Rat, über Neuigkeiten der englischen Politik unterrichtet zu werden. Den Gepflogenheiten zwischen souveränen Höfen folgend, gibt sie ihren Boten Geschenke für ihren Schwiegersohn und ihre Tochter mit. Im Gegenzug erhält sie Goldschmiedewerke, zwei mit Halbedelsteinen und Perlen besetzte Humpen, die sie gut sichtbar in ihre Gemächer stellt. Der Friede zwischen den beiden Ländern scheint dauerhaft, und die italienischen Händler, die von ihren Reisen in Frankreich an ihre Mutterhäuser berichten, bestätigen die Ruhe: „Keine Neuigkeiten von nirgendwo."

1396 scheint jeder Misston zwischen den zwei Königen gewichen zu sein, nicht aber zwischen den beiden Königreichen und deren Völkern. Überdies verschlechtert sich die Lage in England sehr rasch. Richard II. ist kein populärer König. Seine Pairs werfen ihm seinen hochmütigen Charakter vor. Sie distanzieren sich mehr und mehr von ihm und vertrauen ihm nicht mehr. Das geht so weit, dass sich eine neue Partei um Bolingbroke bildet, der in der Folge den Namen Heinrich IV. von Lancaster annimmt. Er wird zum Herausforderer seines Cousins Richard II. Das Treiben am Hofe von London ist einer der Gründe für die Unbeliebtheit des Königs. Man wirft der französischen Entourage Isabellas vor, prahlerischen Luxus eingeführt zu haben. Die Situation spitzt sich zu, als 1398 die erste Ehrendame Isabellas, Madame von Courcy, als Sündenbock auserwählt und entlassen wird. Sie muss nach Paris zurückkehren.

In die Hauptstadt heimgekehrt, erläutert sie Isabeau die Situation. Madame von Courcy erinnert sich ihres ersten Einzugs in London mit einer Equipage, die von 18 Pferden gezogen wurde. Das war von der englischen Gesellschaft missbilligt worden. In der Tat: Der englische Hof betrachtet diese junge Königin französischer Herkunft, die von einer großen Dienerschaft umgeben ist, mit kritischen Augen. Madame von Courcy gesteht, dass sie den Damen der guten englischen Gesellschaft ihre aus Paris mitgebrachten Lieferanten aufdrängen wollte: Acht Kleidersticker haben sie begleitet und drei der besten Goldschmiede aus Paris. Isabellas Entourage hat provoziert, wenn sie in immer gewagteren Toiletten einherstolzierte. Die mit Edelsteinen verhängten Frisuren der Damen der Königin ließen die englischen Aristokratinnen vor Neid erblassen. Ganz zu schweigen davon, dass man einen Mediziner-Astrologen französischer Herkunft bevorzugte, der sich beim König bald unentbehrlich machte. „Meister Pol de Berthol, Arzt der noblen Dame Ysabel von Frankreich, Königin von England, war zu jener Zeit sehr vertraut mit König Richard, ihrem Mann, und ihr[71].«

Angesichts dieses Berichts kann man verstehen, dass Isabeau sich um ihre Tochter Sorgen macht. Vor allem, nachdem sie erfährt, dass Heinrich, der Sohn Johanns von Gent, geboren im Schloss Boling-

---

[71] In *Dictionnaire biographique des médecins en France*, a.a.O.

broke, am 1. Oktober 1399 seinen Cousin zur Abdankung zwingt und an seiner Stelle den Thron besteigt. Er nimmt den Namen Heinrich IV. von Lancaster an. Man erfährt am Hofe Frankreichs auch, dass Isabella gefangen gehalten wird und nicht mehr die Erlaubnis hat, mit ihren Verwandten Briefe zu wechseln. Von Paris aus fleht Isabeau, dass man ihr ihre Tochter zurückgebe. Sie unternimmt zahlreiche Demarchen, sie wendet sich an den Herzog von Burgund, dann an den Herzog von Orléans, um diese als Vermittler zu gewinnen. Endlich erhält sie aus dem Tower von London, in dem man Richard eingekerkert hat, einen Brief:

»An die sehr teuere Dame und Mutter, die Königin von Frankreich, ich gebe mich Euch anheim. Leider! Ich schickte mich an, Euch zu sehen, binnen kurzem, und Euch Isabella, Eure Tochter, meine teuere Dame und Gemahlin zu bringen, die großes Vergnügen hat Euch zu sehen ...«

Auf der anderen Seite des Ärmelkanals tobt Königin Isabella, trotz ihres jungen Alters. Sie ruft allen ins Gedächtnis, dass sie Königin ist und man ihr Ehrerbietung schulde. Sie fordert die Erlaubnis, nach Frankreich zu ihren Eltern zurückzukehren. Aber sie ist machtlos und auf den guten Willen Heinrichs von Lancaster angewiesen. Als sie erfährt, dass der Mann, der ihr ganz väterlicher Ehegemahl ist, in einem finsteren Verlies eingekerkert, dann in das Schloss Pontefract gebracht worden war, wo man ihn verhungern lässt, weint das einsame kleine Mädchen: Es ist ganze zehn Jahre alt.

In Paris hat die Nachricht von der Gefahr, der seine Tochter ausgesetzt ist, den König von neuem in eine entsetzliche Krise gestürzt. Der Herzog von Orléans kann nur bitter vermerken: »Dies war eine unvernünftige Heirat, und ich habe es währenddessen gesagt, als man verhandelte, aber ich vermochte nicht, mir Gehör zu verschaffen.« Der Herzog von Burgund, sehr viel prosaischer, hofft darauf, dass, da der neue Souverän von den Bewohnern von Bordeaux nicht geschätzt wird, Aquitanien wieder französisch werden könnte. Er weiß genau, dass König Richard in Bordeaux geboren wurde und seine dortigen Untertanen ihn in großen Ehren halten. So unternimmt man einen ersten Schritt, um die Provinz zurückzuerobern und ernennt den Thronfolger zum Herzog von Aquitanien.

Nach einigen Monaten der Unsicherheit über ihr Los erhält Isabella vom neuen Souverän die Erlaubnis, ihrer Mutter zu schreiben. Dieser Briefwechsel wird zwei Jahre lang andauern. Wie lange wird diese Zeit Isabeau und Isabella scheinen! Isabella fleht in ihren Briefen, man möge sie heimholen. Isabeau ermutigt sie, mahnt sie zur Geduld. Zwei Jahre lang wechseln auf beiden Seiten des Ärmelkanals Phasen der Hoffnung mit Zeiten extremer Niedergeschlagenheit. Isabella verspricht alles, was man will: ihrer Mutter, sich nicht erneut in England zu verheiraten, dem neuen König, dass er der legitime Nachfolger ihres verstorbenen Mannes sei. Endlich, an einem schönen Sommertag, landet das Mädchen in Calais – die Verhandlungen waren erfolgreich. Die Demoiselle Johanna von Luxemburg, von Isabeau ausgeschickt, nimmt sie in Leulinghen in Empfang und begleitet sie nach Paris, wo sie sich am 10. August 1401 in die Arme ihrer Mutter stürzt.

»Bei dieser Gelegenheit«, so schreibt ein Zeitgenosse, »bewiesen sie (der König und die Königin) ihr durch tausenderlei Liebkosungen die Freude, die sie hatten, eine so ungerecht vom Schicksal verfolgte Tochter wieder zu finden.«

Isabella nimmt ihren Platz im hôtel Saint-Pol im Schoß ihrer Familie wieder ein. Sie trauert um ihren Titel als Königin von England, während ihre Mutter für sie einen kleinen Hof schafft, ihren Haushalt dabei allerdings verkleinert und ihr als Gesellschafterinnen die edelsten Frauen Frankreichs zur Seite stellt.

Bald wird sie einen neuen Verehrer haben. Sie heiratet ihren Vetter Karl und wird später Herzogin von Orléans.

Ludwig, Johanna, Johann und Maria

Zum Zeitpunkt der englischen Hochzeit hatte die Königin ihr achtes Kind erwartet. Es war ein Sohn, Ludwig von Frankreich, der in der Nacht des 22. Januar 1397 geboren wurde. Isabeau erholt sich nur mühsam von der Niederkunft und verbringt mit ihren Kindern lange Winternächte in ihrem Zimmer. In diesem Jahr ist es kalt in Paris. Die Diener haben die Fenster abgedichtet und sind bemüht, die Zimmer zu erwärmen, indem sie große Wägen mit glühender Holzkohle umherziehen. Die Kinder spielen, die sechsjährige Johanna mit ihrem fünfjährigen Bruder, dem Thronfolger Karl, während Michelle die Rassel über der Wiege von Ludwig schwenkt. Maria scheint schon nicht mehr richtig zur Familie zu gehören.

Wenn sie ihren Neugeborenen betrachtet, kann die Königin nicht ahnen, welche Komplikationen die Wahl seiner Verlobten mit sich bringen wird. Diesmal wird Ludwig von Orléans den Sieg davontragen. Er entreißt dem König, seinem Bruder, das Versprechen, dass Ludwig von Frankreich seine nächstgeborene Tochter heiraten wird. Aber Philipp der Kühne seinerseits denkt bereits an eine andere Allianz.

Isabeau muss den Abschied ihrer Tochter Maria vorbereiten. Ihrem Gelübde entsprechend, wird Maria in die Abtei Saint-Louis von Poissy eintreten.

Am 8. September 1397 begleitet die ganze Familie das vierjährige Kind. Die Abtei ist ein ruhiger Ort. Die Dichterin Christine von Pisan beschreibt in ihrem *»Dit de Poissy«* die Ruhe und Schönheit dieses Konvents, wo ihre eigene Tochter Nonne ist:

Eine Tochter, die ich habe,
schön und sanft,
jung und von Wissen und charmant, so sagen alle,
ist dort Nonne in der Abtei,
reich und edel,
königlich und sehr prächtig,
und liegt von Paris sechs Meilen entfernt diese Kirche[72].

Der Bischof von Bayeux nimmt die Gelübde Marias bei ihrem Eintritt in das Dominikanerkloster entgegen. Der Kirchenfürst führt

---

[72] *Une fille que j'ay, à dire voir,*
Belle et gente, joenne et de bon savoir
Et gracieuse,
Au dit de tous, si est religieuse,
En abbaïe riche et précieuse,
Noble, royal et moult délicieuse
Et est assise
Loing de Paris six lieues celle église.

die Prozession an; er trägt einen vom König geschenkten Reliquienschrein. Ihm folgen im Rhythmus der langsamen Psalmen die königlichen Almosenier, dahinter der König und die Königin. Die bedeutendsten Mitglieder des Hofes beschließen den Zug, knapp vor dem Herren von Albret, der das mit einem reichen Diadem gekrönte Mädchen trägt.

Die Zuhörerschaft ist hingerissen von den bescheidenen und intelligenten Antworten der Prinzessin auf die ihr gestellten Fragen.

Dann entkleidet sie die Äbtissin ihrer Roben und reicht ihr den religiösen Habit. Maria zieht eine in der Taille geraffte Robe, das Skapularium, den schwarzen Mantel an. Man stülpt ihr eine weiße Flügelhaube auf, an deren Spitze ein schwarzer Schleier befestigt ist.

Der religiösen Zeremonie folgt ein Festmahl. Die Äbtissin, Maria von Bourbon, „Tante des Königs von Frankreich", hat prachtvoll auftragen und Wein von Saint-Pourçain bereitstellen lassen, von woher die Abtei eine jährliche Rente erhält. Die aufgetragenen Fische wurden am gleichen Morgen in den Becken des Klosters gefangen, das Fleisch kommt aus der Aufzucht der Abtei und die Früchte aus ihrem Obstgarten. Die Nonnen von Poissy brauchen weder Hungersnot zu fürchten noch schlechte Tage. Ihre Meierhöfe bringen reiche Erträge, und es gibt viele Postulantinnen mit großer Mitgift.

Eine vom Geiz bestimmte Diskussion trübt diesen Tag. Es entspricht dem Brauch, dass sich die Oberin die Kleider und das Diadem von Maria zueignet, aber der Abt von Saint-Denis hat andere Vorstellungen. Er möchte die edelsteinbesetzte Krone, die er ausgeliehen hat, zurückhaben. Um die Aufgebrachten zu beruhigen, muss Karl VI. rund 600 Goldecus Entschädigung an die Abtei entrichten.

Maria ist keineswegs einsam. Ihre Mutter belässt ihr die Ehrendamen, die sie immer bedient haben; sie lässt auch ihre neue Zelle ausstatten, um sie wohnlicher zu machen. Als gute Mutter, der das Wohlergehen ihrer Tochter am Herzen liegt, wacht sie darüber, dass Marias Novizinnenkleider im Winter mit Hermelin gefüttert werden und nicht mit gewöhnlichem Hasenfell wie für die anderen Nonnen. Zudem ordnet sie an, dass eine regelmäßige Pension von 100 Pfund bereitgestellt werde. Isabeau verlangt auch einen Dispens vom Papst, der es Maria erlaubt, ihr Kloster zu verlassen, um sie in ihrem hôtel Saint-

Pol zu besuchen, wenn sie es wünscht[73]. Die Nonne bleibt in Briefkontakt mit ihrer Mutter, ihren Brüdern und Schwestern – letztere vergessen sie nie bei ihren Neujahrsgaben. Und in schweren familiären Krisen werden sich alle an Maria wenden. Selbst Johann Ohnefurcht wird Umwege über Poissy machen, um sich mit ihr zu unterhalten. Sie scheint intelligent und vertrauenswürdig. Christine von Pisan, die 1404 in die Abtei kommen wird, um ihre Tochter zu sehen, wird von der Noblesse erstaunt sein, die Maria ausströmt.

Isabeaus Liebe zu ihren Kindern

Isabeau wacht aufmerksam über das materielle und seelische Wohlergehen jedes ihrer Kinder. Ihnen fehlt es an nichts. Nicht an Kleidung, nicht an Geschirr, nicht an Spielzeugen, nicht an Schmuckstücken. In dieser Beziehung sind die Rechnungen aussagekräftig. Man staunt, wenn man die Beschreibungen der unterschiedlichen Einkäufe an Stoffen aller Art, um prunkvolle Kleider zu schneidern, studiert, oder der Felle und Leder, um Umhänge oder Stiefel zu fertigen. Die Kinder erhalten zahlreiche Schuhe und Handschuhe, Spiele und Kunstwerke, wie es ihrem Rang entspricht.

»An Hance Szceillier, zu Paris, um zur Verfügung gestellt und ausgestattet zu haben zwei Paar Schuhe für unsere Herren die Herzöge von Guienne und Touraine, will heißen, jene bedeckt zu haben mit purpurnem Cordouan, in ihren Wappen garniert, mit seidenen Bändern unterschiedlicher Farbe in ihren Wappen, und dies gut und hinreichend[74].«

Oder

»An Noël, Robenschneider und Kammerdiener des Monseigneur von Guienne, für seine Mühe und Gehalt auf Weisung und Ordonanz der Königin, mehrere Roben, Wämser, Mützen und andere Kleider gefertigt zu haben, all dies für genannten Herren von Guienne wie

[73] Zitiert von M. Rey, a.a.O., A.N., KK 48 f. 94.

[74] A.N., KK 43 f. 40.

für Monseigneurs die Herzöge von Touraine und den Graf von Ponthieu, seine Brüder ...[75]«

Die Königin behält ihre Kinder, so lange sie Säuglinge sind, im hôtel Saint-Pol, dann werden sie im Louvre untergebracht, wo sie mehr Freiraum haben. Sie verlässt Paris nie ohne sie mitzunehmen, außer wenn sie krank sind. So begleiten 1402 Isabella, Johanna und Michelle ihre Mutter auf Pilgerreise nach Chartres.

Wenn eine Epidemie in Paris ausbricht und man die Königskinder fortbringen muss, unterrichtet sich Isabeau bei den Priestern und Vögten über die Sterblichkeit in den Städten, in die man sie schickt, um der Ansteckung zu entrinnen. 1399 geht die Pest so heftig um, dass die Johanna von Luxemburg anvertrauten Kinder Paris verlassen. Vor ihrer Abreise bittet die Königin Magister Pierre Carbonnel, den Arzt des Thronfolgers, sich nach Vincennes zu begeben, dann Mantes und Gisors zu inspizieren. Wenig später ist es ein Truchsess, Pierre von Meillan, der in der gleichen Mission nach Melun geht, während ein Meldereiter, Garin von Barenton, nach Vernon aufbricht, um sich beim Pfarrer über das Vordringen der Pest zu unterrichten. Die Kinder verlassen Paris, aber die beunruhigte Königin jagt einen anderen Meldereiter auf die Straßen von Frankreich, um der Gouvernante Briefe und vollgewichtige Münzen zu bringen. Ihr neuntes Kind, Johann, geboren am 31. August 1398, ist zu schwächlich, er kann die Strapazen der Reise nicht ertragen. Isabeau beschließt, ihn bei sich zu behalten, bis zu dem Augenblick, da sie glaubt, er könne den Ortswechsel auf sich nehmen. Dann brechen sie auf, den König in Rouen zu treffen. Unterwegs hält Isabeau in Evreux, um die Kinder zu se-

[75] A.N., KK 43 f. 147. „Genanntem Colin Vaubricet für 582 Graurücken, für ein Wams von Scharlach für Monseigneur von Ponthieu.“
„An ihn für eine Truhe von gestärktem Leder und mit Schloss verriegelt, die er erworben und geliefert hat, dazu dienend, die Wäsche von Madame Katharina von Frankreich aufzunehmen ...“ A.N., KK 43 f. 72.
„Für einen Spiegel, den er erworben und für Monseigneur von Tourraine geliefert hat.“
„An ihn für ein Paar von Wolflederhandschuhe ... für die Königin von England ...“
„An ihn für vier Paare Wolflederhandschuhe ... für Madame der Bretagne und für Madame la Dauphine.“ A.N., KK 43 f. 86.

hen, die in einer komfortablen Herberge untergebracht sind. Sie lässt sie nachkommen, sobald die Unterkunft in Rouen fertig ist.

Isabeau ist eine ängstliche Mutter. Wie könnte es anders sein? Einige zeitgenössische Mediziner glauben, dass manche der Kinder Tuberkulose hatten. Mehrere „Physiker“ und Chirurgen wachen über ihre Gesundheit, und der Apotheker Regnault Morel bereitet die vorgeschriebenen Medikamente zu.

Die Königskinder, Mädchen oder Jungen, müssen in der Öffentlichkeit eine gute Figur abgeben und ihrem Stand entsprechend auftreten. Deshalb wacht ihre Mutter auch über ihre Erziehung. Sie können lesen, schreiben, lernen Latein. Studien und Spiele teilen sie mit anderen Kindern, den kleinen Prinzen und Prinzessinnen der Familie Orléans, den Kindern der hohen Dienerschaft des Königs, ihren Verlobten, wie Margarete von Burgund, aber auch den Bastarden wie Johann, dem künftigen Graf von Dunois, oder Margarete, der Tochter von Odette von Champdivers.

Wenn die Königin durch eines ihrer Kinder Unglück erleidet – sei es beim Tod Karls des Erstgeborenen, der nur wenige Monate alt wurde, oder beim Tod des Zwölften und Letztgeborenen, Philipp, im November 1407 – berichten die Chronisten von der Niedergeschlagenheit der Königin. Sie hat sich zeitlebens immer vorgeworfen, nicht hinreichend gebetet zu haben für die Ruhe der Seele des kleinen, mit acht Jahren verstorbenen Karl.

Wenn eines der Kinder krank ist, ruft Isabeau Fachleute aus der Wissenschaft zu Hilfe und konsultiert zahlreiche Mediziner, dann wendet sie sich an Gott und die Heiligen und ordnet Prozessionen und öffentliche Gebete an. 1399 ist die lange Krankheit des Kronprinzen Karl für die Königin eine schmerzensreiche Zeit. In Paris munkelt man, das Kind sei vergiftet worden. Mehrmals ist die Mutter gezwungen, es dem Volk zu zeigen, aber das Gerücht hält sich und wendet sich gegen sie. „Trotz der Gebete, die in Paris und an anderen Orten gesprochen wurden, war das schöne Kind Opfer einer schweren Krankheit, in einem Zustand entsetzlicher Magerkeit; sein Körper bestand nur noch aus Haut und Knochen.“ Der Kronprinz wird am 13. Januar 1401 in Saint-Denis begraben. Die Sänfte, in der sein Sarg transportiert wird, ist mit schwarzem Samt ausgeschlagen, und die königlichen Offiziere tragen in diesem traurigen Leichenzug einen Baldachin mit den Wappen des Königs. Der Tod des Thronfolgers stürzt König Karl in eine Krise, die vom 19. Januar bis zum 25. Februar andauern wird. Ludwig, das achte Kind, wird nun Thronfolger und zum Herzog von Guyenne ernannt.

Die Angelegenheiten Deutschlands

Im Jahr 1401 gilt die Aufmerksamkeit des Rates dem Römischen König. Kaiser Wenzeslaus war vom Reichstag von Oberlahnstein aufgrund seiner Trunksucht, seiner Faulheit und seiner frankreichfreundlichen Politik abgesetzt worden. Er wird durch ein Mitglied der Familie Wittelsbach, Robert III. – den Grafen der Rheinpfalz – ersetzt. Er ist ein Verbündeter Herzog Philipps, während Ludwig von Orléans auf Seiten seines Gegenspielers, des gescheiterten Königs Wenzeslaus steht. Das ist nicht dazu angetan, Eintracht am Hofe Frankreichs herzustellen. Eine deutsche Gesandtschaft kommt nach Paris, um die Herzöge von Berry und Burgund sowie den Herzog von Savoyen um Unterstützung zu bitten. Letzterer steht in Gegnerschaft zu Ludwig und wird von seinem Schwiegervater Johann Galeazzo Visconti unterstützt.

Isabeau begrüßt „mit großer Freude" den Anführer der Delegation, der niemand anderer ist als ihr Vater, Herzog Stephan. Er kommt am 3. September an und wird erst Ende Oktober, viel später als die anderen Mitglieder der Gesandtschaft, wieder abreisen – so glücklich ist er, seine Tochter wieder zu sehen und bei ihr zu leben, geblendet vom Luxus, der in Paris regiert. Isabeau ihrerseits möchte ihre Familie zufrieden stellen: Sie plant, ihren Vater mit Isabella von Lothringen, der Witwe von Enguerrand VI. von Coucy, der in Nikopolis gestorben ist, zu verheiraten. Aber aus dieser Hochzeit wird nichts. Was die Allianz mit dem Kaiser betrifft, so wird nichts beschlossen; Ludwig von Orléans hat sich ihr vehement widersetzt. Der kranke König hatte nicht entscheiden können. Einmal mehr setzt Ludwig seine Politik durch, ohne sich um die Ratschläge des Herzogs von Burgund zu kümmern. Er lässt sich neue Geldmittel zuweisen und erreicht, dass der Papst von Avignon unterstützt wird. Der in seinen Ländern festgehaltene Philipp von Burgund tut so, als würden ihn diese Diskussionen nicht betreffen. Aber er stellt eine Armee auf, die bereit ist, auf Paris zu marschieren. Am 26. Oktober, als er Verhandlungen aufnimmt, schreibt er dem Parlament von Paris: »Um Gottes wegen beratet und setzt Mühe darein, dass das Hab und Gut des Königs und der Domäne nicht so regiert werden, wie sie es derzeit sind, denn in Wahrheit ist es großes Leid und Schmerz zu hören, was ich darüber gehört habe.«

Im Oktober kommt Philipp mit seiner kleinen Armee, begleitet von seinen beiden Söhnen nach Paris. Er richtet sich im hôtel Artois ein. Der Herzog von Orléans seinerseits residiert im hôtel Tournelles. Er hat bretonische und normannische Soldaten um sich geschart. Isabeau ist matt – sie kommt am 27. Oktober nieder –, versucht aber trotzdem, ein Einvernehmen zwischen Onkel und Neffen herzustellen.

Man kommt zu einem Arrangement, und am 6. Januar 1402 verspricht der Herzog von Orléans in gutem Einvernehmen mit seinem Onkel zu leben. Wenig später unterwerfen sich die beiden Männer dem Schiedsspruch der Königin und schwören auf die Bibel, die Entscheidung anzunehmen, die die Prinzen, der König von Sizilien und Jerusalem und die Herzöge von Berry und Bourbon, der Kronfeldherr Ludwig von Sancerre, der Kanzler Arnaud von Gambia, der Patriarch von Alexandrien, der Graf von Tancarville, der Admiral Renaud von Trie fällen, die aufgerufen sind, die Königin zu unterstützen.

Philipp und Ludwig verpflichten sich, „künftig gute, vollständige, wahre und loyale Freunde gegeneinander zu sein, den König in Sachen seiner Person und seines Reiches zu beraten". Sie versprechen auch, sollte eine Meinungsverschiedenheit auftauchen, unverzüglich den König und vor allem die Königin und die Herzöge zu unterrichten, die dann eine Untersuchung anstellen, die Wahrheit ermitteln und das Verschulden der Parteien festlegen sollen.

Am 15. Januar 1402 wird im hôtel Nesles ein Diner abgehalten; Isabeau hat die Prinzen zusammengerufen. Im Anschluss daran lässt die Königin Briefe ausfertigen, um die frohe Botschaft der Versöhnung von Orléans und Burgund zu verkünden. Dieser Erfolg ist auf ihrer Habenseite zu buchen. Der Bürgerkrieg ist knapp vermieden worden. Warum konnte sie diese Rolle nicht weiterspielen?

Es gibt noch eine andere, wichtige Frage: die große Kirchenspaltung. Wird der König von Frankreich dem Papst in Avignon oder dem in Rom sein Vertrauen schenken? Diese Frage hat sich bereits mehrmals gestellt, so 1393: Damals hatte sich Karl für den Papst in Avignon entschieden. Er war von den Mitgliedern der Universität, der Mehrheit des Klerus und vom Herzog von Burgund unterstützt worden. Diesmal begnügt sich Karl damit, Boten nach Avignon zu schicken.

Im April lässt sich Ludwig zum „Oberaufseher der Steuern im Languedoc" ernennen. Er besteht darauf, dass der König eine neue Steuer erheben lässt: Das Volk murrt – umso mehr, als es erfährt, dass sich der Herzog von Burgund von dieser neuen Steuer hat überzeugen lassen; an wen soll man sich noch wenden?

Und just in diesem Augenblick fällt der König erneut in einen Zustand geistiger Umnachtung. Herzog Philipp ist zum Warten gezwungen. Bis der König wieder bei klarem Bewusstsein ist, dauert es bis Juni. Er bewegt den König, die Steuer wieder aufzuheben, und lässt sich nun seinerseits zum „Oberaufseher der Steuern im Languedoc" ernennen. Zugleich stärkt Karl durch eine Urkunde vom 1. Juni 1402 die seiner Ehefrau übertragenen Vollmachten. Einige Monate lang übt sie die volle Macht aus, aber sie wird ihr im Januar 1403, als ihre elfte Schwangerschaft ihr schwer zu schaffen macht, wieder entzogen.

Im September darauf kommt Isabeaus Bruder, Ludwig der Gebartete, erneut an den Hof. Er ist Abgesandter Roberts von Bayern: Er soll die Heirat eines seiner Söhne mit Michelle von Frankreich aushandeln und die von der Kirchenspaltung aufgeworfenen Fragen erneut zur Sprache bringen. Die Königin nutzt diese Gelegenheit, sich ihrer Lieblingsleidenschaft, Heiraten zu arrangieren, hinzugeben. Es gelingt ihr auch diesmal, und man feiert im hôtel Saint-Pol die Hochzeit von Ludwig dem Gebarteten, mit Anna von Bourbon[76], der Witwe von Johann von Montpensier, Sohn des Herzogs von Berry[77].

---

[76] Sie wird im April 1405 „bei der Arbeit Kinder zu gebären" sterben.

[77] Ihr Herz ruht heute im Münster von Ingolstadt, das von Ludwig dem Gebarteten erbaut wurde.

Sie setzt durch, dass dem Bräutigam eine Rente von 12.000 Francs überwiesen wird und wünscht überdies, ihn zum Kronfeldherren von Frankreich ernennen zu lassen. Dem widersetzt sich Ludwig von Orléans vehement und sorgt dafür, dass diese Aufgabe noch im Februar dem Herzog von Albret übertragen wird.

Ludwig von Orléans macht nun seinen Einfluss auf den König geltend. Er widersetzt sich der Macht des Herzogs von Burgund und Isabeaus und erwirkt 1403 eine königliche Ordonnanz, die die der Königin vor kurzem übertragene Macht begrenzt. Es wird entschieden, dass Isabeau im Streitfall nicht allein entscheiden kann, sondern sich der Mehrheit der im Rat vorgebrachten Stimmen beugen muss.

Bei der Gelegenheit bittet der König die Prinzen und Herzöge zu schwören, dass sie bei seinem Tod seinen Sohn Ludwig von Guyenne krönen lassen. Isabeau soll dann „Aufsicht, Unterhalt und Regierung des neuen Königs" zufallen. Sollte auch sie sterben, würde der Rat an ihre Stelle treten. Karl VI. ist von der Angst besessen, bei seinem Tod einen minderjährigen Thronfolger zu hinterlassen.

Wie in einem Theaterstück gehen die unterschiedlichen Parteien beim König ein und aus und versuchen, ihm Versprechen zu entreißen, sobald er wieder zur Vernunft gekommen zu sein scheint.

Der Streit um Macht und Einfluss wird heftiger: Ludwig von Orléans versucht, zu seinen Gunsten die Ordonnanz von 1393 bestätigen zu lassen, die vorsah, dass er im Falle eines Ablebens des Königs die Regentschaft ausübt. Karl unterzeichnet am 7. Mai einen Brief, der diese Ordonnanz bestätigt. Vier Tage später schon hat sie Philipp von Burgund durch einen vom 11. Mai datierten Brief annullieren lassen. Man wartet gespannt auf eine unverzügliche Parade von Ludwig – aber einige Zeit lang scheint sich dieser nicht mehr für die Pariser Politik zu interessieren.

Ein neuer Plan beschäftigt ihn. Er will im Nordosten Frankreichs einen unabhängigen Staat mit Luxemburg als Zentrum schaffen. Mehrmals hat er den Grafen von Mähren, Josse, angesprochen, dem Wenzeslaus bereits 1388 die Provinz Luxemburg versprochen hatte. Dieser hatte sich entschieden, die Regierung Philipp dem Kühnen zu übertragen, der sich keineswegs hatte bitten lassen.

Aber: Die Goldecus, die man an „Claus, Herold des Grafen von Mähren“ überwies, die Stücke „schwarzen Damaszeners“, die „gulldenen Spangen“, die dem einen oder anderen geschenkt wurden, und vor allem das Verhandlungsgeschick von Ludwig von Orléans verändern die Lage der Dinge drastisch. Zur allgemeinen Überraschung wird bekannt, dass er Josse seine Rechte über das Herzogtum abgekauft hat. Onkel Philipp ist wütend. Die Bayern fürchten, ihren Einfluss im Norden zu verlieren, und die Einwohner von Orléans beklagen sich, denn sie müssen durch eine neue Steuer die Zeche für die neue Provinz begleichen. Zum Glück stehen Ludwig die Kassen des Staates offen, aus denen er mit Zustimmung seines Bruders schöpft. Überdies erhält er das Heiratsversprechen seines Sohnes Karls mit Isabella von Frankreich.

Daran wird deutlich: Entgegen der oft gehörten Behauptung finden sich Isabeau und Ludwig häufig in gegnerischen Lagern. Jedes Mal, wenn zwischen Ludwig und Philipp ein Konflikt ausbricht, stellt sich die Königin auf die Seite des Onkels, denn vor allem anderen ist sie eine Wittelsbacherin.

Bei einer Gelegenheit jedoch hätte man sie für Verbündete halten können. Die Geschichte spielt im Jahr 1402, als Ludwig von Orléans den Orden der Rose gründet. Eine komplexe Geschichte, in der auf der einen Seite die Professoren der Universität Paris, auf der anderen Seite Christine von Pisan, die an der Unterstützung durch die Königin keinen Zweifel hegt, eine Rolle spielen. Der Orden wird am Sankt-Valentinstag, dem 14. Februar 1402, gegründet. Die Rose ist die Modeblume. Königin Isabeau hat gerade das hôtel Barbette an der Straße Vieille-du-Temple restaurieren lassen, das sie Johann von Montaigu abgekauft hat, und wohin sie sich gerne zurückzieht, um dem Protokoll des Hofes zu entkommen. Sie hat es mit Tapeten von Martin Didele großzügig in Gold und Seide ausschlagen lassen, und der Parfümeur Johann Poitevin hat in großen Mengen Damaszener Rosenwasser geliefert, mit dem die Räume parfümiert werden. Bei einem Diner wird man 4.000 frische Rosen an die Tapeten heften.

Um diese Verehrung der Blume zu verstehen, muss man die endlosen Streitereien kennen, die Christine von Pisan mit den Professoren über den „Roman der Rose“ austrägt. Dieser „Roman der Rose“ war ein ungeahnter Erfolg: 250 Manuskripte sind bis heute erhalten. Man weiß, dass er zwei Teile umfasst. Der erste, von Wilhelm von Lorris um 1240 zusammengestellt, ist eine Art „Summa“ des höfischen Lebens, „in dem die Art zu lieben ganz eingeschlossen“ ist. Wilhelm von Lorris berichtet darin von einem Traum, den er „im zwanzigsten Jahr seines Alters“ hatte, das hinreißende Gedicht eines Liebenden. Hinter hohen Mauern hört er Melodien, Gesänge, Tänze, betritt den Garten der Träume und sieht über Hecken hinweg bald die Rose, die künftig all seine Gedanken gefangen nimmt, all seine Liebe. Er versucht, sie zu erobern, überwindet nach und nach alle Hindernisse, nähert sich der begehrten Rose und dann – dann endet sein Traum. Vierzig Jahre später, um 1280 hat ein anderer dieses feinsinnige Gedicht von Wilhelm von Lorris aufgegriffen und vorgegeben, die Geschichte zu Ende zu schreiben. Ein ausuferndes Ende, da es nicht weniger als 18.000 Verse umfasst! Ein Magister der Universität von Paris, Johann von Meung, hat sich der höfischen Allegorie bemächtigt, um eine Folge von Vorlesungen zusammenzustellen und sie mit der Strenge einer Abfolge von Syllogismen zu entwickeln. Wo die Frau als ein Wesen dargestellt war, das begehrenswert, aufregend ist, die Wünsche des Liebenden anleitet, fügt Johann von Meung lange Absätze ein, die von der „Vernunft“ geprägt, vom Antifeminismus durchdrungen sind, wie es für einen Professor charakteristisch scheint, der vorgibt, das Monopol der Wissenschaft zu besitzen, und gleichzeitig die Fähigkeit dazu den Frauen abspricht. Dort, wo Wilhelm von Lorris Gefühle einfließen ließ, ist bei ihm nur von Abstraktionen die Rede – in endlosen Diskursen, die unter anderem eine Ausgeburt „männlicher Theorie“ hervorbringen, die er Genius nannte. Anders gesagt: Johann von Meung ist ein entschiedener Weiberfeind. Er widersetzt sich der höfischen Höflichkeit. Er verkörpert den Archetyp einer Universität, die die Frauen aufs Korn nimmt und ihnen die Ausübung der medizinischen Wissenschaft untersagt.

Christine von Pisan, die zugleich Dichterin und politischer Kopf ist, ist sich der Tendenz sehr wohl bewusst, für die Johann von Meung nur ein Beispiel unter vielen ist. Mit 25 Jahren Witwe mit drei Kindern geworden und seither unverheiratet geblieben, hatte sie sich mit den Mitgliedern des Parlaments heftig gestritten, die sich weigerten, ihr die Geldbeträge aus Schulden zu überweisen, die andere bei ihrem verstorbenen Ehemann aufgenommen hatten. So wurden ihr die Schwierigkeiten bewusst, mit denen künftig Frauen konfrontiert waren, sich den etablierten Mächten gegenüber durchzusetzen, handle es sich nun um Universitäten oder das Parlament. Sie hat sich in einem »*Brief an den Gott der Liebe*« an Ludwig von Orléans und an Königin Isabeau gewandt, sie beschworen, die alten höfischen Traditionen wieder aufleben zu lassen. Dies ist ihr teilweise gelungen: Indem er den Orden der Rose schuf, hat Ludwig von Orléans die Mitglieder des Adels aufgefordert, die Ehre der Frauen zu wahren[78]. Dies geschah, als ein neues Jahrhundert anhob, in dem eine radikale Veränderung der Mentalität einsetzte: das Aufkeimen einer Welt von Gewalttätigkeit, von der die Frauen als Erste betroffen sein würden. Geradezu zwangsweise fiel die Königin zuerst diesem radikalen Wandel zum Opfer[79].

---

[78] Ich verpflichte mich, sagte im Wesentlichen das Zeremoniell des Ordens, die Frau in allen Dingen zu respektieren, und deshalb nehme ich teil am Orden der Rose.

[79] Das „salische Recht“ taucht erstmals in den Diskussionen der Legisten und Pariser Professoren auf. Niemand anderer als Johann von Montreuil gilt als „Vater des Mythos des salischen Rechts“. Er gehört dem königlichen diplomatischen Dienst an, als 1389 erstmals das salische Recht ins Feld geführt wird. Johann von Montreuil hatte in einem Vertrag gegen die Engländer, den er 1411 ausarbeitete, einige Zeilen eingefügt, die einem Manuskript der Bibliothek der Abtei von Saint-Denis entstammten: „Frauen sollen kein Recht (des Erbes) im Königreich haben“, aber: sich auf die Handschrift beziehend, stellt er selbst fest, dass man daraus nur schließen kann,“dass kein Teil des Erbes einer Frau zukomme, sondern dass der gesamte Boden in männlicher Erbfolge vermacht wird.” Es ging nicht um das Königreich, sondern nur um Grundbesitz, der nach dem „salischem Recht“ des 6. Jahrhunderts nicht einer Frau vererbbar war. Das „salische Recht“ wird ins Feld geführt werden, um zu rechtfertigen, dass Eduard III. vom Throne von Frankreich ausgeschlossen wurde. Beiläufig entsteht aus diesem „salischen Recht” eine Art von Antifeminismus, dessen Mythos die Diskussionen und politische Propaganda künftig nähren wird, und dieser Antifeminismus wird die französisch-englischen Konflikte überdauern.

DRITTER TEIL

Die Doppelmonarchie 1403 - 1420

KAPITEL 1

Isabeau – eine einsame Frau

Karl von Ponthieu

Am 22. Februar 1403 um zwei Uhr morgens kommt die Königin mit einem Sohn nieder. Er ist ihr elftes und vorletztes Kind. Es wird Graf von Ponthieu, dann – nach dem Tod seiner älteren Geschwister – Thronfolger und unter dem Namen Karl VII. König von Frankreich werden. Die Legitimität seiner Geburt unterliegt keinem Zweifel, wie es G. Dufresne de Beaucourt bewiesen hat, den man als seinen ersten Geschichtsschreiber bezeichnen kann[80]. Dennoch kann man nicht leugnen, dass einige Zeitgenossen, mehrere Jahre nach der Geburt des Prinzen, zu einem Zeitpunkt, als die Volksmeinung sich gegen Isabeau gewandt hatte, sie durch die Behauptung anzuschwärzen versuchten, ihr Sohn sei ein Bastard.

Karl wird am 23. Februar getauft. Seine Paten sind Karl von Albret, der Kronfeldherr Frankreichs, und Karl von Luyrieux, Herr von Savoyen. Eine der Patinnen ist Johanna von Luxemburg, die „dauernd im Dienste der Königin“ steht.

Karls „Haus“ besteht aus seiner Amme, Johanna von Chamoisy, seiner „Wiegerin“ Ozanne Rillou, seiner Gouvernante Johanna von

[80] G. Dufresne de Beaucourt, *Charles VII,* Bd 1, S. 4: „Sein Vater nimmt an einem Turnier teil, das am 10. und 11. Mai zwei Tage dauert. Er erleidet am 14. Mai bis Anfang Juni einen Wahnsinnsanfall. Karl VI. hat einen neuen Anfall Mitte Juli. Isabeau lebt bis zum 14. Mai im hôtel Saint-Pol. Sie speist im Palast und schläft in Saint-Ouen, lebt ab dem 20. Mai und den ganzen Monat Juli in Saint-Pol. Die Königin hatte mithin mehr als 28 Tage unmittelbar mit dem König zusammengelebt im Augenblick ihrer Empfängnis.“

Mesnil, seiner Kammerfrau Margot von Sommerval und seinem Geistlichen Johann von Nantes.

Wie bei seinen Brüdern und Schwestern ist seine Wiege aus irischem Holz gefertigt worden, das für seine „atmenden Tugenden" berühmt ist. Der Schirm, der das Kleinkind vor Zugluft aus den Fenstern und vor Hitze aus dem Kamin schützt, ist neu mit dem Wappen Bayerns bemalt worden – was keineswegs ein Zeichen ist, dass die Königin ihren Sohn nicht als einen legitimen Abkömmling betrachtet! Die Königin betont damit nur ihre Verbindung zum Hause Bayern. Sie betont ihre Rolle als Mutter, ihren Stolz, der Krone einen neuen Erben geschenkt zu haben.

Die Ausstattung dieses elften Kindes wird sorgfältig vorgenommen; es fehlt keine Windel; die Kissen für seine Betten sind aus feinen Daunen; seine Mutter hat eine Harfe bauen lassen, um ihm aufzuspielen; es hat eine Rassel, an der es rütteln kann, wenn es „indisponiert" ist.

Nach dem Kindbett interessiert sich Isabeau von neuem für die politischen Probleme. Aber ihre Macht ist gering. Ludwig von Orléans hält die Zügel der Regierung fest in Händen. Er ist, wie Bertrand Schnerb bemerkt, politisch gereift: „Seine Vorhaben zeigen, dass er den Staat gewissermaßen erneuern will." Françoise Autrand fügt hinzu: „Einen Fortschritt des Staates, seine Autorität über die Untertanen und selbst über die Prinzen, Zentralisation in allen Bereichen", will er mit seiner vergleichsweise innovativen Konzeption erreichen.

Das Gleichgewicht wird bald, am 27. April 1404, durch den Tod Philipps des Kühnen gestört. Der Onkel des Königs stirbt in Hal bei Brüssel in Brabant. Er soll ein Opfer der Pest geworden sein[81]. Diese Epidemie tritt, nachdem sie Hunderte von Toten in Italien gefordert hat und im übrigen Europa 1348 umgeht, in verschiedenen Regionen endemisch auf.

---

[81] Man balsamiert den Körper ein, um ihn nach Dijon zu bringen. Dazu benützt man „sechs Pfund Aloe, sechs Pfund Muskatblüte, zwei Pfund Oloban, zwei Pfund Geigenharz, sechs Pfund Myrrhe, drei Pfund Zimt, vier Pfund Lorbeerblätter, ein Pfund Safran, zehn Pfund Fichtenharz und zwei Pfund Gewürznelken." D.L. Reutter de Rosement, *Histoire de la pharmacie à travers les âges,* Paris, 1931.

Die finanzielle Situation des Herzogs von Burgund ist so schlecht, dass seine Ehefrau es vorzieht, lieber auf seine Nachfolge zu verzichten als seine Schulden zu erben. Margarete von Burgund macht dies deutlich, indem sie ihre Schlüssel, ihren Gürtel und ihre Börse – die Symbole ihres Ranges als Hausherrin – auf den Sarg des Herzogs legt, was, wie der Mönch von Saint-Denis unterstreicht, »ein trauriger Vorgang ist, auf den, nie ohne Schande, selbst in ihrer Not, Frauen der ärmsten und untersten Schichten kaum zurückgreifen«.

Ihr Sohn Johann Ohnefurcht muss, ehe er den Platz seines Vaters im Rat des Königs einnehmen kann, versuchen, sein Erbteil wieder herzustellen. Das gelingt ihm nicht, zumindest nicht sofort. Auch er versteht es, sich aus dem Schatz des Königs zu bedienen. Dazu muss er die Mitglieder der königlichen Familie von diesem fern halten. In wenigen Jahren wendet er das Blatt, und es gelingt ihm, mehr Geld zu bekommen, als sein Vater dem König von Frankreich je entreißen konnte. Die Zuwendungen des Königs von Frankreich werden von Maurice Rey[82] erläutert: „Die Überlassung von Subsidien auf seine Ländereien, allgemeine Schenkungen und Pensionen, entsprechend jenen, die die anderen Prinzen oder Barone, die an den Grenzen wachten, erhielten und außerordentliche Zuwendungen." Johann Ohnefurcht wird sich selbst in den schwierigsten Zeiten seine Einnahmen zu sichern wissen.

Isabeau wird sich sehr rasch darüber klar, dass ihr der neue Herzog viel weniger verbunden ist als sein Vater Philipp von Burgund.

Johann Ohnefurcht, nach Christine von Pisan[83], „der Prinz aller Güte", wurde 1371 in Dijon geboren, hatte dann in Flandern gelebt und war als Flame von seinem Lehrer Baudouin von Nielles erzogen worden.

Er ist „stämmig, untersetzt, von faltiger Stirn, von großer Nase, hartem Auge", wie ihn Emmanuel Bourassin beschreibt – kurz: sehr unattraktiv. Man sagt jedoch, gerade seine Hässlichkeit habe seine Anziehungskraft ausgemacht!

---

[82] Maurice Rey, *Les Finances royales sous Charles VI,* a.a.O.

[83] *Livre des faits et mœurs du roi Charles V.*

Er hat einen sanften Charakter und liebenswerte Umgangsformen, ist – nach der Dichterin Christine von Pisan – „weise" und „gerecht". In der Tat ist er eine rätselhafte und irritierende Persönlichkeit. Seinen Beinamen „Ohnefurcht" hat sich Johann bei der Schlacht von Nikopolis erworben, auf einem Feldzug ins Heilige Land, der vom Marschall Boucicaut angeführt worden war und der sich als Debakel erwiesen hat. Johann ist der Mittelpunkt seiner Familie. Seine Brüder Anton, Graf von Rethel, später Herzog von Brabant, und Philipp, Graf von Nevers, leisten ihm blind Gefolgschaft und werden ihn in all seinen Unternehmungen unterstützen. Seine drei Schwestern Katharina, Margarete und Maria sind ihm vollends ergeben.

Für das Königreich Frankreich und die Königin Isabeau jedoch scheint mit dem Tod von Herzog Philipp eine Epoche beendet.

Christine von Pisan erkennt das und schreibt:

»Weine Berry, weine Herzog von Orléans; weint große und kleine Franzosen, weine Frankreich, denn so vieles ist verloren.«

Üble Nachrede und Verleumdung

Der Tod Philipps des Kühnen, des Herzogs von Burgund, ist in der Tat eine harte Prüfung für die Königin, denn sie verliert damit einen Mann, der sie treu unterstützt hat.

Isabeau ist jetzt 34 Jahre alt. Bislang hat sie trotz aller ihrer Probleme bei einem wohlwollenden Onkel Unterstützung gefunden, bei einem Prinzen, der die Erinnerung an den zu früh verstorbenen Karl V. respektiert hat und seinem mutmaßlichen Willen immer getreu gewesen war. Fortan ist die Königin nurmehr von jungen Adligen umgeben, die ihr Leben genießen wollen und deren Ehrgeiz darauf gerichtet ist, „Staatschef" zu werden, denn alle sind mit mächtigen Apanagen ausgestattet. Ihr Ehemann ist nur noch ein Schatten seiner selbst. Seine Wahnsinnsanfälle häufen sich. Ein übles Los für Isabeau. Sie ist einsam. Ist sie aus dem Holz geschnitzt, um sich als Königin zu behaupten? Vorbild hätten ihr eineinhalb Jahrhunderte zuvor Blanche von Kastilien oder Margarete von Provence sein können. Die Erste, Witwe mit 36 Jahren, hatte es verstanden, über Frankreich zu herrschen und dem Machtstreben der Lehensherren entgegenzutreten. Margarete ihrerseits hatte nach dem Ableben ihres Gemahles, des Heiligen Ludwig, ihre Autorität durchgesetzt – bis zu dem Zeitpunkt, da ihr Sohn Philipp aus dem Heiligen Land zurückgekehrt war, um die Macht zu ergreifen. Die eine wie die andere hatten Entschlossenheit, Hartnäckigkeit – mit anderen Worten politisches Gespür – entwickelt, das Isabeau zu fehlen scheint. Unhöflichkeiten und verleumderische Gerüchte waren weder der einen noch der anderen fremd, aber sie hatten sich ihnen entgegengestellt.

Isabeau wird zumindest versuchen, die Stirn zu bieten und sich der Rivalität der Prinzen entgegenzustellen. Sehr rasch prallen die zwei Cousins Orléans und Burgund aufeinander. Isabeau hatte im Dezember 1401 und im Juni 1402 diplomatisches Geschick bewiesen, als sie eingegriffen und ein Gleichgewicht zwischen den Fraktionen hergestellt hatte. Dies ist der Grund, warum sie am 1. Juli 1402 unumschränkte Vollmacht – einschließlich der Generaldirektion der Finanzen – erhalten hatte. Ihre elfte Schwangerschaft 1403 hindert sie, das Königreich weiterhin zu regieren. Die Königin empfindet offensichtlich keinerlei Sympathie für Johann Ohnefurcht, dessen Ehrgeiz unermesslich ist. Es ist anzunehmen, dass er sich, angesichts eines Rivalen, den er um sein Aussehen und seine Erfolge bei Frauen heimlich beneidet, einer List bedient.

Die erste „offizielle“ Begegnung der zwei Cousins, beide Mitglied des Kronrats, findet am 31. August 1404 anlässlich der Heirat des Thronerben Ludwig von Guyenne mit der Tochter von Johann Ohnefurcht, Margarete von Burgund, statt. Johann und Ludwig begegnen sich höflich, tauschen Schwüre und Geschenke aus.

Die zwei Männer haben in der Folge vielfach Gelegenheit, sich im Kronrat zu begegnen, wo Johann Ohnefurcht es nie unterlässt, die Pläne von Ludwig von Orléans zu konterkarieren. Er gibt sich den Anschein eines Verteidigers des einfachen Volkes und ergreift mehrmals die Initiative, dass Steuern gesenkt und die städtischen Freiheiten gestärkt werden. Er täuscht Staunen über den Mangel an Takt vor, den die Steuereinnehmer an den Tag legen, und missbilligt lauthals ihre Gewalttätigkeit. Solche Stellungnahmen von Johann Ohnefurcht werden rasch unter das Volk von Paris gebracht. In einer

Zeit, da der Wahnsinn des Königs Anlass zu allgemeiner Beunruhigung ist, verbreiten sich Gerüchte rasch und werden zum Vorwand für die phantastischsten Spekulationen.

Auch der Herzog von Burgund profitiert vom Wahnsinn des Königs und stellt sich als Retter dar. So nutzt er eines Tages einen besonders entsetzlichen Anfall von Karl VI. und lässt ihn neben sich auf den Balkon seines Palastes treten. Er präsentiert ihn dem Volk, wendet sich an die Menge, zeigt ihr ihren viel geliebten König, in Lumpen gekleidet, abgezehrt, ungekämmt, schmutzig und jammernd: „Ich habe nichts mehr.“[84] Das Volk erträgt die Vorstellung nicht, dass man seinen König in solchem Zustand leben lassen kann. Und man sucht in katastrophalen Situationen immer nach Sündenböcken. Ist die Krankheit des Königs eine Bestrafung des Himmels? Daraus würde folgen, dass Reformen nötig sind, die den Zorn des Himmels besänftigen[85].

Johann Ohnefurcht nennt als Schuldige seinen Cousin und die Königin. Der Mönch von Saint-Denis vermerkt: »Um das Volk durch solche Irrtümer gegen sie aufzubringen, ließ er durch cayments[86] und in allen Tavernen falsche Behauptung über die Königin und den Herzog von Orléans verbreiten.« Der Herzog von Burgund versteht es, sich mit Verbündeten zu umgeben, um die öffentliche Meinung auf seine Seite zu ziehen. Er zahlt renommierten Hochschullehrern, die gut reden und verleumden können, Pensionen, wie beispielsweise Johann Petit, Peter Cauchon oder Johann Gerson. Letzterer wird sich allerding sehr schnell davon distanzieren.

---

[84] Was falsch ist. Zitieren wir zwei Beispiele. 1398 werden elf Wamse gekauft, 1404 neunzehn. An seinem Bett halten sich dauernd zwei „Physiker“ und ein Arzt auf. Die Ausgaben seines Hauses belaufen sich auf 6.769 Pfund pro Monat im Jahr 1398 und auf 9.939 Pfund pro Monat im Jahre 1404.

[85] „Und lief im Volk das Gerede um, sagten, dass die Krankheit des Königs eine göttliche Bestrafung sei, für die großen Geldeintreibungen, die man beim Volke vornahm, ohne davon etwas zugunsten der öffentlichen Sache zu unternehmen.“ „Die Regierung, so sagte man, war also sehr klein ... und so sagte man öffentlich viele Dinge, die sehr schmutzig und unehrenhaft waren.“ Johann Juvénal des Ursins, *Histoire de Charles VI, roi de France*, a.a.O., S. 130 und 165.

[86] Cayments: Lügner, übelwollende Spitzbuben.

Schon zirkulieren Pamphlete, die heftig gegen Missstände in der Umgebung des unglücklichen Karl VI. angehen und den Luxus der Steuereintreiber und Kämmerer aufs Korn nehmen. Manchen von ihnen, wie Johann von Montaigu, „Generalkämmerer in Sachen Ausgaben des Palastes", prophezeit man ein Ende, wie es Enguerrand von Marigny, der Kämmerer Philipps des Schönen, erlitten hat. Beim Tod des Königs war er zur Strafe für seine Betrügereien kurzerhand aufgehängt worden.

Solche Anschuldigungen werden vom Volk gern gehört, vor allem als Ludwig von Orléans eine neue Steuer einführt: Unverzüglich schwärmen die Männer von Burgund aus, um die Bevölkerung zum Protest anzustacheln[87].

Sagt man nicht auch, dass sechs mit Goldsäcken beladene Pferde die Stadt Metz auf dem Weg nach Bayern gequert haben? Es war nur noch ein kleiner Schritt zur Beschuldigung, Isabeau plündere das gute Volk von Frankreich aus, um in ihrer Heimat einen Schatz zu horten.

Es hat sicher Geldtransporte gegeben. Nach R. Famiglietti handelt es sich um „57.000 Francs, die die Königin ihrem Bruder als Zahlung für fünf Besitzungen in Bayern schuldete".

Es könnte sich auch, folgt man dem deutschen Historiker Straub, um einen „Teil der Rückerstattung der Schulden von Karl VI. bei seinem Schwager handeln, die dieser seit der Hochzeit bei ihm hatte".

Wie auch immer, Isabeau wird beschuldigt, ihren Bruder im Übermaß zu verhätscheln, und das toleriert das Volk immer weniger. Es erfährt, dass Karl VI. anlässlich der Heirat Ludwigs des Gebarteten mit Anna von Bourbon-Montpensier 1402, 100.000 Francs zur Mit-

---

[87] „Bislang und vorher gab es zwischen den zwei genannten Prinzen von Orléans und von Burgund keine Verleumdung und Eifersüchtelei, wo auch immer sie auftraten, zeigten der eine für den anderen, wenn es keine große Liebe gab, so zum Teil doch die Beziehungen, die ihre Leute jeweils ihrem Meister und Herrn gegenüber hatten ... Fortan wurde in Paris eine große Steuer für das ganze Volk des Königreichs von Frankreich eingeführt, auf Veranlassung des Königs und seines großen Rates. Diese Steuer einzuführen, wollte der genannte Herzog von Burgund nicht zustimmen, weshalb er groß geliebt und allgemein vom ganzen Volke gelobt wurde." E. von Monstrelet, *Chroniques*.

gift beigesteuert hat. Da die Kassen des Königreichs nicht ausreichend Goldecus beinhaltet hatten, hatte der König die Zahlung in Juwelen angeordnet. Auf Bitten des Kämmerers hat sie Isabeau selbst ausgewählt. Sie hat eine Summe von 25.000 Francs aus ihrer eigenen Börse hinzugefügt. So kam das berühmte Kleinod der Goldschmiedekunst, das heute den Namen „Goldenes Rößl von Altötting" trägt – ein Meisterwerk der Emaillekunst, die damals ihren Höhepunkt erreicht hat – nach Bayern. Dieses wertvolle Stück war Karl von seiner Ehefrau als Geschenk zum Neujahr 1404 überreicht worden. Ein anderes Meisterwerk, das die Jungfrau Maria mit ihrem Sohn darstellt, vor der der König und die Königin von Frankreich knien, verlässt ebenfalls die königliche Schatzkammer. Ludwig der Gebartete wird in Ingolstadt ein Münster bauen lassen, das 1439 mit dem Namen „Zur Schönen Unserer Lieben Frau" geweiht wird und dieses wunderbare Goldschmiedewerk aufnimmt.

Die Anschuldigungen gegen die Königin, ihre nahe Umgebung und ihre Ausgaben, die extensiv erscheinen, werden von Tag zu Tag heftiger. Vor allem wirft man ihr vor, sie vernachlässige ihren Mann.

Der Mönch Jakob Legrand in Saint-Pol

Am Himmelfahrtstag 1405 verschafft sich der Mönch Jakob Legrand Eintritt bei der Königin und dringt in ihr Schlafzimmer vor. Ohne weitere Vorrede spricht er Isabeau an:

»Ich möchte, edle Königin, nichts sagen, was Euch missfällt, aber Euer Heil ist mir teuerer als euer Wohlwollen. Ich werde Euch daher die Wahrheit sagen, was auch immer Eure Gefühle mir gegenüber sein müssen. Dame Venus regiert allein an Eurem Hof. Trunksucht und Ausschweifung bilden ihr Gefolge und machen die Nacht inmitten der unzüchtigsten Tänze zum Tage; diese verfluchten und höllischen Begleiter, die ohne Unterlass euren Hof belagern, korrumpieren die Sitten und erregen die Herzen. Überall, edle Dame, spricht man von dieser Unordnung und über vieles andere. Wenn Ihr mir darin nicht glauben wollt, so eilt verkleidet als arme Frau durch die Stadt und ihr werdet sehen, was jedermann sagt.«

Dann wiederholt der keineswegs eingeschüchterte Mönch, Auge in Auge dem König gegenüberstehend, seine Vorwürfe gegen die Königin, und – ohne ihn beim Namen zu nennen – klagt er den Herzog von Orléans an. Letzterer habe in seiner Jugend Tugend gezeigt, jetzt aber, so stellt Jakob Legrand fest, hat er sich durch seine Ausschweifungen und Begierden den Zorn des Volkes zugezogen!

Der König stimmt zu und verspricht, diesen Exzessen ein Ende zu machen, aber seine Krankheit befällt ihn wieder, und er stürzt in tiefe Umnachtung.

Die Ansichten über Jakob Legrand sind geteilt. Einige halten ihn für einen großen Prediger. „Große Aufregung gab es in Paris, sagt Gilbert von Metz, als Meister Eustache von Pavilly, Meister Johann Jarçon, Jakob Le Grant so exzellente Predigten gehalten." Anderen scheint er sehr wankelmütig. Er hatte Ludwig von Orléans eines seiner Werke, *»L'Archilogie de Sophie«*, gewidmet. Da der Herzog es versäumt hatte, ihm dafür zu danken, hatte er sich Johann Ohnefurcht zugewandt, der ihn jedenfalls nicht nach seinem „gerechten Wert" entlohnt hatte. Der Mönch wendete sich schließlich Bernhard von Armagnac zu.

Aber es ist die unglückliche Isabeau, die seine erniedrigenden Anschuldigungen erleiden muss, denn sie hat keinen Verteidiger mehr. Der König kann nichts mehr für sie tun. Er ist weder für noch gegen sie. Lächelnd hört er an, was sie ihm sagt, trifft aber keine Entscheidungen.

Sicher, Isabeaus Umgebung verdient die heftige Kritik. Man muss aber die Anschuldigungen des Mönches auch wieder relativieren: Sie fallen in eine Zeit, da die „Absenzen" des Königs dazu führen, dass jeder nach seinem Wohldünken handelt. Darf man im Übrigen vergessen, dass der König dauernd seine Maitresse um sich hat? Das Königreich ist wie ein Schiff ohne Steuermann, das von den Winden getrieben wird.

Mit der Zeit werden andere Verleumdungen gegen Isabeau selbst ausgesprochen. In perfider Weise versucht man, ihr Ansehen nicht nur beim König, sondern auch bei ihren Kindern anzuschwärzen.

1405 heiratet Johanna, die im Alter von sechs Jahren mit dem Herzog der Bretagne, Johann von Montfort, verlobt worden war. Nun wird Johannas Ankunft in der Bretagne mit einem Heiratsgut, das auf mehr als 50.000 Francs geschätzt wird, große Aufregung verursachen. Die Bretonen werden in dieser Zurschaustellung von Überfluss ein Täuschungsmanöver sehen, das einen Ausgleich dafür schaffen soll, dass die versprochene Mitgift nicht bezahlt wurde. Die Königin von Frankreich muss sich verteidigen. Sie wird erklären, dass diese Geschenke das „Unterpfand der Liebe einer Mutter für ihre zärtlich geliebte Tochter“ darstellen. Sie muss versprechen, dass die Mitgift tatsächlich bezahlt werden wird.

Im gleichen Jahr erzählt man sich, der Thronfolger habe sich bei seinem königlichen Vater beschwert, er hätte nichts, um sich zu kleiden!

Überliefert ist auch, Karl VI. hätte seinen Sohn gefragt, wann ihn seine Mutter das letzte Mal geküsst habe, und die Antwort von Ludwig von Guyenne habe gelautet: „Drei Monate“. Die Antwort sei von einer Amme bestätigt worden, die einige Zeit später wegen Diebstahls entlassen wurde.

Man behauptet auch, dass die Königskinder schlecht ernährt würden. Blättert man aber in den Konten des Palastes, findet man genaue Aufzeichnungen über ihre „so genannte Bedürftigkeit“.

Warum kauft Johann von Denze einen „Rost“, um Äpfel für Monseigneur von Guyenne und die Kinder von Frankreich zu rösten, wenn sie nichts zu essen haben?

Warum werden zwei Paar Säcke gekauft, um das Brot von der Bäckerei bis zum Palast der Königin und von Monseigneur von Guyenne zu tragen? Warum kauft man bei Robert Le Cine, dem Oberbrotmacher der Königin, einige „Waffeleisen“ für die Nachspeisen des Herzogs von Guyenne? Warum kauft man eine Truhe, um die Kuchen darin aufzubewahren? Warum hat man soviel Geschirr für hungernde Kinder erworben: vier Dutzend neue Näpfe und ein Dutzend Teller von Michel Le Breton. Wieder drei Dutzend Teller und überdies vier Dutzend Näpfe.

Die Rechnungsbücher erwähnen auch Kleider, die für die Kinder von Frankreich gekauft wurden, wie purpurnen Stoff aus Brüssel, um daraus eine Robe, einen Mantel, einen einfachen Umhang, einen Überhang und drei mit Pelz gefütterte Hauben für Ludwig und Johann zu machen.

Für die Mädchen werden Stiefel, Pelze und Schuhe in großer Menge geliefert[88].

Mehrere Male im Jahr werden die Kinder von Scheitel bis Sohle neu eingekleidet. Sie sind also keineswegs in Lumpen gekleidet, ebenso wenig wie ihr Vater!

Die Angriffe auf die Königin beziehen sich nie auf ihr Leben als Frau. Niemals wird sie des Ehebruchs beschuldigt. Der giftige Jakob Legrand macht keinen Vorwurf, der sich auf ihr Privatleben bezöge. Auch der Mönch von Saint-Denis ist in diesem Punkt sehr deutlich. Er warnt die Königin vor Problemen, die in ihrer Umgebung aufgetaucht sind. Er fügt hinzu, dass er weder ihre Art sich zu kleiden und neue Moden zu kreieren noch ihre Ausgaben, die an Verschwendung heranreichen, liebt, aber nie bringt er die geringste Attacke auf ihr Privatleben vor. Der Mönch von Saint-Denis ist der Königin gegenüber immer sehr respektvoll; er bezeichnet sie als »verehrenswert«. Bei mehreren Gelegenheiten erkennt er an, dass sie eine gute Ehefrau und gute Mutter sei. Und dabei ist der Mönch dafür bekannt, dass er sehr streng ist und sich in seinem Urteil nicht zurückhält.

Selbst der bitterste Text über die Königin und Ludwig von Orléans, *»Der wahrhaftige Traum«*, 1406 von einem Kenner des Hofes verfasst, enthält keinerlei Anspielungen auf eine Intimität, die es zwischen den beiden gegeben haben könnte. Dabei liebt der Dichter Isabeau ganz offensichtlich nicht: Mit den Worten: „Ihr Königin

---

[88] Verweisen wir auf die Studie von Y. Grandeau über das Leben der Kinder von Frankreich: *Bulletin philologique et historique du Comité des travaux historiques et scientifiques,* Paris, B.N. 1967: „Die Kinder von Karl VI. – ein Versuch über das private Leben der Prinzen und Prinzessinen des Hauses Frankreich am Ende des Mittelalters.“

Isabeau eingewickelt in hässliche Haut[89]", spielt er darauf an, dass die Königin brünett ist, obwohl in jener Zeit blonde Frauen mit heller Haut bevorzugt wurden.

Der Pamphletschreiber geht sehr kritisch mit der Königin um, die „ihrem Vater, ihrem Land oder ihrem Bruder große Geldbeträge und zahlreiche Geschenke schickt". Er beschuldigt die Königin auch, ihren Günstlingen gegenüber sehr freigiebig zu sein und sich allzu luxuriös zu kleiden, während es dem niedrigen Volk am Notwendigen mangele. Der Verfasser des „Wahrhaftigen Traumes" stellt auch die Herzöge von Orléans und Berry sowie Johann von Montaigu an den Pranger; er beschuldigt sie, Steuern zu ihren Gunsten zu verwenden und den König und das Königreich auszuplündern.

Er wirft ihnen auch ihr unmoralisches Verhalten vor, behauptet, dass Ludwig von Orléans ständig Bordelle besuche und Johann von Berry sich öffentlich mit einem Lustknaben zeige, der von sehr schlechter Abstammung sei, da es sich um einen Straßenpflasterer handle.

Sicher kann man Isabeau ihren Mangel an Energie und die Vergnügungssucht vorwerfen, mit der sie inmitten von begierigen Höflingen brilliert: Das sind Tatsachen, die ihre Persönlichkeit wenig sympathisch erscheinen lassen. Aber die schweren Anschuldigungen, die über die Königin hereinbrechen, erweisen sich als falsch.

---

[89] *Vous reine nommée Isabeau enveloppée en laide peau.*

Christine von Pisan findet nie ein böses Wort gegen die Königin, die sie vielmehr mit Respekt lobt:

Hohe, mächtige, viel gelobte Prinzessin,
von allen schön und gut wacker genannt,
voll guten Sinns, Ehre und Adels.[90]

Tatsache bleibt, dass die Entourage der Königin sich nicht gerade vorbildhaft verhält und dass die Missbilligung auf eine Königin zurückfällt, die man beschuldigt, Frankreich zu entehren, Geld zu verschwenden, in Luxus zu leben und sich nicht um ihre Kinder zu kümmern ...

Wie aber ist zu erklären, dass sich dieses so negative Bild Isabeaus bis heute erhalten hat? Dazu meint der Historiker Auguste Jal: „Man versteht, dass der parteiliche Geist und die Leidenschaften der damaligen Zeit dazu angetan waren, solch absurde Fabelgeschichten zu erfinden; die Interessen der Gruppen, die sich um die Macht stritten, erklären die in den Straßen verbreiteten Verleumdungen, die von der Zuneigung der Bürger für diesen gutmütigen und freundlichen Monarchen verstärkt wurden ... Dass man aber 400 Jahre später diese Gerüchte, diese Ammenmärchen weiter verbreitet, ist unverständlich."

Und doch ...

---

[90] „Balladen" von Christine von Pisan:

Hohe, mächtige, viel gelobte Prinzessin,
von allen schön und gut wacker genannt,
voll guten Sinns, Ehre und Adels.
Und an vielen Orten hochverehrt und geliebt,
und perfekt am Körper, wie an der Seele,
man könnte euren großen Ruf nicht genügend loben,
meine hochverehrte Dame ...

„Haulte, poissant, très louée princece,
Bonne et belle, vaillant de tous nommée
Pleine de sens, d'onneur et de noblece,
Et en maints lieux redoubtée et amée,
Et parfaite toute de corps et d'ame,
On ne pourrait vostre grant renommée
Assez louer, ma redoubtée dame ..."

Die Entführung des Thronfolgers

Die Stimmung wird hitziger und die Rivalität zwischen dem Herzog von Orléans und dem Herzog von Burgund, Johann Ohnefurcht, wird deutlicher. Mehr und mehr erscheinen die beiden Vettern als Rivalen, von denen jeder dem anderen die Macht streitig macht. Michelet hat die Situation richtig analysiert: „Der Herzog von Burgund organisiert ein weit gefächertes System unterschwelliger Angriffe, die den Herzog von Orléans als den alleinigen Urheber dieser Steuern darstellt, unter deren Last das Volk ächzt; er liefert ihn dem öffentlichen Hass aus, bereitet geduldig und langsam durch Verleumdung dessen Ermordung vor."

Ein erstes Alarmzeichen zeigt sich im Juli 1405. Der Herzog von Burgund hat sich auf seine Ländereien im Artois zurückgezogen; es kursiert das Gerücht, dass er dort einen Anschlag vorbereitet.

In Paris hört man rasch davon: Johann Ohnefurcht wird bald vor den Toren der Hauptstadt stehen. Man fügt hinzu, dass er nicht allein komme, dass er seine Stadt Arras mit 1.700 bewaffneten Männern verlassen habe. Man sagt auch, sein Bruder werde mit 1.000 weiteren Kämpfern zu ihm stoßen. Panik herrscht am Hofe. Die Umgebung von König und Königin stellt Vermutungen an. Was will der Burgunder erreichen? Warum lässt er sich von seinen Truppen eskortieren, um sich zu einer Begegnung mit Karl VI. zu begeben, der einige Reformen einleiten möchte? Will er sich etwa an der königlichen Familie vergreifen? Wird er versuchen, sich des Thronfolgers – des mit seiner Tochter Margarete verheirateten Dauphin – zu bemächtigen, um seinen Ehrgeiz zu befriedigen und in dessen Namen die Macht zu ergreifen?

Ludwig von Orléans bekommt es mit der Angst zu tun und zieht Isabeau und die königlichen Kinder mit ins Verderben. Am 17. August 1405 verlassen Ludwig und Isabeau unter dem Vorwand einer in der Nähe von Melun veranstalteten Jagd plötzlich Paris, müssen aber den mit hohen Fieber daniederliegenden Thronfolger zurücklassen. Es ist vereinbart, dass Ludwig von Bayern, der Herzog von Bar und Johann von Montaigu so rasch wie möglich mit den Kindern nachkommen.

Am nächsten Morgen, dem 18. August, müssen sie aber fliehen, denn der Herzog von Burgund nähert sich der Hauptstadt. Gegen den Rat der Ärzte befiehlt der Graf von Dammartin, Ludwig von Guyenne aufzuwecken und anzukleiden. Und bald fährt eine kleine Gruppe mit dem Schiff die Seine nach Vitry hinunter. Dort zwingt sie ein schweres Gewitter Halt zu machen und sich auszuruhen.

Diese wenige Stunden genügen Johann Ohnefurcht, der sich der Hauptstadt genähert hat, zu erkennen, dass der Thronfolger verschwunden ist. Unverzüglich reitet er nach Juvisy. Dort schneidet er mit seiner Eskorte dem Prinzen den Weg ab. Er verhaftet ihn. Um aber den Schein zu wahren, fragt er seinen königlichen Schwiegersohn offiziell, ob er es nicht vorziehe, mit ihm nach Paris zurückzukehren. Das fiebernde Kind stimmt zum großen Missvergnügen seines mütterlichen Onkels zu.

Der Herzog von Burgund handelt widerrechtlich, denn der minderjährige junge Mann steht unter der Vormundschaft seiner Mutter, aber er stellt sich in der Öffentlichkeit als Retter dar, vom König gerufen, um zu herrschen. Wenn er sich beeilt so zu handeln, dann deshalb, weil er fürchtet, dass der König die Heirat seiner Tochter Michelle mit Philipp von Burgund, seinem Sohn, aufschieben könnte. Er agiert überdies sehr geschickt, denn er ergreift nicht die Macht und vertraut die Sorge um den Thronfolger dem Herzog von Berry an. Er rechtfertigt sein Handeln durch Schreiben an das Parlament, den Rechnungshof und die Universität von Paris. Dann wendet er sich an den König und macht sich stark, beweisen zu können, „dass man Euch und Eurem Königreich Schaden antut“.

Johann Ohnefurcht und seine Brüder untermauern ihre Plädoyers durch verschiedene Behauptungen. Sie versichern, dass es dem König an Kleidung, an Juwelen mangle. Sie behaupten, dass er von seinen skrupellosen Dienern im Elend gehalten werde. Sie schreiben, dass das Volk von den Gerichtsbeamten unterdrückt werde, und versichern ihre Bereitschaft, den Staat zu reformieren, verweisen schließlich auf die Möglichkeit einer Wiederaufnahme der Feindseligkeiten mit England! Zu dieser Zeit wählt der Herzog von Orléans als Emblem einen Knotenstock und als Devise eine Herausforderung: „Ich trete ihm entgegen.“ Eine Herausforderung, die der Herzog von

Burgund sofort aufnimmt: Sein Motto lautet von nun an *„Ich houd"* was bedeutet: „Ich halte Stand". Als Emblem wählt er einen Hobel.

Zum großen Unwillen des Herzogs von Burgund aber kommt es nicht zu einem Volksaufstand zu seinen Gunsten. Unverzüglich entscheidet sich die Königin, die es zunächst für klüger gehalten hatte, bis zum Ende des Monats September in Melun zu bleiben, sich Paris wieder zu nähern: Sie richtet sich in Corbeil ein. In der Hauptstadt lässt Johann Ohnefurcht das Gerücht verbreiten, dass Orléans sich den Thronschatz angeeignet, ihn in Melun versteckt habe und dass dessen Männer versucht hätten, sich des Königs zu bemächtigen. Der Herzog von Burgund bemüht sich um die Hilfe der Universität und des gemeinen Volkes. Paris bewaffnet sich, die Stadt ist bereit, sich zu verteidigen.

Schließlich, am 21. Oktober, kehrt Isabeau, umgeben von den Herzögen von Berry, von Orléans und von Burgund sowie den Prinzen von Sizilien und Navarra „mit großem Prunk und vielen mit Goldbrokat bedeckten Sänften und Wägen" nach Paris zurück. Im hotel Saint-Pol erneuern die Prinzen feierlich ihre Schwüre, begeben sich dann nach Notre-Dame, um Gott für die Wiederherstellung der Eintracht zwischen Johann und Ludwig zu danken. Die Herzöge unterhalten sich, dinieren und begeben sich gemeinsam zur Ruhe, um so allen ihr Einverständnis deutlich zu machen. Aber, so schreibt Monstrelet: „Jener, der die Gedanken und die Herzen kennt, weiß genau, was es damit auf sich hat."

Der Machtgewinn von Johann Ohnefurcht beunruhigt den Herzog von Berry. Er schließt am 1. Dezember 1405 ein Bündnis mit Isabeau und Ludwig von Orléans. Sie versuchen erfolglos, den König vom Herzog von Burgund zu trennen.

Am 27. Januar 1406 gibt es eine neue Überraschung. Johann Ohnefurcht erhält vom König die Genehmigung, alle Ämtern, die einst sein Vater Philipp der Kühne ausgeübt hatte, zu übernehmen. Es geht dabei um einen wichtigen Regierungsakt, denn im Falle des Ablebens des Königs hätte nun die Königin nicht mehr die Vormundschaft über ihren Sohn Ludwig von Guyenne. Das bedeutet, dass die Macht

Johann, dem Schwiegervater des Thronfolgers, zufiele. Überdies wird an seiner Seite der Herzog von Berry ernannt.

Der Herzog von Orléans ist zu dieser Zeit nicht in Paris. Als er in die Hauptstadt zurückkehrt, lädt ihn Johann Ohnefurcht zum Essen ein, schmeichelt ihm und lässt ihm vom König das Patent als Generalleutnant von Guyenne überreichen. Er selbst erhält die gleiche Funktion in der Picardie. Auf diese Weise kann er die Armeen des Königs in der Nähe seiner persönlichen Territorien kontrollieren! Man kann nach diesem ersten Manöver von einem „Scheinfrieden" sprechen.

»Denn ich habe die Schönste auserwählt – so haben es mir meine Augen berichtet.« KARL VON ORLÉANS

Am 29. Juni 1406 begibt sich der Hof nach Compiègne zu einer Doppelhochzeit: Isabella, die ehemalige Königin von England, ehelicht ihren Cousin Karl von Orléans (den ältesten Sohn von Ludwig), und Johann von Touraine (der zweite Sohn von Karl VI. und Isabeau) heiratet Jacqueline von Bayern, Tochter des Grafen von Bayern-Hennegau und Margarete von Burgund.

Karl von Orléans war 1394 im hôtel Saint-Pol zur Welt gekommen, wo er mit seinen Vettern erzogen wurde. Der König, sein Onkel, hat ihn über das Taufbecken gehalten.

Isabella bringt ihm eine Mitgift von 300.000 Francs ein, von denen 200.000 ihr Heiratsgut darstellen.

Die beiden Kinder sind Cousins ersten Grades, aber Papst Benedikt XIII. erteilt aus Avignon rasch Dispens, damit die Hochzeit trotz des kirchenrechtlichen Verbotes stattfinden kann. Er kann auch gar nicht anders. Er darf nicht vergessen, dass Ludwig von Orléans ihn in seiner Rivalität gegen den Papst in Rom unterstützt!

Natürlich wird die Heirat prunkvoll gefeiert. Die Gräfin von Hennegau kommt in einer prachtvollen Equipage an, die an „Prunk jene der Könige übertrifft". Einmal mehr ist man über den von Ludwig von Orléans entfalteten Luxus erstaunt: Er trägt einen Mantel aus purpurnem Samt, auf den der Sticker Johann von Clarcy 714 Perlen genäht hat; sein Wams aus schwarzem Damaszenersamt ist mit 87 Perlen bestickt. Um seine Kleider zu bezahlen, hatte man zwei Humpen, eine Wasserkanne und Heiligenstatuen eingeschmolzen!

Die zwei feindlichen Herzöge tauschen Liebenswürdigkeiten aus. Johann Ohnefurcht, der seinem Cousin einige Tage zuvor ein Schmuckstück mit seinem Emblem, dem Hobel, und seiner Devise „ich houd" überreicht hatte, akzeptiert an diesem Tag den „Knollenstock", den Ludwig zu seinem Emblem gemacht hatte. Aber schon am nächsten Tag nimmt der Hobel wieder seinen Platz ein und tritt in Aktion.

Der ganze Prunk täuscht nicht darüber hinweg, dass der Tag für Isabella, die in ihrer gestickten Robe bitterlich weint, dramatisch ist. Sie ist sechzehneinhalb Jahre alt, und ihr neuer Ehemann, erscheint ihr – mit noch nicht einmal zwölf Jahren – sehr jung. Das Mädchen kann König Richard nicht vergessen, ihren schönen Ehegatten, der sie mehr als vierzigmal umarmt hatte, ehe er in den Krieg gegen Irland zog. Vor allem aber trauert sie ihrem Titel und ihrem Rang als Königin von England nach.

Als die Gäste von ihren königlichen Gastgebern Abschied nehmen, gibt es eine Meinungsverschiedenheit. Der Graf von Hennegau will seinen Schwiegersohn Johann von Touraine mit sich in seine Staaten nehmen, damit er Flämisch lernen und das Volk kennen lernen kann, das er eines Tages regieren wird.

Isabeau weigert sich hartnäckig, ihren Sohn ziehen zu lassen. Sie führt ins Feld, dass er erst acht Jahre alt ist und bei ihr bleiben muss. Die Diskussion wird heftig, aber die Königin von Frankreich muss sich der Staatsraison beugen. Schweren Herzens blickt sie dem Wagen nach, der ihr Kind wegbringt

Was die Exkönigin Isabella anbelangt, so wird ihr Schicksal grausam sein. Sie begleitet ihren Mann nach Blois, wo sie drei Jahre später bei der Geburt ihrer Tochter Johanna stirbt.

»Der Knollenstab ist aufgepflanzt«

Am Mittwoch, 23. November 1407, hält sich Ludwig von Orléans bei seiner Schwägerin im hôtel Barbette auf. Isabeau beweint ihren Letztgeborenen Philipp, der einige Stunden nach seiner Geburt, gerade noch notgetauft, verstorben ist[91].

Es ist sieben Uhr abends, als Thomas Courteheuse, ein Diener des Königs, Ludwig um ein Gespräch bittet:

»Sire, der König fordert Euch auf, unverzüglich vor ihm zu erscheinen, er hat eilig mit Euch zu sprechen, über Dinge, die Euch beide betreffen.«

Der Herzog verabschiedet sich von Isabeau. Einer seiner Diener legt ihm einen mit Marderfell gefütterten Übermantel aus schwarzem Damaszenerstoff über die Schultern. Er besteigt sein Maultier und reitet nach Saint-Pol. Er wird von zwei Knappen zu Pferde begleitet, zwei Diener tragen Fackeln.

Die Gruppe zieht durch die Straße Vieille-du-Temple, dort versperren ihr „schwer bewaffnete" Männer den Weg. „Tötet sie! Tötet sie!", schreit einer von ihnen. Herzog Ludwig, der an eine Verwechslung denkt, sagt: „Ich bin der Herzog von Orléans." Eine Stimme antwortet: „Dich suchen wir." Dann zerren ihn die Schattenmänner von seinem Pferd und zertrümmern ihm mit einem Axthieb den Schädel. Das Gehirn spritzt über die ganze Straße.

Einer der Knappen versucht dazwischenzugehen. Er wird von einem Dolchstich tödlich verletzt. Die Fackelträger, Robinet Huppe

---

[91] Bemerken wir den Vornamen Philipp – in Erinnerung an den drei Jahre zuvor verstorbenen Herzog. Gewisse „Historiker", Verfechter der illegitimen Geburt von Johanna von Orléans (Jeanne d'Arc) ersetzen den Vornamen von Philipp durch Johanna, die man mitten in der Nacht nach Domrémy gebracht hätte. Das heißt also rasch vergessen, dass die Tochter Isabeaus, Johanna von Frankreich, geboren 1391, immer noch lebt und warum sich von diesem Neugeborenen trennen, da die Königin mit Wissen aller niederkommt? Andere Historiker zögern nicht, Isabeau vorzuwerfen, dass sie über den Verlust des Kindes so traurig ist. Es sind die Gleichen, die sie beschuldigen, eine schlechte Mutter zu sein!

und Wilhelm Quidoit, stürzen herbei, aber angesichts der Zahl der Angreifer müssen sie sich zurückziehen und suchen Zuflucht in einem benachbarten Haus. Der Anschlag war gut vorbereitet. Der Herzog von Orléans ist tot. Er liegt in seinem Blut, sein Körper ist entsetzlich zerstückelt, sein Schädel ist zertrümmert, seine rechte Hand ist abgetrennt. Der Leichnam wird in die nahe gelegene Kirche Blancs-Manteaux gebracht.

Es gab Zeugen bei diesem Überfall: Eine Frau, die auf die Heimkehr ihres Mannes wartete, hat die vertrauensselige Antwort Ludwigs gehört, der sich selbst seinen Mördern zu erkennen gab. Hinter ihrem rasch zugeklappten Fensterladen hat sie den ganzen Vorfall beobachtet; sie hat sogar „Mord!" gerufen. Aber einer der Mörder hat erwidert: „Schweigt, schlechte Frau, schweigt." Jaquette Griffart, so heißt die Zeugin, fügt gegenüber dem mit der Untersuchung beauftragten Probst hinzu, dass sie einen Mann aus dem Haus mit dem Bild von Notre-Dame hat kommen sehen. Sie präzisiert, dass er eine purpurfarbene Haube trug, unter deren Spitze er sein Gesicht verbarg. Er hatte sich seinen Gefährten genähert, die immer noch auf den Herzog einschlugen, und ihnen gesagt: „Löscht alles aus! Gehen wir, er ist tot! Habt das Herz von Männern!"

Der Probst Wilhelm von Tignonville hat keine Schwierigkeiten, das Offensichtliche zu erkennen. Lange vor dem Ende der Nacht wird ihm klar, dass all die Spuren zu Johann Ohnefurcht führen.

In der Tat hatte sich der Herzog von Burgund zum Handeln entschlossen, nachdem ihm die Rückkehr des Herzogs von Orléans an die Seite seines Bruders gezeigt hatte, welchen Einfluss Ludwig auf den kranken Geist des Königs hatte und wie er diesen Einfluss geschickt für sich nutzen konnte. Er hatte seinen Plan am Johannestag (24. Juni) 1406 entworfen und das Haus in der Straße Vieille-du-Temple gemietet, wo sich einige Monate später die Mörder versammelten.

Die Rivalität zwischen den beiden Männern war unüberwindlich geworden. Im Klartext: Sie konnten nicht länger gleichzeitig in die Kassen des Staates greifen. Johann Ohnefurcht hatte nicht die Trümpfe seines Vaters in der Hand, um sich Karl VI. gegenüber durchzusetzen. Wohingegen Ludwig von Orléans, unterstützt vom Thronfolger Ludwig von Guyenne, auf die Entscheidungen seines Bruders Einfluss nehmen konnte. Nun benötigte aber der Herzog von Burgund enorme finanzielle Mittel, denn er hatte ein Auge auf die flämischen Städte geworfen, während Ludwig von Orléans seinerseits die Belagerung von Bourg in Aquitanien hatte abbrechen müssen, da ihm keine Gelder mehr zur Verfügung standen, um seinen Feldzug fortzusetzen.

Herzog Johann kennt weder Skrupel noch Gewissensbisse: Das macht seine Stärke aus. Nach dem Mord in der Nähe des hôtel Barbette am 23. November 1407 handelt er wie ein Schauspieler – so als sei nichts geschehen. In Trauerkleidung und mit zur Schau getragenem Schmerz über den Tod des Herzogs von Orléans nimmt er am Begräbnis teil.

Wilhelm von Tignonville findet rasch das Versteck in der Straße Vieille-du-Temple. Er weigert sich, die Untersuchung fortzusetzen, denkt, eine derart brisante Angelegenheit falle nicht in seinen Zuständigkeitsbereich. Die Prinzen sind allerdings entschlossen, die Sache aufzuklären, zumindest nach außen hin. „Der Justiz wird Genüge getan", behauptet der Herzog von Berry. Zur gleichen Zeit aber rät er seinem Neffen Johann zur Flucht. Er hat soeben die Wahrheit erfahren, die er zwischen Tür und Angel halblaut dem König von Sizilien, Ludwig von Anjou, zuflüstert, ehe er den Ratssaal betritt.

Johann lässt sich das nicht zweimal sagen und bringt sich sogleich, in rasendem Galopp über eisglatte Straßen jagend, in die Sicherheit seiner Staaten.

In Paris herrscht allgemeine Bestürzung. Johann von Berry jammert: „Ich habe meine beiden Neffen verloren!"

Das Volk murrt gegen die königliche Familie, in deren Schoß zum ersten Mal ein Mord begangen worden ist – ein finsteres Datum in den Annalen des Kapetinger Königtums! Und die Händler trauern um einen ihrer besten Kunden.

Die Vertrauten des Verstorbenen schwören ihn zu rächen, und seine Witwe weint. Die unglückliche Valentina Visconti, treue und verliebte Ehefrau des flatterhaften Ludwigs, fasst sich bald und wirft sich am 10. Dezember zu Füßen des Königs, um von ihm Vergeltung zu fordern. Die Herzogin hat ihren Auftritt wohl vorbereitet. Zuvor hat sie ihre Kinder hinter den hohen Mauern von Schloss Blois in Sicherheit gebracht und die Bewachung verstärken lassen. Dann hat sie sich, von einem langen Trauerzug begleitet, auf die Reise begeben. Der König verspricht, dass der Mörder bestraft werde. Aber er handelt nicht. Karl ist zum Hampelmann geworden, und jetzt, da der Herzog von Orléans tot und der Herzog von Burgund geflüchtet ist, zieht niemand mehr an den Fäden. Mit einem freundlichen Lächeln umarmt er Valentina und bittet sie, mit Frieden in der Seele nach Blois zurückzukehren.

Hat er sie überhaupt erkannt? Hat er verstanden, dass sein Bruder im Auftrag seines Vetters ersten Grades ermordet worden ist?

Die Königin, die der Szene beigewohnt hat, tröstet Valentina, drängt sie, ihre Bitte wieder vorzubringen, wenn Karl so Gott will wieder bei klarem Verstand ist. Zehn Tage später erscheint Valentina erneut vor dem versammelten Hof. Sie fordert Gerechtigkeit, nennt den Mörder und weist den König darauf hin: „Es ist mein viel geliebter Ehemann, euer Bruder, Sire, der feige ermordet worden ist. Verurteilt den Mörder!“ Sie erreicht nicht mehr als beim ersten Mal. Isabeau hat verstanden: Es wäre vergebens weiterzudrängen; sie nimmt ihre Schwägerin am Arm, führt sie in ihre Gemächer, versucht, sie zu beruhigen und ihr die Augen zu öffnen, ihr klarzumachen, dass die Prinzen nie einen der ihren ins Gefängnis schicken werden!

Die Königin möchte Johann Ohnefurcht überzeugen, seine Verteidigung nicht in aller Öffentlichkeit vorzubringen, denn, nachdem er einem ersten Anflug von Panik gefolgt und geflohen ist, hat sich der Herzog von Burgund gefasst. Er hat verstanden, dass – angesichts der Schwäche der Prinzen – Angriff die beste Verteidigung ist.

Vom Mörder wandelt er sich zum Prozessführer, gar zum Ankläger. Seinem Anwalt, dem Hochschullehrer Johann Petit, erklärt er in groben Zügen seine Taktik. Petit soll eine Rechtfertigung für den Mord mit der Begründung der „Unterstützung des Königtums und des Volkes“ finden. Und die Anhänger des Herzogs drängen den Professor der Theologie, seinem Plädoyer großen Glanz zu verleihen.

Die Königin will das nicht, sie versucht, den Herzog zurückzuhalten, die Prinzen ihrerseits zu überzeugen, dass man die Debatte nicht auf dem Marktplatz führen kann. Sie ruft ihren Schwiegersohn Johann V. der Bretagne zu Hilfe. Sobald er am 17. Januar in Dinan den Hilferuf seiner Schwiegermutter erhält, bricht der Herzog auf, von seinem Rat, seinen Prälaten und seinen Baronen begleitet. Eine wahre Armee kommt am 20. Februar in Saint-Denis an. Die Königin bittet Johann V. zu vermitteln. Er soll die aufgeregten Gemüter beruhigen. Aber niemand hält Johann Ohnefurcht auf. Am 8. März 1408 unterbreitet der normannische Anwalt unter großartiger Berufung auf philosophische Argumente und Demonstrationen – ganz in der Art, wie es die Universität von Paris liebt – Beweise dafür, dass es „billig sei, einen Tyrannen zu töten".

Vom Morgengrauen an ist die Menge in den Palast gekommen, um die Anklagereden gegen den Herzog von Orléans zu hören und diese mit Applaus zu honorieren. Nichts wird unterlassen, sein Andenken anzuschwärzen. Er wird „in erster Linie eines Verbrechens gegen die göttliche Majestät" angeschuldigt, da er Hexerei praktiziert habe. Zudem habe er die Kirchenspaltung unterstützt. Ferner wird er eines „Verbrechens gegen die königliche Majestät" beschuldigt: Vor zwei Jahren habe der Herzog die Königin und den Thronfolger entführt. Schließlich: Hat Orléans nicht auch das Königreich verraten, indem er Heinrich von Lancaster dazu verleitete, es zu erobern?

Freudig erregt trampelt die Menge mit den Füßen: Sie hat einen Schuldigen – und der Schuldige ist das Opfer!

Sicher, der Vortrag ist »verdammenswert, von Verleumdungen durchsetzt, er enthält falsche und im katholischen Glauben irrtümliche Doktrinen, wenn er folgert, dass der Mord am Herzog von Orléans, den König seinen Bruder und sein Königreich verpflichte, Johann Ohnefurcht mit Gütern und Ehren für diese Tat zu entlohnen«. So wird es jedenfalls der Chronist Cousinot später ausdrücken. In der öffentlichen Meinung aber hat Johann Ohnefurcht gewonnen. Sein Gewissen allerdings wird ihn nicht ruhen lassen; hat er sich nicht eine Festung bauen lassen, um sicher schlafen zu können?

Bis in unsere Zeit finden sich noch Spuren davon in Form des Turms mit dem Namen „Johann Ohnefurcht“ in der Straße Étienne-Marcel Nr. 20 in Paris. Im ogivalen Tympanon der äußeren Fensteröffnungen sind die Wappenzeichen des Herzogs von Burgund eingeritzt: zwei Hobel und ein Bleilot.

Niedergeschlagen, in ihrem tiefsten Inneren verletzt, verlässt Valentina Paris und kehrt nach Blois zurück, wo ihr Sohn Karl und ihre Anhänger isoliert und zur Untätigkeit verdammt leben. Gegen den Herzog von Burgund vorzugehen, würde in diesem Augenblick den Anschein erwecken, gegen das Wohl des gesamten Königreiches zu handeln. So zumindest hat es der Hochschullehrer Johann Petit dargestellt, der ganz der Burgunder Sache ergeben ist.

Kurz nach dieser Justizposse, am 9. März 1408, nützt Johann Ohnefurcht eine kurzzeitige Gesundung des Königs, um ihn einen Gnadenbrief unterzeichnen zu lassen, der ihn völlig entschuldigt. Der wahnsinnige König erkennt darin an, dass Johann Ohnefurcht „zum Erhalt, zum Schutz und zur Sicherheit des Königs gehandelt hat ... “. Am gleichen Tag erregt ein Ereignis privater Natur die Aufmerksamkeit der Zeitgenossen: „Der König ging mit der Königin schlafen“, und am Morgen danach streckt ihn ein neuer Wahnsinnsanfall nieder. Die Chronisten vermerken, „dass er kränker war als er es in den letzten zehn Jahren zuvor gewesen“.

Die Anhänger des Herzogs von Burgund verbreiten eilends ein Gerücht: Sollte etwa Isabeau den Wahnsinn ihres Gemahl durch Drogen bewirken? Sollte sie eine Komplizin Ludwigs von Orléans gewesen sein, um dem König den Verstand zu rauben und so die Macht an sich zu reißen?

In einem derartigen Klima des Hasses wird das Leben im hôtel Saint-Pol für die Königin unerträglich. Sie entschließt sich, Paris zu meiden und bittet ihren Schwiegersohn Johann V., sie bis Melun zu begleiten. Der Herzog seinerseits zieht, nachdem er sich der Verbundenheit von Valentina und ihres Sohnes versichert hat, in sein Herzogtum zurück. Er ist vor allem Bretone, und es liegt ihm nichts daran, irgendeine Rolle in dem Drama zu spielen, das den Kronrat zerfleischt.

Die Königin verbringt mehrere Monate mit den jungen Prinzen im Schutz der Mauern der Festung von Melun, ohne dass sich die Lage verändert. Sie empfängt die Boten des Herzogs von Burgund, Willhelm von Vienne und Jakob von Courthiambles, die versuchen, sie zur Rückkehr in die Hauptstadt zu überreden. Aber die Königin gibt ihren Argumenten nicht nach und will den Thronfolger, fern von Paris und fern vom Einfluss des Herzogs, bei sich behalten.

In Paris herrscht eine gespannte Stimmung. Der Burgunder hat die Situation fest im Griff. Er hat ihm ergebene Männer in Schlüsselpositionen eingesetzt. Peter von Essarts hat den Probst Tignonville abgelöst, der Admiral von Frankreich, Clignet von Brabant, wird entlassen und durch den Burgunder Jakob von Châtillon ersetzt. Johann Ohnefurcht festigt seine Macht, um einer neuen Partei die Stirn bieten zu können, die sich im Umfeld der Erben Ludwigs von Orléans bildet. Unter den Namen „Orléans“ und „Burgunder“ werden sich die Parteigänger künftig gegenüberstehen. Dann heiratet der älteste Sohn des Herzog Ludwig, Karl von Orléans, in zweiter Ehe Bonne, die Tochter Bernhards von Armagnac. Letzterer wird zum Anführer der Partei, der man den Namen „Armagnaken“ geben wird.

Wie aber steht es 1408 um die Reformen, die Johann Ohnefurcht zwei Jahre zuvor so lauthals gefordert hatte?

Nichts hat man getan für das Volk – im Gegenteil: Die Steuern sind noch gestiegen; es bedurfte vieler Ecus, um die Parteigänger des Burgunders zu entlohnen. Johann ist klar, dass er Reformen durchführen muss, um seinem Anspruch auf die Macht einen Anschein von Legitimität zu verleihen: Dazu ist es unverzichtbar, dass die Königin an seiner Seite steht. Er schreibt ihr im Frühjahr und bittet sie, ihren Platz im Kronrat wieder einzunehmen. Kurz danach, als Johann die Hauptstadt verlässt, um sich nach Lüttich zu begeben, lässt die Königin den König zu sich kommen. Sie will damit aller Welt ihre Gegnerschaft, zumindest ihre Nichtunterwerfung unter den Burgunder zeigen. In Melun annuliert König Karl VI. in einem klaren Moment die Gnadenbriefe, die dem Herzog von Burgund am 9.

März ausgestellt worden waren. Dann kehrt er allein nach Paris zurück. Isabeau trifft ihn dort erst am 26. August mit ihrem Sohn Ludwig von Guyenne wieder, der freudig an ihrer Seite reitet. Sie werden von den Bretonen begleitet, die sie zu Hilfe gerufen haben, aber diese betreten die Stadt nicht, um keine Unruhen hervorzurufen.

Der Kronrat tritt zusammen. Es wird beschlossen, dass – da der König zu krank und der Thronfolger zu jung ist, die Prinzen zu zerstritten sind – es notwendig sei, dass die Königin der Regierung vorstehe.

Ihre erste Entscheidung ist es, Valentina vorzuladen und das Plädoyer ihres Anwalts Wilhelm Cousinot zu hören. Anschließend übermitteln Isabeau und ihr Sohn dem Herzog von Burgund einen Brief, der ihn des Mordes anklagt und ihn auffordert, unverzüglich in Paris zu erscheinen um ehrenhaft Sühne zu tun. Sie verlangen ferner ein öffentliches Eingeständnis, die Errichtung frommer Stiftungen und seine Verbannung. Der junge Herzog von Guyenne fühlt sich stark genug, und er glaubt an die Unterstützung des Volkes, um den Herzog von Orléans rehabilitieren zu können: „Uns bleibt kein Zweifel an der Ehre seiner Erinnerung, wir halten ihn für unschuldig ..."

Aber Isabeau und ihr Sohn haben sich getäuscht: Sie finden im Volk keine Unterstützung. Vielmehr kehrt sich, sobald der Herzog von Burgund in die Hauptstadt zurückkehrt, die Situation um. Das Volk jubelt ihm zu. Er hat die Unterstützung der mächtigen Universität von Paris[92].

Isabeau hat sich nach besten Kräften bemüht, sich seinen Machenschaften entgegenzustellen. In dem Bemühen Verbündete zu finden, hatte sie den Probst der Händler und die wichtigsten Bürger in das hôtel Saint-Pol einbestellt, denn auch sie brauchte Geld, um gegen Johann Ohnefurcht anzukämpfen. Die Königin hatte diesmal »auf liebenswürdigere Art als sonst« gesprochen, stellt der Mönch von

[92] „Genannte Universität hatte große Macht in dieser Zeit in Paris, dergestalt, dass ... sie sich in die Regierung des Papstes und des Königs und aller anderen Dinge einmischen wollte." Le Héraut Berry, *Les Chroniques du roi Charles VII par Gilles le Bouirer*, herausgegeben von H. C. Courteault, L. Celier, M. H. Julien de Pommerol, Paris, 1979.

Saint-Denis fest. Aber niemand wollte ihr helfen. Die Bürger von Paris werden erst, als es zu spät ist, feststellen, dass sie die falsche Wahl getroffen haben.

Von neuem heißt es fliehen, aber Isabeau begeht nicht den gleichen Fehler wie 1405. Diesmal schickt sie zuerst den König und die Kinder weg, dann verlässt sie selbst mit Karl, dem jungen Herzog von Orléans, Paris. Die zwei Gruppen treffen sich am 9. November in Gien, um mit dem Schiff die Loire hinunter nach Tours zu fahren.

Als das Schiff am 11. November in Orléans Halt macht, kann die kranke Valentina sie nicht empfangen. Sie schickt Peter von Mornay, Sire von Gaules, an ihrer Stelle. Karl VI. ist einmal mehr so krank, dass man ihn nicht einmal an Land bringt.

Der Frieden von Chartres

Den Winter 1408/1409 verbringt die königliche Familie in Tours. Dort erreicht sie am 4. Dezember die Nachricht vom Tode Valentina Viscontis. Die schöne Herzogin war, all ihrer Hoffnung beraubt, an ihrem Kummer und ihrer Verzweiflung in ihrem Schloss in Blois verstorben. Die Feigheit der Prinzen hatte sie getötet, und ihre letzten Worte waren: „Nichts bedeutet mir länger etwas, nichts ist mir mehr geblieben."

Für die Prinzen ist dieser Tod eine Erleichterung. Wenn die Witwe Ludwigs von Orléans sie bisher zurückgehalten hatte, so werden sie jetzt mit dem Herzog von Burgund verhandeln können.

Fortan werden sich zwischen den Anhängern der Familie Orléans und ihren burgundischen Rivalen von vornherein zum Misserfolg verdammte Aussöhnungskonferenzen mit ebenso ergebnislosen Feindseligkeiten ablösen.

Dabei hatte sich der erste Akt des Dramas noch als durchaus Erfolg versprechend angekündigt.

Der Graf des Hennegau, Wilhelm von Bayern, Vetter von Isabeau, macht sich zum Anwalt Johann Ohnefurchts und bittet den jungen Karl von Orléans, Ludwigs Sohn, um eine feierliche Unterredung mit Johann Ohnefurcht. Die Prinzen erscheinen am 9. März 1409 in der Kathedrale von Chartres. Karl VI. und Isabeau nehmen im Kirchenschiff Platz. Sie werden begleitet vom Thronfolger, den Herzögen von Berry und Bourbon, den Grafen von Alençon, von La Marche, Eu und Vendôme.

Im Umfeld der Kathedrale haben, vom Graf von Hennegau befehligt, vierhundert bewaffnete Männer und hundert Bogenschützen Stellung bezogen. Der Herzog von Orléans – er ist erst fünfzehn Jahre alt – zieht mit großer Eskorte ein und nimmt in einer der Seitenkapellen Platz. Johann Ohnefurcht, der sich von einer Eskorte von rund sechshundert Burgundern begleiten lässt, bezieht seinerseits die ihm zugewiesene Kapelle. Johann von Nielles ergreift im Namen seines Herrn das Wort und bittet den König nicht „ungnädig" zu sein und den Tod seines Bruders zu vergessen. Dann wendet er sich an die Kinder des Herzogs, die tränenüberströmt den Mord an ihren Vater verzeihen. Die Zeremonie dauert kaum mehr als eine Stunde. Der König selbst hat sich an Johann Ohnefurcht gerichtet: „Mein guter Vetter, zum Wohle unseres Königsreichs, aus Liebe zur Königin und zu den anderen hier Versammelten von königlichem Geblüte, um der Treue und der guten Dienste willen, die wir immer in Euch zu finden hoffen, gewähren wir Euch, worum ihr bittet, und vergeben Euch alles."

Ein Vertrag nach allen Regeln der juristischen Kunst besiegelt diesen Tag: Jeder verspricht, künftige Auseinandersetzungen zu verhindern und kein Pamphlet zuzulassen, in dem von dem anderen schlecht gesprochen würde. Der Friede des Königreiches muss um jeden Preis erhalten werden! Jeder ahnt das. Die Königin begreift, dass sie ihre Aversion gegen den Herzog von Burgund überwinden muss. Durch diese Aussöhnung scheint sie wieder Boden zu gewinnen. Die Menge jubelt ihr zu.

In Paris begrüßt das Volk das königliche Paar und Johann Ohnefurcht freudig und wirft Veilchen vor ihnen auf die Straße.

Auch Johann Ohnefurcht erscheint ganz sanftmütig. Ein Beweis dafür ist sein Brief an seinen Probst in Lille: „Mein vorgenannter König, meine genannte Dame haben uns gut aufgenommen und auch

Monseigneur von Guyenne, unser Sohn, hat uns freudig aufgenommen und vor aller Leute umarmt und geküsst." Tatsache ist, dass der Herzog fürchten musste, dass seine Tochter Margarete, die Verlobte des Thronerben Ludwig von Guyenne, abgewiesen würde.

Wenig später erfährt der in seine Staaten zurückgekehrte Herzog von Burgund, dass die Hochzeit von Ludwig und Margarete vollzogen ist. Jetzt legt er seine Karten offen auf den Tisch. Er nimmt zunächst Johann von Montaigu, den Großmeister des Hauses von Karl VI., ins Visier, dessen Ergebenheit er festgestellt hat und von dem er weiß, dass er ein Parteigänger der Orléans ist. Das macht ihn zum ersten Sündenbock. Am 9. Oktober 1409 beweist Peter von Essarts, Probst von Paris, den Johann Ohnefurcht ernannt hat, seine Willfährigkeit gegenüber den Burgundern: Er erklärt sich bereit, Johann von Montaigu zu verhaften, dessen Amt er zu erhalten hofft.

Selbstsicher spricht er ihn an: „Ich verhafte Euch aus königlicher Autorität, die mir in dieser Sache übertragen wurde." Johann von Montaigu, der gerade die Kirche Saint-Viktor verlässt, in der er in Gesellschaft des Bischofs von Chartres die Messe hörte, ist einige Sekunden lang sprachlos. Essarts fügt an: „Jetzt hab ich dich." Montaigu findet seine Sprache wieder und antwortet: „Und du, Hurenjäger, wie kannst du es wagen, mich so anzusprechen?"

Der Probst lässt ihn durch seine Bediensteten fesseln und ins Petit Châtelet bringen: „Es wird nicht so gehen, wie ihr Euch wünscht, sondern bedenkt vielmehr die großen Übel, die Ihr getan und begangen habt." Sehr rasch verbreitet sich die Neuigkeit im Volk, das deswegen so sehr aufbegehrt, dass der Probst durch die Straßen der Hauptstadt eilen muss, um die Aufgebrachten zu beruhigen. Nichts wird Johann von Montaigu retten. Unter der Folter gesteht er, dass er den König „verzaubert" und den Thronfolger „verhext" hat. Er wird dieses Geständnis jedoch später widerrufen.

Der Herzog von Berry und die Königin versuchen einzugreifen, aber es nützt nichts: Die Hinrichtung wird stattfinden. Der König, in sein schizophrenes Delirium verfallen, ist unfähig, seinen Freund zu retten. Isabeau reist verbittert und erniedrigt mit dem Thronfolger nach Melun ab. Sie bemüht sich um neue Bündnisse und unterzeichnet einen Vertrag mit dem König von Navarra, Karl dem Guten, dem Herzog von Brabant, dem Erzbischof von Lüttich und Ludwig dem Gebarteten. Aber: Mit der Zeit und unter dem Druck Johann Ohnefurchts muss sie sich einen neuen Berater, Johann von Nielles, suchen, der der burgundischen Sache gewogen ist. Hat Isabeau begriffen, dass sie sich vor jenen in Acht nehmen muss, die ihr eigentlich dienen sollten? Ihre Entscheidung von Ende 1409 spricht in der Tat für ihre Geschicklichkeit: Sie setzt ihren Sohn Ludwig, der gerade 13 Jahre alt geworden ist, auf den Thron und erhält vom König die Zustimmung, dass er investiert wird und seinen Platz im Kronrat einnimmt. Johann Ohnefurcht konnte sich dem nicht widersetzen, da Ludwig sein Schwiegersohn war. Danach reist Isabeau weiter zu ihrer Residenz in Vincennes. Sie weiß, dass sie unpopulär ist, und will nicht, dass diese Unpopularität ihrem Sohn schadet.

»Kommt, kommt ihr, die ihr die Weisen des Königreiches seid mit eurer Königin«

Christine von Pisan

Am 8. November 1410 trifft ein Bote im Schloss von Vincennes ein und übergibt der Königin einen Brief. Man hat den König, „in seine gewohnte Krankheit zurückverfallen", im hôtel Saint-Pol einschließen müssen. Unverzüglich lässt die Königin ihren geschlossenen Wagen anspannen und eilt mit ihrem jüngsten Sohn Karl nach Paris – Johann Ohnefurcht ist nach Flandern gereist –, um „bei ihrem Seigneur zu bleiben". Unterwegs wird sie sich gefragt haben, wie sie ihren Gatten wohl vorfinden wird.

Im vorausgegangenen Juli schien es ihm besser zu gehen, und er war in der Lage, Gespräche zu führen. Er hatte sie in Melun besucht, um sie um ihre Hilfe zu bitten, und er hatte die Situation recht klarsichtig dargestellt. Der Herzog von Burgund hatte offenbar versucht, die Herzöge von Berry, Bretagne und Orléans, die Grafen von Alençon, Clermont und Armagnac – den künftigen Schwiegervater von Karl von Orléans – vom königlichen Rat auszuschließen. Diese

Männer werden die „Liga von Gien“ bilden, die dem König und der Königin treu ergeben ist.

Der Wagen nähert sich Paris, Regen beginnt auf die dichte Plane zu fallen. Ein Gefühl der Ohnmacht überfällt die Königin: Sie zieht ihren Sohn Karl an sich: Von ihren zwölf Kindern sind ihr nur sieben geblieben – nur zwei sind in ihrer Nähe: Karl und Katharina. Ihre Tochter Isabella ist im vorigen Jahr an einem Fieber gestorben und in Saint-Laumer begraben worden. Jetzt spricht man von einer Neuverheiratung Karls von Orléans mit Bonne von Armagnac, der Tochter des Grafen, für den Isabeau keinerlei Sympathie empfindet.

Von Zeit zu Zeit sieht die Königin Michelle, ihre dritte Tochter, die so traurig darüber scheint, Phillip den Guten, den Sohn Johann Ohnefurchts, geheiratet zu haben. Sie grämt sich, weil sie weiß, dass ihr Gatte sie nie lieben wird. Auch Johanna scheint in der Bretagne nicht glücklich. Maria ist in Poissy Klosterschwester: Wann immer es ihr möglich ist, wird Isabeau ihr einen Besuch abstatten und im Kreuzgang wandelnd einige Stunden des Friedens und der Ruhe finden. Ludwig macht der Königin mehr Sorgen. Nach den Gerüchten, die ihr zugetragen werden, verbringt er viel Zeit mit Festen und Zerstreuungen. Man müsste darüber wachen, dass er seinen mächtigen Schwiegervater nicht verärgert. Und zudem ist es bereits einige Zeit her, dass sie Neuigkeiten aus Flandern von ihrem Sohn Johann erhalten hat, genauso wenig weiß sie vom Herzog von Burgund, Johann Ohnefurcht.

Doch Johann Ohnefurcht ist bereits unterwegs nach Paris. Er weiß, dass er dort nun einen ebenbürtigen Gegner – Bernhard von Armagnac – vorfindet. Er hat die Fehde der Orléans gegen Burgund zu seiner Sache gemacht und der im April gebildeten Liga von Gien einen Anführer und Truppen zugeführt. Die in Tours versammelten Prinzen beschließen, sich nach Paris zu begeben und vor dem König zu erscheinen. Sie haben ihre Position in einem Manifest dargestellt, das dem Volk bekannt ist. Im August 1410 stehen sie vor Paris, und schon verwüsten die Gascogner um Bernhard von Armagnac die Umgebung der Hauptstadt.

Auch Johann Ohnefurcht eilt mit seiner Truppe herbei – um die 9.000 Mann sollen es sein. Auch sie beginnen, die Dörfer und Vororte von Paris zu plündern.

Gleichzeitig wird verhandelt. Am 2. November 1410 wird in Bicêtre ein Waffenstillstand vereinbart, den jede der Parteien jedoch nur nützt, um weiter aufzurüsten.

In Paris selbst ist es Johann Ohnefurcht gelungen, sich der Unterstützung von Männern zu sichern, die ihm bis zum Tode ergeben sind: Die Zunft der Metzger. Wer Metzger sagt, meint einen ganzen Haufen von Leuten – bewaffnet mit Sägen, Dolchen, Hacken. Die „Große Metzgerei" umfasst einige reiche Familien, die den Beruf nicht ausüben, aber ihre Dienste vermieten und eine große Klientel befehligen: Leute die „im Blute" der Schlachthöfe leben, im Gestank der Gerbereien, immer den Dolch in der Hand, um die Rinder oder Schafe in Stücke zu schneiden. Sie haben die Bader, allen voran Johann von Troyes, als Verbündete.

Auf ein Signal des Burgunders hin verbreiten sie im August 1411 in Paris Angst und Schrecken. Ludwig von Guyenne versucht vergeblich sich ihnen entgegenzustellen – verschiedene herausragende Mitglieder der Zunft, wie die Familie Legoix, stellen öffentlich seine Fähigkeit zu regieren in Frage.

Und jetzt zeichnet sich im Hintergrund eine neue Bedrohung ab, der Krieg aus dem Ausland. Die Abgesandten des Königs von England – Ursupator des Thrones – Heinrichs IV. von Lancaster, fordern die alten englischen Besitzungen in Frankreich zurück. Lancaster weiß, dass solche Forderungen geeignet sind, seine Popularität in seinem eigenen Land zu steigern. Bald landen vom Grafen von Arundel geführte Truppen in Frankreich. In dem Bemühen um Unterstützung vor Ort bieten sie Johann Ohnefurcht ihre Hilfe an. Der hat beim König von Frankreich erreicht, dass die Parteigänger Orléans, mit Bernhard von Armagnac an der Spitze, zu Rebellen erklärt werden. Aber die Plünderungen dauern an, die Pariser sind nicht die Einzigen, die sie ertragen müssen. Auch die Provinz zahlt ihren Tribut: Die verschiedenen Fraktionen verwüsten Ganze Landstriche, massakrieren die Menschen und rauben die Ernten.

Im November 1411 beschließt Karl VI., dass er selbst diesen Wirren ein Ende bereiten muss.

Aber einige Tage später erkrankt der König erneut; Johann Ohnefurcht lässt sich Ermächtigungsbriefe ausstellen, die ihm den Auftrag erteilen, die Rebellen zu zerschmettern. So tritt er auf dem Hügel von Saint-Cloud jenen gegenüber, die man künftig die Armagnaken nennen wird. Die Prinzen von Orléans und ihre Anhänger müssen sich zurückziehen. Johann Ohnefurcht kann sich rühmen, die Hauptstadt von ihrem Zugriff befreit zu haben, und er beeilt sich, einige der Gefangenen dem Henker auszuliefern: Sie werden auf dem Platz vor den Hallen von Paris enthauptet.

Auf Druck der Pariser Bevölkerung musste Ludwig von Bayern den Kronrat verlassen und sich nach Hennegau begeben. Er lässt eine beunruhigte Schwester und einen seines Einflusses beraubten Neffen zurück. Er wird jedoch einige Monate später, nachdem sich die Gemüter beruhigt haben, zurückkehren.

Im folgenden Jahr 1412 wird es wieder einige Gefechte geben, diesmal im Berry. Die Herzöge von Berry, Bourbon, Orléans haben sich ihrerseits hilfesuchend an den König von England gewandt. Urkunden werden abgefangen, so auch der Entwurf eines Vertrages, diesmal zwischen Armagnaken und Engländern. Die königliche Armee wird ausgesandt, die Unruhen im Berry zu unterdrücken. Sie zieht unter der Führung des Königs von Frankreich, unterstützt von Ludwig von Guyenne und Johann Ohnefurcht, in Richtung Bourges. Die Stadt wird ein Monat lang erfolglos belagert. Da keine Entscheidung herbeizuführen ist, beschließt man am 15. Juli 1412, die Abkommen wiederherzustellen, die in Chartres geschlossen worden waren. Diese erneute Versöhnung der Prinzen wird in Auxerre gefeiert. Danach reist Karl VI. nach Paris zurück. Auch Isabeau entschließt sich, in die Hauptstadt zurückkehren, wo ihr das Volk einen freundlichen Empfang bereitet.

Mehr und mehr aber begreift man auf der anderen Seite des Ärmelkanals, dass Frankreich künftig eine leichte Beute und der Zeitpunkt gekommen ist, notfalls mit Gewalt die Forderungen zu wiederholen, die einst von Eduard III. erhoben worden waren und auf die sein Enkel Richard II. verzichtet hatte.

KAPITEL 2

Isabeau hilft Ludwig von Guyenne zu regieren

Der Caboche-Aufstand

Am 1. Januar 1413 scheint Frankreich den Frieden zurückgewonnen zu sein: Jeder gibt und erhält Geschenke. Die Generalstände treten am 30. Januar zusammen, um die Finanzkrise zu lösen und den Krieg gegen England vorzubereiten.

Die Versammlung wird geleitet von den Herzögen von Guyenne und Burgund – in Abwesenheit des Herzogs von Berry, der das Bett im hôtel Nesles hüten muss. Johann von Nielles, der Kanzler Ludwigs von Guyenne, ergreift im Namen des Königs und der Königin das Wort, um militärische Hilfe zu erbitten, damit man gegen die Vorstöße englischer Banden vorgehen könne, die den Norden des Landes plündern. Die Generalstände sind nicht nach Ständen, sondern nach Provinzen einberufen worden. Sie vergeuden viel Zeit mit ihren Beratungen, und als sie schließlich „antworten“, geschieht dies nur, um sich über die schlechte Verwaltung und die hohen Steuern zu beklagen. Die Diskussionen werden härter, und hitzige Teilnehmer fordern eine Reform des Rechnungshofes. Jeder verharrt auf seinen Forderungen, und man geht auseinander, ohne etwas beschlossen zu haben.

Bei einer weiteren Sitzung im Februar 1413 trägt die Universität von Paris heftige Klagen vor. Sie handelt zugunsten Johann Ohnefurchts, in der Hoffnung, die burgundischen Herrschaft zu festigen. Der Theologe Eustache von Pavilly erklärt, dass die Verwaltung völlig korrumpiert sei, und legt eine Liste mit Personen vor, die abgelehnt werden, und eine weitere mit solchen, die sofort abzusetzen sind. An ihrer Spitze steht der Probst Peter von Essarts. Auch das Parlament wird nicht verschont, man verlangt die Entlassung seines Präsidenten Heinrich von Marle. Die Universität möchte auch, dass der König fortan keine „außerordentlichen" Pensionen mehr gewährt, und fordert „sehr untertänig" von den Herzögen von Guyenne und Burgund, die Reformen so rasch wie möglich zu einem guten Ende zu führen.

Am 24. Februar steht Ludwig von Guyenne in „Abwesenheit" des Königs dem Rat vor. Er beschließt die Entlassung des Zunftmeisters von Paris und des Probstes der Händler, aber auch einer großen Anzahl von königlichen Offizieren. Sie werden alle durch Vertrauensleute des Herzogs von Burgund ersetzt. Eine Kommission, der Peter Cauchon, Magister der Universität, und zwei eifrige Diener Johann Ohnefurchts angehören, wird ernannt, um eine Liste anstehender Reformen vorzubereiten.

Jetzt herrscht Terror in der Hauptstadt. Das Bündnis der Metzger und der Universität sowie die brutale Haltung des Herzogs von Burgund, der vom König auf das ganze Königreich ausgedehnte militärische Befugnisse erhalten hat, machen dem Herzog von Guyenne klar, dass er zu einem Spielzeug in den Händen seines Schwiegervaters geworden ist. Er reagiert sofort, indem er seinen Kanzler, den Burgunder Johann von Nielles, entlässt. Diese überstürzte Maßnahme wird von seiner Mutter als wenig diplomatisch betrachtet. Guyenne zeigt, dass er selbst regieren will. Seine Haltung gefällt Johann Ohnefurcht keineswegs. Er wird ihn kompromittieren, wie er die Königin kompromittiert hat, indem er verleumderische Anschuldigungen gegen ihn verbreiten lässt. Der 16-jährige junge Mann wird sich gegen seinen mächtigen Feind nicht durchsetzen können. Er zeigt trotzdem große Charakterstärke, als er Karl von Montaigu, den Sohn des auf Befehl seines Schwiegervaters hingerichteten Großmeisters, in seinen Dienst nimmt. Ludwig von Guyenne lässt dem Großmeister zudem gegen den Willen des Burgunders ein angemessenes Grabmal errichten. Er nimmt auch Jakob von La Rivière, den Bruder von Ludwig, den Herzog Johann entlassen hat, in seinen Dienst. Er wagt es, den Leichnam von Mansard von Bos, der auf Befehl Johann

Ohnefurchts hingerichtet wurde, vom Galgen abschneiden zu lassen. Und schließlich nimmt er den exilierten Probst Peter von Essarts wieder in seinen Dienst.

Um das Königreich aus seiner Lethargie herauszuführen, hat Ludwig von Guyenne beschlossen, eine dritte Partei um seine Person zu gründen: Er will von nun an weder mit den Armagnaken zu tun haben, die die Partei seines Cousins Karl von Orléans bilden und nur daran denken, die Ermordung Ludwigs zu rächen, noch mit den Burgundern, die zu allem bereit sind, um das Königreich in die Hand zu bekommen.

Ein Tag des Schreckens im hôtel Saint-Pol

An einem schönen Maitag 1413 ist die ganze königliche Familie im hôtel Saint-Pol vereint. Die Lage ist schwierig. Der Thronfolger hat sich mit seiner Mutter ein wenig abgesondert. Beunruhigt macht Isabeau dem jungen Prinzen Vorhaltungen und bittet ihn, seinen Lebenswandel zu überdenken. Gerüchte gehen in Paris um: Ludwig vernachlässige allzu oft seine Gemahlin, Margarete von Burgund, zugunsten seiner überaus verführerischen Mätresse, der schönen Cassinella. Die Königin fürchtet die Reaktion des Herzogs, der nicht tatenlos zusehen wird, wie man seine Tochter beleidigt. Die königliche Familie ist aber buchstäblich eine Geisel des Herzogs von Burgund. Er hat die „cabochiens“ bewaffnet. Diese Angehörigen der unzufriedenen Pariser Metzgerzunft beherrschen Paris; sie gehen Wache auf den Mauern der Stadt und überwachen die Tore: Niemand kann sich ohne ihre Erlaubnis in Paris frei bewegen.

Saint-Pol ist überfüllt; kein Fleck ist unbesetzt. Diener eilen hin und her und hängen Wandteppiche auf, verrücken Truhen, bringen frische Blumen. Sie haben Mühe, inmitten der Menge die Tische für die bevorstehende Feier zu decken: Der Bruder der Königin, Ludwig der Gebartete, und Katharina von Alençon, Witwe Peters von Navarra, wollen sich verloben.

Plötzlich drängt sich aufgebrachtes, feindliches Volk vor dem Palast. Ein Mann tritt vor: Eustache von Pavilly. Er richtet sich an den König, der von dem großen Lärm beunruhigt ans Fenster getreten ist. Das Volk fordert, dass er eine weiße Mütze aufsetze, zum Zeichen seiner Zugehörigkeit zu den „cabochiens". Karl VI. erfüllt ihm seinen Willen. Erst seit einigen Tagen ist er anscheinend wieder bei klarem Verstand. Nach einer langen Krise hat er sich am 18. Mai nach Notre-Dame begeben, um Gott für seine wieder gewonnene Klarsicht zu danken. Aber was hat sich nicht alles verändert! Es gibt einen neuen Kämmerer, einen gewissen Johann von Poligny, genannt Chapellain, der dem Herzog von Burgund ganz ergeben ist. Johann, der Älteste der Familie Saint-Yon, ist jetzt Vorsteher der königlichen Kasse. Der berüchtigte Simon Caboche, Anführer der vom Herzog von Burgund befohlenen Hinrichtungen, ist Wappenherold des Königs. Und der neue Kapitän von Paris ist ein persönlicher Freund von Johann Ohnefurcht, Hélion von Jacqueville.

Es muss einen Mann mit kranken Geist stark verunsichern, beim Aufwachen aus einem wochenlangen Dämmerzustand sein Haus so verändert vorzufinden. Die Aufrührer schreien: Sie verlangen jetzt nach der Königin und dem Thronfolger und zwingen sie, ebenfalls die weiße Mütze aufzusetzen. Die weiße Mütze der kommunalen Revolution von Gent hat jetzt die grüne Kappe der Burgunder ersetzt – ein Zeichen dafür, dass die „cabochiens" allmächtig sind.

Der Karmeliter Eustache von Pavilly predigt vor Isabeau: „Man muss", sagt er, „das Unkraut im Garten des Königs, der Königin und des kleinen Thronfolgers ausreißen". Die Metzger, die Schinder, die Gaffer lachen. Einer von ihnen bemerkt, dass Ludwig von Guyenne seine weiße Kappe schräg auf dem Kopf hat: „Seht dieses liebe Kind von Thronfolger trägt seine Mütze wie die Armagnaken es tun. Er bringt uns einmal mehr in Wallung." In der Tat: Der Zipfel der Mütze liegt wie eine weiße Schärpe auf seiner Brust: Nun aber war das Wappen der Armagnaken eine weiße Brustbinde. König und Königin sind versteinert. Karl VI. steht auf und bittet sein Volk, den Bereich seines Palastes zu verlassen. Vor dem Gesalbten des Herrn weicht die Menge zurück und zerstreut sich langsam. Aber am Nachmittag kommt Johann von Troyes zurück; er überbringt eine Urkunde, auf der die

Namen der „Unkräuter“ verzeichnet sind. Er hält sie der Königin hin. Isabeau fällt fast in Ohnmacht: Der Erste auf der Liste ist ihr Bruder Ludwig der Gebartete; es folgt ein gutes Dutzend ihrer Ehrendamen.

Die Königin berät sich mit ihrem Sohn, der entnervt in Tränen ausbricht. Sie überredet ihn, Johann Ohnefurcht aufzusuchen, damit er eingreife, um die Meuterer zu beruhigen. Der Herzog trocknet seine Tränen und vertagt die Verhaftung des Herzogs von Bayern um eine Woche. Aber die „cabochiens“ wollen einen Gefangenen: Sie ergreifen Johann von Nielles, der in der Folge rasch wieder freikommt. Anders ergeht es den zwei Hofmeistern der Königin: Karl von Villiers und Conrad Bayer, die ohne Mitleid ergriffen werden, ebenso wie Raoul Cassinel, Hofmeister von Ludwig, und der Kammerdiener Regnault von Agennes. Als man Hand an ihre Ehrenjungfrauen legt, wirft sich Isabeau dazwischen, aber sie wird gewaltsam zurückgerissen. Ihre Frauen, meist deutscher Herkunft, werden als Gefangene abgeführt: Bonne von Visconti, die Cousine der Königin, Katharina von Villiers, Dame von Quesnois, die Dame von Avelus, Elisabeth Marschalk, die den Sire von Nouviant geheiratet hat, Margarete Aubine, Schwester der Madame von Malicorne, die Ehrendame der königlichen Kinder, Diener und Knappen. Man hatte das Volk überzeugt, es müsse seinen guten König den Händen dieser Fremden entreißen. Wieder einmal jammert, weint, tobt Isabeau. Nichts hilft: Die Damen werden in den Louvre gebracht und dann nach Bayern zurückgeschickt. Nur Dreien von ihnen gelingt es, in Frankreich zu bleiben und in den Dienst ihrer Herrin zurückzukehren.

Die „cabochiens“ sind wild entschlossen sich durchzusetzen. Am 24. Mai 1413, als der König dem Rat vorsteht, unterbreitet ein treuer Diener des Herzogs von Burgund, Meister Johann von Troyes, einige Forderungen. Er verlangt, dass man jene, die das Volk gefangen genommen hat, durch echte Pariser ersetze – später wird man sagen: durch echte „Patrioten“.

Der Kronrat, in dem an diesem Tage Ludwig von Guyenne fehlt, dem aber zahlreiche Burgunder angehören, kann dieser Forderung nur zustimmen.

Ludwig von Guyenne regiert

Die Ereignisse überstürzen sich: Am 26. Mai hält der König einen Gerichtstag im Parlament ab. Diesmal wird er begleitet von den Herzögen von Guyenne, Berry, Burgund, den Grafen von Charolais und Saint-Pol, unterstützt vom Probst der Händler, den Ratsherren und einer großen Zahl von Pariser Bürgern und Abgesandten der Universität. Auch zahlreiche Prälaten und Ritter drängen sich im großen Marmorsaal. Dem König wird ein Antrag vorgetragen, der so umfangreich ist, dass man zwei Tage braucht, um auch den letzten der 258 Artikel zu verlesen.

Alle Bereiche der königlichen Verwaltung werden aufgezählt. Der König wird aufgefordert, sie zu reformieren, um Missbräuche abzustellen und die Ausgaben zu verringern[93]. Niemand wird ausgespart, auch der König soll in seinem Haushalt Einsparungen vornehmen, ebenso die Königin und der Thronfolger. Der Zustand der Finanzen wird als katastrophal bezeichnet. Es wird beschlossen, dass – wer immer seit dem Oktober 1409 vom König Geld oder Geschenke erhalten hat – zumindest die Hälfte davon zurückerstatten muss. Künftig wird es dem König, der Königin und dem Thronfolger verboten sein, auch noch so geringe Pensionen auszustellen. Auch wird beschlossen, dass sich niemand dem König nähern darf, wenn er krank ist: Jeder derartige Wunsch muss einer Kommission unterbreitet werden, die über die Berechtigung einer solchen Forderung befindet.

Die Diskussionen erschöpfen den König. Seine Gesundheit schwindet. Im Juni erscheint er nicht mehr im Rat. Die Burgunder nützen diese neue Schwächsphase des Königs und setzen ihre „Säuberungen“ fort. Am 10. Juni erfährt der Herzog von Guyenne, dass Jakob von La Rivière im Gefängnis angeblich Selbstmord begannen habe, indem er seinen Kopf gegen ein Weinfass schlug! Der Mönch

---

93 „Man bezieht sich dabei auch auf die alten Ordonnanzen, auf die „alten Gewohnheiten“. Ihr Ziel, weit entfernt von erneuernden Absichten, war es, eine politische Tradition und althergebrachte Gebräuche wieder aufzurichten, um einem Staat in voller Entwicklung Grenzen zu setzen.“ Vergleiche B. Schnerb.

von Saint-Denis lässt sich davon nicht täuschen, denn er schreibt, dass Hélion von Jacqueville diesen Mord bestellt hat. Zum gleichen Zeitpunkt wird Simon von Mesnil, Truchsess des Herzogs von Guyenne, der im Mai verhaftet worden war, hingerichtet, ebenso wie eine ganze Reihe von Offizieren aus dem Hause des Thronfolgers und der Königin – eine wohlfeile Art, der „Ordonnanz der 'cabochiens'" zu entsprechen. So hat man weniger Münder zu ernähren und Offiziere zu bezahlen. Vor allem aber ist dies ein Mittel, den Thronfolger zu isolieren. Da man aber dennoch den Dienst des Palastes sicherstellen muss, lässt der Herr von Burgund Männer ernennen, die ihm ergeben sind. Der neue Vorsteher des Palastes ist Johann von Troyes, Johann von Saint-Yon wird erster Kammerdiener und Kassenwart des Herzogs von Guyenne; sein Mundschenk ist ein gewisser Johann Mainfroy und sein Kämmerer Johann Noident. Der Metzger Thomas Legay ist nunmehr Mitglied des Haushalts des jungen Prinzen.

Der Thronfolger hat die Absichten seines Schwiegervaters durchschaut. Er erträgt seine Vorhaltungen nicht mehr und hasst seine Einmischung in die Angelegenheiten des Königreichs. Mit Zustimmung seiner Mutter nimmt er Kontakt zu den Armagnaken auf und wendet sich an den weisen Johann Jouvenel von Ursins, der ihn beruhigt und berät. Dieser Anwalt des Königs rät ihm zur Annäherung an Johann Ohnefurcht und vermittelt eine Unterredung mit ihm. Er erläutert, dass der einzige mögliche Weg zur Aussöhnung darin bestehe, dass Johann Ohnefurcht seine Schuld an der Ermordung Ludwigs von Orléans anerkennt und seine Haltung gegenüber der Zunft der Metzger von Paris ändert. Johann Ohnefurcht hört ihn an, weigert sich aber, dem einen wie dem anderen Rat zu folgen. Es ist ein diplomatischer Fehler, den Vorschlägen von Johann Jouvenel nicht folgen zu wollen, denn dieser denkt wie ein nicht zu vernachlässigender Teil der Bevölkerung.

Die „cabochiens" aber erhalten Kenntnis von den Vorschlägen der Reformkommission. Sie sind von Johann Ohnefurcht nicht zur Abfassung der Ordonnanz hinzugezogen worden. Die Revolte ist immer noch im Gange, und man zögert nicht, sich mit den Gemäßigten anzulegen.

Der Kanzler von Notre-Dame, Johann Gerson, der sich gegen parteiliche Lösungen ausgesprochen hatte, verdankt seine Rettung nur seinem unverzüglichen Rückzug auf die Türme der Kathedrale und schließlich in deren Dachstuhl, wo er mehrere Tage verborgen bleibt, während das aufgebrachte Volk seinen Wohnsitz plündert.

Im Monat Juli, als die Hitze die Gemüter anstachelt, taucht Hélion von Jacqueville, Kapitän von Paris, im Palast des Thronfolgers auf, stößt die Diener beiseite und brüllt den Prinzen an – der einwendet, es sei kurz vor Mitternacht –, dass er und seine Bande immer noch am Tanzen seien! Das ist zu viel. Der junge La Trémoille, einen Dolch in der Hand, stürzt vor und will ihn in die Brust des „cabochiens" stoßen. Er verletzt ihn jedoch nur leicht, denn der Kapitän trägt noch seinen Panzer. Der Herzog von Guyenne indes ist von dem Zwischenfall sehr erregt. Mehrere Tage lang muss er sein Bett hüten. Seine Ärzte sind beunruhigt und wissen nicht, was sie tun sollen, um sein Bluterbrechen zu stoppen.

Die Armagnaken ihrerseits, deren Truppen nahe Verneuil stehen, verlangen, dass die Herzöge von Bar und Bayern, ebenso wie Johann von Guyenne, sich zu ihnen begeben, um zu prüfen, wie man Frieden schließen könne. Die „cabochiens" und die Burgunder sind misstrauisch und fürchten, dass der König und der Thronfolger entführt werden könnten. Deshalb folgen sie ihnen auf Schritt und Tritt. Ein neues Abkommen wird in Pontoise geschlossen: Einmal mehr schwören sich die Prinzen Freundschaft.

Die Bürger von Paris, von den Verhandlungen ausgeschlossen, wenden sich an Johann Jouvenel. Der erbittet eine Audienz beim König. Die Szene ist kurios, denn Jouvenel spricht vom Garten aus mit Karl VI., der sich aus seinem Fenster beugt. Hinter im steht der Herzog von Burgund. Der Burgunder versucht, ihn zu unterbrechen, aber Jouvenel spricht immer lauter. Dann muss der Thronfolger den Kopf herausstrecken, um zu sehen, woher die lauten Stimmen kommen. Johann Jouvenel spricht ihn an und beschwört ihn, die Stadt zu befrieden. Er rät ihm, sie zu Pferde zu durchreiten und die Gefangenen freizulassen.

Ludwig befiehlt sofort, dass die Herzöge von Bar und Bayern befreit werden und man die Schlüssel der Bastille Johann Jouvenel übergebe. Am nächsten Morgen erscheint auf Bitten des ehemaligen Probstes eine große Zahl bewaffneter Bürger vor dem hôtel Saint-Pol, um den Herzog von Guyenne zu begleiten. Zusammen befreien sie die im Châtelet eingeschlossenen Gefangenen. Der Thronfolger lässt eine Botschaft an den Erzbischof von Paris überbringen und fordert ihn auf, dass er ebenfalls die in seinen Kerkern festgehaltenen Männer befreie. Der Zug begibt sich zum Rathaus, wo Johann Jouvenel alle auffordert, sich zu versöhnen. Er fordert, dass der Herzog von Berry – wie früher schon – zum Kapitän von Paris ernannt wird, dass der Herzog von Bar Kapitän des Louvre und der Herzog von Bayern zum Leutnant des Prinzen und zum Befehlshaber der Bastille ernannt werden.

Ludwig von Guyenne geht noch weiter und lässt die in Paris verbliebenen „cabochiens“ verhaften. Die Bekanntesten und Gewalttätigsten sind jedoch geflohen und entkommen so den Pariser Kerkern. Unglücklicherweise wird das alles nur vorübergehend wirken, denn – die Schwäche des Königs nutzend – setzt Johann Ohnefurcht die Befreiung der Gefangenen durch. Dann reist er Ende August beruhigt in seine Staaten zurück.

Mit 16 Jahren hat Ludwig von Guyenne bewiesen, dass er ein geschickter Politiker ist. Er beweist es einmal mehr, als er den Herzögen von Orléans und Bourbon, den Grafen von Vertus und von Alençon violette Kleider für den Einzug in Paris am 31. August schickt. Denn durch dieses Geschenk zeigt er, dass er nicht in einem ganz in schwarz gekleideten Zug, wie es bei den Parteigänger der Armagnaken Sitte war, in Paris einziehen will. In aller Augen ist das ein Zeichen der Befriedung, denn er wünscht sich besänftigte Gemüter, um eine Koalitionsregierung einsetzen zu können.

Er wünscht aber auch, dass Gerechtigkeit geschehe, und lässt Johann Gerson die Unschuld Ludwigs von Orléans verkünden. Die Verurteilung der Reden von Johann Petit wird am 5. Januar 1414 öffentlich gemacht; Johann Ohnefurcht wird es nicht vergessen ...

Die Geschichte wiederholt sich einmal mehr. Sobald er sich, fern von Paris, in Sicherheit weiß, nimmt Johann Ohnefurcht seine Verleumdungskampagne wieder auf. Jetzt lässt er verbreiten, dass Monseigneur, der Thronfolger, Gefangener im Louvre sei und ihn, seinen Schwiegervater, anflehe, ihn zu befreien! Wie soll man sich dem Flehen des jungen Mannes verschließen? Ludwig versucht, diesen Gerüchten zu begegnen: Jeden Tag reitet er durch die Hauptstadt, zeigt seinem Volk, dass er frei ist und dass es nichts zu befürchten gibt.

Die Revanche der Armagnaken

Königin Isabeau erweist sich im Winter 1413/1414 als kluge Frau und Mutter. Nachdem sie am 1. Oktober im hôtel Saint-Pol die Heirat ihres Bruders mit Katharina von Alençon gefeiert hat, verkündet sie am 18. Dezember 1413 die Verlobung des 18-jährigen Karl, Graf von Ponthieu, mit Maria von Anjou, der Tochter von Yolanda von Aragon und Ludwig von Anjou, des Königs von Sizilien. Eine schöne Partie für diesen jüngeren Königssohn, der König von Frankreich werden wird. Yolanda bleibt als Gast Isabeaus bis Anfang Februar 1414 in ihrem Palast, dann reist sie mit den zwei Kindern nach Anjou zurück. Man glaubt, dass es für Karl besser sei, einige Zeit von den Pariser Unruhen entfernt zu sein.

Denn die Hauptstadt ist in der Tat in Aufruhr. Abgefangene Briefe des Herzogs von Burgund besagen, dass er plant, schwer bewaffnet auf Paris zu marschieren. Das Volk ist beunruhigt. Lebensmittel werden gebunkert und Bewaffnete innerhalb der Stadtmauern zusammengezogen. Die Königin sitzt mehreren in großer Geheimhaltung im Louvre abgehaltenen Ratssitzungen vor. Sie hilft Ludwig von Guyenne, sich in seiner unparteilichen Rolle einzuleben. Der junge Mann hat aus der Vergangenheit gelernt. Er beweist das, als er sich auf die Rückkehr Johann Ohnefurchts vorbereitet. Als respektvoller, aber wackerer Schwiegersohn schreibt er seinem Schwiegervater, er möge die Waffen niederlegen.

Härter geht Bernhard von Armagnac vor. Er nützt seinen Einfluss auf den schwachen König wie es der Burgunder sooft getan hatte und verleitet ihn zu der Erklärung, dass der Herzog von Burgund und seine Anhänger Rebellen seien. Letztere hatten sich im Februar bewaffnet den Toren von Paris genähert. Ludwig von Guyenne versucht Zeit zu gewinnen, aber Bernhard von Armagnac drängt den König, und bald wird das Kriegsbanner in Saint-Denis erhoben, um die den Burgundern günstig gesonnenen Städte zurückzuerobern.

Nur Isabeau und ihr Sohn versuchen, sich dieser neuen Aufbietung von bewaffneten Männern zu widersetzen. Sie wollen keinen Krieg mehr, aber sie finden kein Gehör. Also muss man sich schlagen. Karl VI. stellt sich an die Spitze seiner Truppen, an seiner Seite steht der Thronfolger. Die Königin, die Herzogin von Guyenne und Prinzessin Katharina folgen dem König bis Senlis. Die Armee begibt sich nach Compiègne, zieht dann in die Stadt Laon ein. Der Thronfolger belagert Soisson, das sich am 21. Mai ergibt. Laon, Saint-Quentin öffnen ihre Stadttore und machen dem Herzog von Guyenne und Karl VI. Geschenke. Der Sieg hat die Seiten gewechselt.

Eine Frau, Margarete von Burgund, Gräfin von Hennegau, erspart als Abgesandte ihres Bruders Johann Ohnefurcht dem Volk manches Unglück. Sie drängt den König und den Herzog von Guyenne unermüdlich zu friedlicherer Gesinnung. Unter Tränen erinnert sie den Herzog daran, dass er die Tochter des Cousins von Burgund geheiratet hat und dass seine eigene Schwester Michelle die Frau des Erben Philipp des Guten ist. Will er sich gegen seine eigene Familie richten? Ludwig ist dem Frieden ohnehin zugeneigt und lässt sich leicht überzeugen. Er muss aber gegen die Absichten Karls von Orléans, des Herzogs von Bar und Bernhards von Armagnac ankämpfen. Ein Kompromissfrieden wird in Quesnoy unterzeichnet. Das Banner des Königs weht über den Mauern von Arras, der Herzog von Guyenne erhält die Schlüssel der Stadt, der König kann sein Schloss Crotoy wieder einnehmen. Und Johann Ohnefurcht versichert, „dass es weder Pakt noch Allianz mit den Engländern“ gebe. Er verpflichtet sich ferner ein loyaler Untertan zu sein.

Während dieser Zeit hat der König von England, Heinrich V. Lancaster, der seinem Vater Heinrich IV. auf den Thron gefolgt ist, eine feierliche Abordnung an den König von Frankreich gesandt. Der Herzog von Berry empfängt die Bischöfe von Durham und Norwich, die Herzöge von Salisbury und Warwick und Lord Grey. Sie bitten um die Hand der Tochter des Königs, Katharina, fordern aber gleichzeitig auch die Krone Frankreichs für ihren Herrn, indem sie die Ansprüche Eduards III. wieder aufgreifen.

Man versteht die Verblüffung des Herzogs von Berry, der solch unglaubliche Forderungen nicht erwartete. Als guter Diplomat verspricht er alles, legt sich aber nicht fest und sagt, dass er keine Vollmacht in solchen Fragen habe, dass er die Zustimmung Karls benötige. Der Herzog überschüttet die englischen Botschafter mit Geschenken, bis sie endlich zur großen Erleichterung des Volkes von Paris abreisen.

Am 28. Januar 1415 kommen in Saint-Denis die Botschafter des Burgunders zusammen. Johann Ohnefurcht hat ihnen eine ganze Liste von Empfehlungen mitgegeben, um den jungen Guyenne gnädig zu stimmen: Man möge sich bemühen, ihn durch Ballspiele und andere „Vergnüglichkeiten" zu unterhalten.

Der starke Mann dieser Abordnung ist Johann von Thoisy: Sein Befehl lautet, über die Bestimmungen des in Quesnoy unterzeichneten Abkommens zu verhandeln. Der Herzog von Guyenne, der am 28. Februar an Stelle seines Vaters die Versammlung leitet, gewährt eine Generalamnestie, von der 500 Personen ausgenommen sind, deren Namensliste in der Folge überreicht wird.

Man prüft die Fälle der Gefangenen; die Ämter im Haus des Königs werden grundsätzlich beibehalten. Johann Ohnefurcht scheint nicht zufrieden gestellt: Er streitet noch herum, aber Ludwig von Guyenne setzt sein ganzes Gewicht ein, um den Frieden zu sichern. Er akzeptiert allerdings, die Zahl der von der Amnestie Ausgeschlossenen von 500 auf 200 zu senken. Ein Vertrag wird erst am 30. Juli 1415 unterzeichnet.

Die Königin hat keinen Anteil an diesen Verhandlungen. Sie hat noch einmal an ihren Schwiegersohn appelliert, Einfluss zu nehmen, aber wenn Johann V. der Bretagne Isabeau diesen Gefallen erwiesen hat, so hat er es als Verwandter und nicht als Soldat oder Diplomat getan. Seine Ehefrau Johanna nützt diese Reise, um mehrere Monate bei ihrer Mutter zu bleiben, in Melun, Paris und Marcoussis.

Jetzt aber erreicht eine sehr viel bedrohlichere Nachricht den Hof: Die Flotte Heinrichs V. Lancaster hat im Sommer 1415 den Ärmelkanal überquert, um das Königreich Frankreich zu erobern.

Die Katastrophe von Azincourt

Am 14. August landet Heinrich V. an der Spitze einer mächtigen Armee in Caux. Allerdings sind die Botschafter, die er an Herzog Johann Ohnefurcht geschickt hat, um dessen Unterstützung zu gewinnen, unverrichteter Dinge nach England zurückgekehrt. Bertrand Schnerb schreibt: »Heinrich V. ist es also nicht gelungen, Zusagen einer militärischen Hilfe Burgunds zu erhalten, als er im Sommer 1415 mit seiner Flotte den Ärmelkanal quert, um das Königreich Frankreich zu erobern.«

Harfleur wird belagert; sechs Monate später werden die Bewohner vertrieben und durch englische Einwanderer ersetzt.

Das Volk ist zornig. Der Mönch von Saint-Denis berichtet: »Man mokiert sich über den Adel, pfeift ihn aus und singt an jedem Tag Spottlieder bei den fremden Völkern. Man hat ohne Widerstand schändlich jene im Stich gelassen, die sich so wacker verteidigt hatten.« Das Unglück erreicht am 25. Oktober mit der schrecklichen Katastrophe von Azincourt seinen Höhepunkt.

Johann Ohnefurcht wird sein ganzes Leben bedauern, an dieser Schlacht nicht teilgenommen zu haben: Eine Niederlage der Franzosen, gewiss, eine Niederlage aber vor allem der Armagnaken, der Partei des Königs von Frankreich. Die Fraktion wird buchstäblich zerschlagen. Bernhard von Armagnac bleibt allein zurück, Karl von Orléans und Johann von Bourbon werden gefangen genommen und unverzüglich nach England gebracht. Karl von Orléans wird 25 Jahre lang dort als Gefangener festgehalten.

Der Thronfolger hat all sein Selbstvertrauen verloren. England siegreich zu sehen, stürzt ihn in eine seelische Krise. Er zweifelt nicht, dass dies eine Bestrafung Gottes darstellt!

Azincourt ist das Sinnbild für einen Hof, an dem jeder die Macht ergreifen möchte. Die Niederlage der französischen Armee, die zahlenmäßig den Engländern weit überlegen war, hatte mehrere Ursachen: schlechte Koordination der verschiedenen Truppenteile und Regen, der das Terrain aufgeweicht hat, in dem sich die schweren geharnischten Pferde festgelaufen haben[94]. Heinrich V. verstand es zu manövrieren. Er hat im Wesentlichen auf die Bogenschützen gesetzt, die mit der neuen Waffe, dem Langbogen, ausgestattet sind. Ihre Ausrüstung ist leicht und sie schießen schnell. Ihre Pfeile haben den Angriff der Kavallerie rasch zum Stehen gebracht. Einen grausamen Anblick bieten die Toten und Verletzten. Die Gefangenen, zumindest jene, von denen man kein Lösegeld erwarten kann, werden enthauptet.

Am Morgen nach der Schlacht zeigen unzählige nackte Körper, dass die gefallenen Soldaten Opfer der Leichenfledderer und der Bauern der umliegenden Dörfer geworden sind, die gekommen waren, um die Arbeit der englischen Soldaten noch zu vollenden und die Toten restlos auszuplündern.

Im Glanz seines Sieges hält Heinrich V. triumphalen Einzug in London. Er proklamiert: »Ich erkenne, dass Gott mir die Gnade eines Sieges über die Franzosen erwiesen hat. Nicht dass ich es wert gewesen wäre, aber ich glaube sicher, dass Gott sie bestrafen wollte, denn man sagt, dass keine größere Unordnung noch Leidenschaft der Wollust, der Sünden und üblen Laster gesehen wurden, als heute in Frankreich herrschen.« Die Glocken von Westminster und der Paulskirche läuten anhaltend. Gott hat die Franzosen bestraft!

---

[94] Azincourt: „Die Franzosen allerdings waren so mit Ritterrüstungen beschwert, dass sie nicht vorgehen konnten. Waren mit langen Kettenhemden beschwert, die die Knie bedeckten und recht schwer waren und darunter Beinkleider, darüber weiße Harnische ... Sie waren so dicht beieinander, dass sie ihre Arme nicht heben konnten, um die Feinde zu bekämpfen, zumindest keine, die in erster Linie standen.“ Lefèvre de Saint-Rémy, *Journal*.

In Paris irrt Ludwig von Guyenne krank in seinem Palast herum. Die ursprünglich von Johann Ohnefurcht zum Kampf gegen die Engländer aufgestellten Truppen stehen vor den Toren der Stadt. Der Herzog versucht, mit dem Herzog von Berry zu verhandeln. Der demoralisierte Thronfolger weiß nicht mehr, was er tun soll. Er schickt seine Mätresse fort, der er sehr zugetan war. Hatte er nicht seine Liebe bekundet, indem er auf den Zipfel seiner Haube ein K, einen Schwan und einen Flügel hatte sticken lassen? Der Enkel von Karl V. hatte diese galante Geste wieder aufgegriffen, die sein Großvater für die Vorfahrin seiner schönen „Cassinelle", Biette, erdacht hatte.

Die Zeichen der Zeit stehen nicht mehr auf Leidenschaft, sondern vielmehr auf Buße. So schnell wie möglich holt Ludwig von Guyenne seine Frau zurück und lässt seine Mutter rufen. Isabeau ist leidend und muss in der Sänfte transportiert werden. Das Drama nimmt kurz nach ihrer Ankunft seinen Lauf. Der Thronfolger erkältet sich, als er abends von einer Unterredung mit seiner Mutter aus Saint-Pol zurückkehrt. Im hôtel Bourbon verschlechtert sich sein Zustand dramatisch, er hat Durchfall und windet sich vor Schmerzen. Die Ärzte sind machtlos – die Pflanzenaufgüsse zeigen keine Wirkung. Die Königin lässt einen Priester kommen, der ihm die Beichte abnimmt; sie selbst zieht sich in die Kapelle zurück, um zu beten. Sterbend bereut Ludwig vor den Mitgliedern seines Hofes, seine Gattin verlassen zu haben, und dankt ihr für ihre Geduld und Tugend.

Am 18. Dezember 1415 stirbt Ludwig von Guyenne, wieder munkelt man von Gift. Aber es scheint wahrscheinlicher, dass er – von der Tuberkulose geschwächt – einer Grippe erlag. Das Begräbnis findet am 23. Dezember in Notre-Dame von Paris statt. Noch heute kann man auf der rechten Seite der Chorumfassung ein Epigraph für den Thronfolger lesen:

LUDOVICUS
DUX AQUITANIAE
DELPHINUS VIENNENSIS
FILIUS CAROLI VI
OBIIT ANNO 1415

Unter der Inschrift ist das Wappen Frankreichs mit den drei Lilien und das Wappen von Ludwig, drei Lilien von einem Delphin überragt, eingraviert.

Die erste dramatische Folge dieses Todes ist die Ernennung Bernhards von Armagnac zum Konnetabel am 29. Dezember: Er ist der einzig überlebende Repräsentant der Partei Orléans-Armagnac, und der Herzog von Berry hat sich entschlossen, ihn zu rufen. Er wird zum Generalgouverneur des Königreichs und Generalgouverneur der Finanzen ernannt und stellt seine Truppen in Saint-Denis auf. So fordert er den Herzog von Burgund heraus, der es aber offensichtlich vorzieht, den Kampf zu vermeiden. Unter der Knute des Kronfeldherren von Armagnac wird das Land tiefer und tiefer im Elend versinken, selbst die Gemäßigten werden Partei für den Herzog von Burgund ergreifen!

KAPITEL 3

Der Graf von Armagnac an der Macht

Ein fünfter Thronfolger für das Königreich: Johann von Touraine

In der Erbfolge fällt der Titel des Thronfolgers Johann von Touraine, dem zehnten Kind der Königin und des wahnsinnigen Königs zu. Er ist zum „Ausländer" geworden. Nach seiner Heirat mit Jacqueline von Hennegau war er gegen den Willen seiner Mutter, aber entsprechend den Klauseln des Heiratsvertrags, von seiner Schwiegermutter, der Schwester Johann Ohnefurchts, mitgenommen worden. Er hat unter der Aufsicht seines Schwiegervaters Flämisch gelernt. Er hat seine künftigen Untertanen kennen gelernt und ihre Sitten und Bräuche studiert. Dennoch waren die Brücken zum französischen Hofe nie abgebrochen. Der intrigante Graf von Hennegau hatte es verstanden, seinem Schwiegersohn Ländereien und Geschenke zukommen zu lassen. So ist er schließlich zum Grafen von Poitou geworden.

Auch Isabeau hat während all der Jahre immer wieder von ihrem Sohn Nachricht erhalten, den sie als Säugling vor der Pest geschützt hatte. Sie stand mit ihm in regelmäßigem Briefkontakt. Welche Enttäuschung bedeutet es daher für sie, dass er nach dem Tod seines Bruders, als er Thronfolger geworden ist, nicht unverzüglich zurückkommt. Ganz im Gegenteil, man hat den Eindruck, dass er sich hinter seinem Schwiegervater in Holland versteckt. Ein bitterer Zweifel für die Königin: Sollte Johann, der von der Schwester Johann Ohnefurchts erzogen wurde, der burgundischen Sache ergeben sein? Ratlos, entmutigt fragt sie sich, welches Spiel ihr Sohn wohl treibt.

Wenn Isabeau nicht weiß, wie sie handeln soll, so gibt es einen anderen, der rasch reagiert, da er vermutet, dass Johann von Touraine auf Seiten Johann Ohnefurchts steht: Bernhard von Armagnac. Zunächst schickt er Margarete, die Witwe Ludwigs von Guyenne, zurück zu ihrem Vater. Dann reorganisiert er seine Truppen und reagiert damit auf die Ängste der Pariser, die fürchten, dass Johann von Touraine die Stadt gemeinsam mit Johann Ohnefurcht an sich reißen könnte.

Eine untreue Frau rettet Isabeau

In Paris geht das Gerücht um, dass der Herzog von Burgund die Absicht habe, in die Hauptstadt zurückzukehren, und dass seine Anhänger dabei sind, diese Rückkehr vorzubereiten. Bernhard von Armagnac seinerseits hat Geldprobleme und lässt alles verfügbare Gold beschlagnahmen, um es in Münzen umzusetzen – bis hin zum „Reliquienschrank von Monseigneur, dem heiligen Ludwig". Auch die Steuern werden immer erdrückender. Das zieht natürlich Unzufriedenheit nach sich, die die Burgunder eifrig anstacheln. Eine Verschwörung entsteht: Sie wird von der Frau eines reichen Bürgers entdeckt. Ist es die Frau des Färbers Durand von Brie oder die des Nadelhändlers Johann Perquin? Auf jeden Fall ist es eine Bürgerin, die in gewisser Beziehung zum Hof steht. Sie ist beunruhigt, denn sie hat beobachtet, dass sich ihr Ehemann seit mehreren Tagen zum Erzdiakon von Amiens, Albéric von Orgemont, begibt, der auch Dekan in Tours und Chorherr in Paris ist, der dem Rechnungshof vorsteht und Bericht erstattet über die Bittschriften. Ein wichtiger Mann also! Zu ihnen stoßen der überaus reiche Wollhändler Robert von Belloy und der Besitzer des Palastes von Ours beim Tor Baudoyer, Johann Roche. Sie alle gehören der Partei der Burgunder an.

Die Bürgerin fragt ihren Mann. Er vertraut ihr unter dem Siegel der Verschwiegenheit an, dass der Herzog von Burgund Emissäre in die Hauptstadt entsandt hat, denn er sei wütend über die Rolle, die dort der Kronfeldherr Bernhard von Armagnac spiele. Ist dieser mächtige Rivale nicht etwa zum Oberaufseher der Finanzen und zum Generalgouverneur aller befestigten Städte im Königreich ernannt worden? Hat er damit nicht die Macht, wen immer er möchte zum Kommandanten dieser befestigten Orte zu ernennen? Das ist zu viel für den ehrgeizigen Johann Ohnefurcht, der beschließt, ihn endgültig zu beseitigen. Dazu muss auch die Königin Isabeau entmachtet, das heißt eliminiert, werden. Das gleiche gilt für den Kanzler von Frankreich und die Königin von Sizilien, Yolande von Aragon [95]. Die Verschwörer glauben, dass sie rasch die Unterstützung des Volkes finden, das von den Steuern des Kronfeldherren erdrückt wird. Sicher, es steht nicht zur Debatte, Hand an den Gesalbten des Herren zu legen. Das Volk würde das nicht verstehen. Aber es würde lauthals den Tod Bernhards von Armagnac bejubeln, der sich – abgesehen vom Unwillen der Steuerzahler – noch manch andere Gegnerschaft gemacht hat. Er hat Hochschullehrer vertrieben, und ihre Kollegen sind nicht bereit, den Übergriff zu vergessen. Er hat die Zünfte angegriffen und ihre Privilegien geschmälert. Die ganze oder fast die ganze Universität von Paris schreit nach Rache und wendet sich den Burgundern zu.

Der Verschwörung gehören Leute aller Schichten an: Reiche Bürger, Handwerker, Mitglieder des hohen Klerus, einfache Leute. Als Zeitpunkt für den Anschlag wird Karfreitag nach dem Essen festgelegt. Die Frau des zu schwatzhaften Bürgers will es genauer wissen, und da die abschließende Zusammenkunft in ihrem Haus stattfindet, hört sie, wie sich die Verschwörer im Voraus über das „schöne Fest" freuen, das sie dem Volk von Paris bereiten wollen. Der König von Sizilien und der Herzog von Berry sollen in Lumpen gekleidet auf einem Ochsen durch Paris geführt werden. Dann wird man sie ,wenn nötig, hinrichten. Kein Mitleid soll es auch für die Königinnen von Frankreich und Sizilien geben. Verschiedene Persönlichkeiten werden genannt; sie alle sollen hingerichtet werden. Die gute Bürgerin glaubt sich einer Ohnmacht nahe, als sie den Namen ihres Liebhabers Michel Laillier, eines Vertrauten der Königin, hört. Sie fasst sich und lauscht dem Fortgang der Unterredung. Sie hat klug gehandelt, denn sie erfährt, dass der Tag der Hinrichtung verschoben wurde. Einer der Verschwörer legt dar, dass der Karfreitag kein guter Zeit-

---

[95] Halten wir fest, dass Yolande von Aragon sich in Paris befindet und dass sie ebenso verleumdet wird, wie die Königin.

punkt sei, denn die Seigneurs könnten zu Hause bleiben oder auf Wallfahrt gehen. Besser wäre es, die Aktion um einige Stunden zu verschieben: Ehe man sich trennt, bestimmen die Verschwörer den Ostersonntag, den 19. April 1416, nach dem Mittagessen als Zeitpunkt des Anschlags.

Zitternd lässt die Geliebte von Michel Laillier ihm einen Brief überbringen. In wenigen Worten beschreibt sie die Situation und beschwört ihn, so rasch wie möglich aus der Hauptstadt zu fliehen.

Kaum hat er den Brief empfangen, unterrichtet Laillier Bureau von Dammartin, der zum Kanzler eilt. Der bittet die Königin und die großen Herren, sich im Louvre einzuschließen. Der Probst von Paris zieht fünfzig ergebene Männer zusammen und verhaftet die Verschwörer, die im Châtelet eingekerkert werden. Der Kronfeldherr lässt mehrere von ihnen als Verräter hinrichten: Man köpft sie vor den Hallen. Alberic von Orgemont, ein Mann der Kirche, wird vom Probst von Paris dem Kapitel von Notre-Dame übergeben. Unverzüglich wird ihm der Prozess gemacht: Er wird zu Brot und Wasser auf Lebenszeit verurteilt.

Die Reaktion ist heftig, man muss alles tun, damit sich keine neue Verschwörung bilden kann, die üblichen Verdächtigen werden in die Bastille geworfen. Ludwig von Bosredon und zweihundert bewaffnete Männer verteilen sich in Paris. Einmal mehr muss das einfache Volk die Verwüstungen durch die Soldaten erleiden.

Nur die dicken Mauern von Vincennes scheinen sicher genug für Isabeau: Sie schließt sich in der Festung ein, während der Kronfeldherr Paris allein schützt.

Die Königin erhält regelmäßig Nachrichten aus der Hauptstadt. Sie erfährt, dass die Pariser ihre Waffen in der Bastille abliefern müssen, und man sie zwingt, die Ketten, die die Straßen versperren, abzunehmen. Dem Volk wird klar, mit welcher Härte der Kronfeldherr vorgeht, als es die Herolde verkünden hört, dass es fortan verboten ist „Tontöpfe, Kraxen oder Gefäße in den Garten zu stellen, noch Essigflaschen an Fenster, die auf die Straße öffnen“. Die Überraschung ist groß, als sich Abbrucharbeiter dem Sitz der Metzgerzunft nähern und sich anschicken, ihren Versammlungssaal „bis zu ebener Erde abzubrechen“!

Isabeau, immer noch unentschlossen, bleibt in Vincennes und erhebt ihre Stimme im Kronrat nicht, um den Thronfolger so schnell wie möglich nach Paris zu holen. Aber hat sie die Macht dazu, angesichts des Kronfeldherren, der – wie gesagt – fürchtet, dass Johann von Touraine auf der Seite Burgunds ist? Kurzzeitig verlässt sie ihren Rückzugsort, um in Paris ihren Sohn Karl und seine Verlobte Maria von Anjou zu empfangen. Sie versucht, die Entourage der jungen Prinzen von Anjou auf ihre Seite zu ziehen, indem sie den kleinen Hof mit Geschenken überschüttet.

Wilhelm von Bayern, der Schwiegervater des Thronfolgers Johann von Touraine, muss seinerseits eine Entscheidung treffen. Seine Vorbehalte, ihn nach Frankreich zurückkehren zu lassen, stoßen auf Missfallen, sowohl bei den Ratgebern Karls VI. als auch bei jenen von Johann Ohnefurcht. Im September 1416 schließlich erfährt man zur allgemeinen Überraschung, dass der Thronfolger Le Quesnoy verlassen hat und sich anschickt, nach Paris zu kommen. Er kündigt dies seiner Mutter in einem Brief an, in dem er den Vorsitz im königlichen Rat fordert und versichert, er sei bereit, seinen Vater, den König, gegen England zu verteidigen. Er entzieht damit dem Herzog von Burgund den Boden, der sich als „Bewahrer des Königreichs“ dargestellt hat.

Er schließt als respektvoller Sohn seinen Brief und versichert Isabeau seine tiefe Zuneigung. Er bittet sie, seine Botschafterin zu sein, um die letzten Schwierigkeiten zu beseitigen, die sich möglicherweise seiner Rückkehr nach Paris entgegenstellen. Er besteht darauf, allein mit ihr und nicht mit Bernhard von Armagnac zu verhandeln.

Es war selbstverständlich, dass sich Isabeau über die Aussicht freute, in Kürze ihren Sohn zu empfangen. Aber sie war angesichts der Macht von Bernhard von Armagnac ratlos und sah die Schwierigkeiten, die es mit sich bringen würde, mit ihm zu verhandeln. Zwischen den beiden gibt es eine ausgesprochen Antipathie: Isabeau kann seine Intoleranz, sein brutales Auftreten und seine radikale Art nicht leiden. Er wiederum verdächtigt sie, Beziehungen mit Johann Ohnefurcht zu unterhalten. Der Einzige, der sie im Rat unterstützt, ist der Herzog von Berry. Aber der Herzog stirbt im Juni 1416 mit 76 Jahren und hinterlässt ihr das hôtel Nesles sowie ein Horn von einem „Einhorn“[96].

Ruhe vor dem Sturm

»Ich spreche von Dame Elisabeth von Frankreich, einer wahrhaft würdigen Königin.[97]« So spricht Oswald von Wolkenstein, ein deutscher Minnesänger, der 1416 in den Palast Saint-Pol gekommen ist. So erweist er der Königin von Frankreich seine Ehrerbietung, die ihn so höflich empfangen hat. Er bringt ein wenig Sonnenschein in ihr tristes Dasein. Oswald ist Dichter, er ist aber auch Diplomat im Dienste von Sigismund, dem deutschen Kaiser. Er bringt der Königin Neuigkeiten von ihrer bayerischen Familie. Ludwig der Gebartete ist in Konstanz, er ist von seinem Vetter Heinrich von Bayern schwer verletzt worden. Sollte er sterben, käme es zu Nachfolgeproblemen: Obwohl Isabeau auf jede Nachfolge verzichtet hat, könnte man sie auffordern, eine Empfehlung auszusprechen. Ihre Unterredung wird also nicht nur freudvoll gewesen sein, selbst wenn der Dichter in seinem langen Gedicht erzählt, wie er sich den Gepflogenheiten unterwerfen und auf Knien bis zur Königin rutschen musste, die ihm, um ihn zu entschädigen, einen Diamanten schenkte. Er erinnert sich auch, dass sie diesen selbst in seinen Bart geflochten hat.

Ich habe gelernt auf beiden Knien zu gehen,
auf meine alten Tage,
ich durfte nicht auf meinen Füßen stehen bleiben,
wenn ich mich ihr nähern wollte:
Ich rede von Dame Elst von Frankreich,
einer wahrhaft würdigen Königin,

---

[96] Der Herzog von Berry war 1340 geboren worden. Das Horn des Einhorn hatte, so sagt man, Heilkraft. In Wirklichkeit handelt es sich um das Horn eines Narwals oder eines Nashorns.

[97] Aus: *Die Lieder Oswalds von Wolkenstein*, Altdeutsche Textbibliothek Nr. 55, Max Niemeyer Verlag, Tübingen, 1962.

die mit eigenen Händen
meinen Bart mit einem Diamanten „krönte“[98].

Es ist noch nicht lange her, da man auf Drängen Philipps des Kühnen und Ludwigs von Bourbon das Zeremoniell der „Liebeshöfe“ wieder zum Leben erweckt hat, um „Damen und Jungfrauen zu ehren und ihnen zu dienen“. Während eine Pestepidemie Paris heimsucht, vergnügen sich die jungen Männer und die schönen Damen der königlichen Entourage damit, Balladen zu komponieren. Im hôtel Artois lebt der ritterliche Geist mit seinen Themen wieder auf. Außerhalb von Paris folgen die großen Städte der Provinz dieser Bewegung: In Lille, in Amiens, in Rouen laden halb-religiöse, halb-literarische Akademien mit Namen wie „Liebesbrunnen“ oder „Empfängnisbrunnen“ Geistliche und Bürger zur Mitarbeit ein.

Am Hofe Frankreichs traf man sich oft nach dem Abendessen am Montagabend.

Am Valentinstag, am 14. Februar, während einer Phase, in der Karl VI. bei klarem Verstand ist, wird die erste Charta eines Liebeshofes herausgegeben, dessen erster Liebesprinz Peter von Hauteville ist.

Der Hof aber versinkt immer mehr in Trauer. Dennoch überweist die Königin Künstlern und Schriftstellern weiterhin Pensionen. Zur Hochzeit der Tochter von Gontier Col verschenkt sie vergoldetes Silbergeschirr. Christine von Pisan erhält silberne Humpen. Die Dichterin bezeichnet sie als „herausragende Königin, gekrönte und sehr

---

[98] *J'ai appris à marcher sur les deux genoux,*
dans mes vieux jours,
je ne devais pas rester sur mes pieds,
si je voulais l'approcher:
je parle de dame Elst de France,
une reine vraiment digne,
qui de ses mains
m'a „couronné“ la barbe d'un diamant.

geliebte Prinzessin“ und komponiert für sie eine Ballade[99]. Ein anderer Dichter, Othon von Grandson, hat Isabeau ein sehr schönes Balladenwerk geschenkt. Er besingt in 3000 Versen seine unerfüllte Liebe zu einer Dame mit Vornamen Isabel[100], einer nach der Beschreibung von Othon schönen Frau: „Ihre Hände, ihre Arme, ihr Teint, ihre Haare sind die der Schönsten der Schönsten.“ Wir erfahren, dass sie gut spricht, einen kleinen Mund hat, geschickt tanzt und singt. Wer ist sie? Der Dichter fährt fort: „Ich bin ganz der ihre, ich habe nichts mehr von mir.“ Und trotzdem hat er ihr seine Leidenschaft erklärt, sie haben sich Freundschaft auf die Bibel geschworen, aber nie erhält er den geringsten Gunstbeweis. Diese Liebe dauert schon lange, schon seit der Zeit, da die Schöne erst 16 Jahre alt war, als er sie sah und ihr verfiel, ihr, der „Ohnegleichen in Frankreich“, der „Dame von Frankreich“ oder auch „der Besten von Frankreich“.

Ganz offensichtlich ist es Isabeau, die eine solch unmögliche Liebe entfacht hat:

Ich habe eine allzu große Wahnsinnstat begangen,
jene zu lieben, die zu lieben keinen Willen hat.
Ich verliere den Sinn, die Kraft und die Macht.

---

[99] An die Königin Isabelle von Bayern: *„Hohe, herausragende gekrönte Königin von Frankreich, hochverehrte Prinzessin, mächtige Dame und unter gutem Stern geboren, an die Ehre und Wackerkeit sich richten. Die souveräne Herrin der Prinzessinnen, ich bitte Gott, der keine Seele im Stich lässt, dass er euch mit Freude erfülle, an diesem Neujahrstag, meine hochverehrte Dame ...“*
„Haulte, excellent royne couronnée
De France, très redoubtée princece,
Dame poissant et de bonne heure née,
Aqui honneur et vaillance s'adrece,
Des princesses souveraine maistresse,
Je prie cil Dieu, qui ne fault a nulle ame,
Qu'il vous envoit de toute joye adrece,
Ce jour de l'an, ma redoubtée dame ...“
M. Roy: *Œuvres poétiques de Christine de Pisan*, Gesellschaft für alte Texte Frankreichs, Paris, 1886.

[100] A. Clerbourt: „An ihn, weil er zwei goldene Umschläge für das Balladenbuch des Herrn Othes de Grantson gefertigt.“ A.N., KK 42 f. 31.

Es überwältigt mich die Liebe mit solcher Gewalt,
jener zu dienen, die keine Gleiche in Frankreich hat.
Diener werde ich bleiben, ohne jede Erfüllung. [101]

Isabeau bereitet ihrem Sohn den Weg

Johann von Touraine ist mit seinen Schwiegereltern in Compiègne. Die Verhandlungen verzögern sich, denn sie wünschen unbedingt, dass Johann Ohnefurcht mit ihnen in Paris einzieht, und das behagt Bernhard von Armagnac nicht. Der Kronprinz seinerseits schreibt regelmäßig an seine Mutter, wiederholt, dass er nur mit ihr verhandeln möchte. Isabeau versucht, die auftretenden Schwierigkeiten zu beseitigen. Dazu nähert sie sich Johann an und lässt sich mit ihren zwei jüngeren Kindern Karl und Katharina in Senlis nieder. Täglich wechselt sie Briefe mit Johann und schickt Johann Picard, Hémon Raguier oder Wilhelm von Tignonville als Botschafter zu ihm. Da sie ihren Sohn nicht persönlich sehen kann, empfängt sie seine Frau und verhandelt mit deren Mutter, der Gräfin von Hennegau.

Wieder einmal möchte sie glauben, dass sich alles zum Guten wendet, und bereitet aktiv den feierlichen Einzug Johanns in Paris vor. Sie schickt ihm die besten Schneider, um ihn nach der in der Hauptstadt vorherrschenden Mode einkleiden zu lassen. Isabeau hat schließlich die Freude Johann zu empfangen und behält ihn vom 21. Januar bis zum 25. Februar in Senlis in ihrer Nähe[102].

Mehr denn je kümmert sie sich um den bevorstehenden Einzug des Thronfolgers in Paris. Sie beachtet die kleinsten Details: Die Rang-

---

[101] „*J'ai entrepris une trop grande folie*
D'aimer celle qui d'aimer n'a vouloir.
Je pers le sens, la force et le pouvoir.
Mal eut sur moi Amours tant de puissance
De m'asservir à la non per de France.
Serf demourai sans jamais afranchir."

[102] Tagebuch von R. Raguier. Archives Loire-Atlantique 235 f. 26 v. Das kostet der Geldkammer Karls VI. mehr als 3.000 Tourer Pfund.

folge im Zug, die Zahl der Minnesänger, ja selbst die Melodien, die sie spielen werden. Um eine Versöhnung zustande zu bringen, lässt sie einmal mehr ihren Schwiegersohn Johann V. von Bretagne zu sich kommen. Er wird mit den Verhandlungen mit dem Herzog von Burgund beauftragt, aber er hat keine Zeit mehr dafür, denn Bernhard von Armagnac, der ihn nicht leiden kann, schickt ihn nach Vannes zurück. In dem Durcheinander ruft er die Königin nach Paris, und am 28. Februar 1417 schließt sich Isabeau erneut im Schloss von Vincennes ein. Johann von Touraine, der in Senlis geblieben ist, scheint sich nur für seine Hundemeute, die Equipagen, die Melodien der Minnesänger und die Schneider zu interessieren, die kommen, um seine Maße zu nehmen.

Bernhard von Armagnac hält alle Macht in Händen. Er verteilt großzügig Hilfszahlungen an den jungen Erben, um ihn davon abzuhalten, sich dem Herzog von Burgund zu nähern. Aber der Schwiegervater hat Nachricht davon bekommen und sieht diese Winkelzüge mit Unbehagen. Wilhelm von Bayern seinerseits bleibt unerbittlich: Entweder der Herzog von Burgund, Johann Ohnefurcht, zieht mit ihnen in Paris ein oder er bringt den Thronfolger in den Hennegau zurück.

Nun aber erkrankt Johann von Touraine. Isabeau, der man davon berichtet, schickt unverzüglich einen ihrer Ärzte, Johann Cadart, dem es offenbar nicht möglich ist, den Prinzen zu heilen, denn die Königin erfährt, dass sich sein Gesundheitszustand verschlecht. Sie möchte an das Bett ihres Kindes eilen, aber Bernhard von Armagnac verbietet es ihr. So wendet sie sich an den Himmel und betet lange Stunden in ihrer Kapelle. Sie lässt Messen lesen, befiehlt Wallfahrten. Vergeblich, am 5. April erfährt sie durch einen Boten, dass der Thronfolger an einem „Abszess nahe einem Ohr“ gestorben ist. Vermutlich handelte es sich um eine Mittelohreiterung.

Einmal mehr beweinte die Königin den Tod eines ihrer Kinder. Von zwölf, die sie auf die Welt gebracht hat, leben nur noch fünf!

Überdies wird sie erneut verleumdet, und wieder ist Johann Ohnefurcht der Urheber, der schon behauptet hatte, dass sein Schwiegersohn Ludwig von Guyenne vergiftet worden sei. Jetzt verbreitet er das gleiche Gerücht in Bezug auf Johann von Touraine. Diesmal begründet er seine Behauptungen mit der allzu großen Sympathie seines Schwiegersohns für ihn. Der Herzog gefällt sich darin, die Agonie seines jungen Neffen zu beschreiben: „Eine solche Sache macht großes Mitleid anzusehen, da diese Art zu Sterben eine der Formen ist, an denen vergiftete Leute gewöhnlich sterben ..." Das Gift ist ausgestreut, und es ist überhaupt nicht schwer einen Schuldigen in der Person der eigenen Mutter des Opfers zu finden.

Isabeau wird vom Hof vertrieben

> *»Es gab Gerüchte, dass im Palast der Königin mehrere unehrenhafte Dinge geschahen.«*

Isabeau ist von diesem erneuten Todesfall sehr betroffen. In Abgeschiedenheit lebt sie zurückgezogen hinter den hohen Mauern ihres Schlosses mit dem neuen Thronfolger Karl, der zu diesem Zeitpunkt vierzehn Jahre alt ist. Sie scheint völlig unfähig zu handeln, obwohl sie weder von den Armagnaken noch von den Burgundern etwas zu befürchten hat. Ludwig von Bosredon, der Hauptmann ihrer Garde, wacht über sie. Trotzdem kann sie es nicht verhindern, dass Bernhard von Armagnac sie schließlich von ihrem letzten noch lebenden Sohn trennt. Ihre einzige politische Handlung besteht darin, einen neuen Kanzler für den Thronfolger und sich selbst einzusetzen. Sie wählt Robert Le Maçon, einen Vertrauten des Hofes von Anjou. Dann wartet sie mit Karl in Vincennes. Dort wird sie nun der König selbst am 18. April 1417 besuchen. Wie es Sitte ist, geht ihm Ludwig von Bosredon entgegen – zur großen Überraschung wird der Haushofmeister des Palastes jedoch unverzüglich verhaftet.

Der Probst von Paris, Tanguy von Chastel, wirft ihm vor, dass er seine Aufgabe schlecht erfüllt und nicht über die Umgebung der Königin gewacht habe, die sich anstößig benommen habe. Graville und Giac, die man ebenfalls einsperren will, haben genügend Geistesgegenwart, um zu fliehen. Bernhard von Armagnac hatte das richtige Mittel gefunden, um sich der Königin zu entledigen. Es war einfach gewesen, dem schwachen Geist des Königs Zweifel einzureden, ihn zu überzeugen, dass Ludwig von Bosredon unehrenhaft sei, dass er jedermann in die königlichen Kassen greifen lasse, ohne dass die Königin jemals eingreife, sondern vielmehr ihre Günstlinge nach deren Wohldünken beliebig handeln lasse[103].

Das Urteil des Königs ergeht rasch. Man klagt Ludwig von Bosredon an, zu unhöflich mit seinem König umgegangen zu sein und ihn leichtfertig gegrüßt zu haben, ohne vom Pferd gestiegen zu sein. Er wird lebend in einen Sack genäht und in die Seine geworfen. Anstelle einer Leichenrede sind auf den Stoff die Worte geschrieben: „Platz für die Justiz des König[104]."

---

[103] Ludwig von Bosredon: „In jener Zeit wurde vom Probst von Paris ein Herr namens Loys Bourdon, Ritter, beiseite genommen, der so viel Übles im Schloss von Estampe tat, wie vorgemeldet und wurde wegen seiner Unverdienste verloren. Und wurde die Königin alles beraubt, dass sie nicht mehr im Rat sei und ihr Stand wurde verringert." *Tagebuch eines Bürgers von Paris.*
„Das Schweigen der Chronisten und die erstaunliche Umkehr in der Politik von Isabeau nach diesem Zwischenfall haben die Historiker denken lassen, dass Bosredon ihr Liebhaber gewesen sei. Es gibt kein Dokument, das dies behauptet oder vermuten lässt." Yann Grandeau, *Notizen.*

[104] Vallet de Viriville schreibt: „Isabelle ... vom Alter (46 Jahre), von Dickleibigkeit gezeichnet, kränkelnd, leidend, zurückgezogen, gichtig und sich nur noch in einem Rollstuhl bewegend ..." Diese Behauptung ist nicht historisch verbürgt, denn für die Zeit 1416-1417 findet man in den Rechnungsbüchern die Erwähnung von Reitkleidern. (Anmerkung des Verfassers)
„Die Königin scheint uns also zu diesem Zeitpunkt und in dieser Hinsicht außer Gefecht gesetzt zu sein ... Wir denken nicht, dass Ludwig von Bosredon schuldig gewesen wäre. Nichts beweist die Beschuldigungen, die ihm vorgeworfen wurden und die der Leser kennt. Die Geschichte ihrerseits scheint über seinen Tod leichtfertig hinweggegangen zu sein. Die ruhmreichen Dienste dieses Ritters ohne Tadel bis zum Tage dieser Episode hätten, wenn ich mich nicht irre, ein anderes Ende verdient. Ludwig von Bosredon wurde insgeheim angeschuldigt, verurteilt und hingerichtet. Man möge nun im Gegenzug die Fundiertheit des Verdachtes wägen, die die Gesamtheit der politischen Umstände darstellt, unter denen dieser Edelmann geopfert wurde. Unter letzterem Gesichtspunkt betrachtet, könnte sein Tod nicht mehr, wie man es wiederholt hat, als ein heilsames Beispiel einer gerechten Sühne betrachtet werden. So wie die Mehrzahl der vergleichbaren Handlungen aus der gleichen Zeit, könnte dieser Mord sehr wohl, weit entfernt davon, die Folge von Interessen eines machiavellischen Streiches sein oder einer mächtigen und privaten Rache."

Im Schloss von Vincennes handelt der König rigoros: Ganz unter dem Einfluss von Bernhard von Armagnac entlässt er den Hof seiner Frau, lässt ihre Konten sperren und schickt seine Gattin nach Blois ins Exil, obwohl sie lieber nach Melun möchte. Seine Tochter Katharina und ihre Ehrendamen dürfen ihr erst nach einigen Wochen folgen. Ein neuer Kanzler wird für die Königin ernannt, Wilhelm Thoreau, der ihr sicherlich helfen, sie aber auch ausspionieren soll. Am 19. April ist der König zurück in Saint-Pol, wo er auch seinen Sohn in seiner Nähe weiß und ihm das Herzogtum Berry sowie die Grafschaft Poitou übertragen lässt. „Entehrt als Frau, verhöhnt als Königin, wird dem Stolz der Mutter Isabeau ein letzter Schlag versetzt[105]."

In der Tat wird die armagnakische Umgebung Karls ihm ein Bild seiner Mutter zeichnen, dass er kein Vertrauen mehr in sie haben kann. Überdies ergreift Bernhard von Armagnac die Gelegenheit, die Güter der Königin zu seinem Vorteil zu nutzen; so erwägt er am 9. Juli, sich die „Schmuckstücke und das Geld der Königin" anzueignen, worüber sie „sehr wenig zufrieden" sein wird. Isabeau hat es absolut nicht verdient, so behandelt zu werden. Selbst wenn von allen Chronisten bestätigt wird, dass ihre Umgebung sehr korrupt gewesen sei:

»Die würdige Königin von Frankreich, Madame Isabelle, hatte, beherrscht von diesen Gefühlen der Angst, die so natürlich bei den Frauen sind, in Paris eine große Zahl von Kriegsleuten bestellt, um ihre Person und die der illustren Damen ihres Hofes zu schützen, und hatte sie unter das Kommando der Sires von Graville, Giac und Ludwigs von Bourdon gestellt, die beauftragt waren, Tag und Nacht über ihre Sicherheit zu wachen, wo immer sie sich hinbegaben. Ich muss sagen, dass diese Ritter ein ihrer hohen Geburt unwürdiges Verhalten an den Tag legten. Sie erfreuten sich des größten Kredits am Hof der Königin, die ihnen große Summen Geldes und Edelsteine unschätzbaren Wertes übereignete, und fürchteten sich nicht, die Ehre des Rittertums mit Füßen zu treten. Und es war ihnen mit Hilfe schuldhafter Gefälligkeiten und skandalöser Intrigen gelungen, einige Da-

[105] Vallet de Viriville.

men hoher Abkunft zu verführen und zu entehren, so dass ich aus Schamhaftigkeit davon absehe, sie zu benennen. Die Unsäglichkeit dieses ehebrecherischen Handelns, dem sich diese schändlichen Männer öffentlich und ohne zu Erröten bis zu den Festen Osterns hingaben, hatte seit langer Zeit den Unmut der Großen des Hofes erregt, die fühlten, dass ein solches Benehmen der Heiligkeit der Ehe abträglich war. Sie rieten also dem König, sie davonzujagen.«

Der Mönch von Saint-Denis beschreibt in der Folge das Exil der von den „Liebhabern ihrer Damen" getrennten Königin. Der Chronist lässt sich lange über die von der Königin und ihren Frauen lancierten Moden aus, über die aufragenden Frisuren, die so hoch waren, dass man die Türen im Palast Saint-Pol und in Vincennes erhöhen musste. Aber weder er noch Cousinot oder Monstrelet und Juvénal von Ursins sprechen von einem Fehltritt der Königin: Nicht einer versucht, Bosredon vom Beschützer zum Liebhaber zu verwandeln.

KAPITEL 4

Isabeau akzeptiert das Bündnis mit Johann Ohnefurcht

»*Und der Königin mangelt es an allem*«

TAGEBUCH EINES BÜRGERS VON PARIS

Karl VI. lässt, unter dem Einfluss Bernhards von Armagnac, die Edikte von 1402, 1403 und 1409 annullieren, die der Königin gewisse Machtbefugnisse übertragen hatten. Es bleibt aber dabei: Während der „Abwesenheiten" des Königs ist Isabeau Regentin. Ihre Kerkerwächter in Blois sind sehr streng. Johann Picard, Wilhelm Thorel und Lorenz Dupuis haben den Befehl, ihre Briefe zu öffnen. Es wäre aber falsch zu behaupten, dass sie sich auf aggressive oder respektlose Weise benehmen würden. Johann Ohnefurcht, nachdem er sie so verleumdet hat, spielt nun den wackeren Ritter, der kommt, um die Dame seines Herzens zu befreien. Er lässt verbreiten, dass die Königin unter ihrer Haft leide, und dass er sie befreien müsse.

47 Jahre alt, von Paris fern gehalten, allein, von ihrem Ehemann erniedrigt, von ihrem Sohne aufgegeben, scheint Isabeau jedoch neue Kraft zu finden. Sie lässt sich nicht entmutigen und beschließt, auf die politische Bühne zurückzukehren. Dazu ist sie auch bereit, ihren Stolz zu überwinden und Johann Ohnefurcht, ihren schlimmsten Feind, um Hilfe zu bitten.

Der Herzog von Burgund seinerseits setzt alles daran, um sich mit ihr auszusöhnen. Er schreibt ihr und bittet sie um Verzeihung. Da er keine Antwort erhält, wiederholt er seine Bitte: Die Königin möge „geruhen", alle Vorbehalte zu vergessen, und sie möge seine Zuneigung erwidern. Der Herzog geht noch weiter, indem er hinzufügt, es sei keine Minute zu verlieren: Er komme, um sie zu befreien.

Johann Ohnefurcht setzt sich unverzüglich mit seiner Armee in Bewegung; er zieht nach Corbie, dann nach Beauvais, Senlis und Pontoise, schließlich nach Poissy, wo er in der königlichen Abtei mit seiner Großnichte Maria von Frankreich speist. Johann Ohnefurcht denkt nur an seine Revanche, er will die Macht. Er zweifelt keinen Augenblick, dass er sie mit Hilfe der Königin, des armen Königs und der Pariser Bürgerschaft erobern wird. Letztere ist der absoluten und unumschränkten Herrschaft des Bernhard von Armagnac überdrüssig.

Die Entführung Isabeaus verläuft ganz nach Plan. Hector von Saveuse umzingelt mit einer Eskorte von 60 Burgundern die Kirche von Marmoutier bei Blois. Die Königin hatte den Wunsch geäußert, dort beten zu dürfen, und einen burgundischen Kundschafter davon unterrichtet. Isabeaus Bewacher sind von der Entfaltung solcher Stärke verblüfft. Sie geraten in Panik und versuchen zu fliehen. Einer von ihnen glaubt sein Heil in der Flucht finden: Er springt auf ein Boot, aber die Barke kentert und er ertrinkt.

Zur gleichen Zeit bittet Isabeau in der Kirche sehr beherrscht den Herzog von Burgund, der auf sie zugetreten und vor ihr niedergekniet ist, um seine Person und seine Armeen in den Dienst seiner Souveränin zu stellen, sich wieder zu erheben.

Dann reisen sie gemeinsam nach Tours. Als sie sich der Stadt nähern, entsenden die Bürger Boten, um ihren Einzug auszuhandeln. Schließlich öffnet die Stadt ihre Tore, nachdem sie die Zusicherung einer Senkung der Steuern erhalten hat.

Dann heißt Chartres die kleine Truppe willkommen, und in der Hauptstadt der Carnuten errichtet die Königin im November 1417 eine Art Regierung.

Die dem König wohlwollend gesonnenen Städte sollen als Verbündete gewonnen werden. Mit Briefen fordert man sie auf, der Königin Vertrauen zu schenken, und vergisst nicht zu erwähnen, dass sie es ist, die Herrschaftsauftrag und Macht vom König erhalten hat. Die Schreiben weisen auch darauf hin, dass Karl VI. und der Thronfolger sich in schlechten Händen befinden. Man erklärt, dass die Königin ins Exil geschickt wurde, weil sie sich entschlossen für den Frieden einsetzte.

Manche Städte antworten der Königin zustimmend. Von der Gerechtigkeit ihrer Sache überzeugt und vom Herzog manipuliert, errichtet sie in Amiens ein Parlament. Sie überträgt den Vorsitz an Philipp von Morvilliers, einen ehemaligen Berater im Châtelet und überzeugten Burgunder.

Isabeau lässt ein Siegel mit dem Wahlspruch fertigen: »Siegel der Rechtsnachfolge, Souveränität und Berufung durch den König.«

Troyes

Am 2. Dezember verlassen der Herzog und Isabeau Chartres, um sich nach Troyes zu begeben, wo sie am 23. Dezember eintreffen. Ihre Regierung wird bis zum 8. Juli 1418 dauern, dem Zeitpunkt, da die Königin und der Herzog die Champagne verlassen, um nach Paris zu ziehen.

Die Königin hat den Palast von Jacqueline la Blanchette, der Witwe von Johann Saujette, zu ihrer Residenz erwählt. Der Kämmerer der Königin, Hector von Laon, der im Oktober 1422 ihr Hofmeister werden wird, wird mit der Renovierung der Gebäude, der Anlage der Gärten und der Möblierung des Palastes beauftragt, um dem schönen Fachwerkhaus noch mehr Glanz zu verleihen.

Die Ausgaben des Palastes werden von Johann Dunoyer überwacht. Der Hauptsekretär Isabeaus heißt Johann von Dautriche, und da sie keinen offiziellen Kaplan hat, ist es ein Pfarrer aus der Umgebung, der diese Funktion einnimmt. Rat und Verwaltung, das heißt Finanzen, Kanzlei und Gericht, sind im hôtel „Königssaal" an der Südostecke der Altstadt untergebracht. Eine der ersten Urkunden, die von der Verwaltung der Königin ausgestellt wird, gewährt dem Herzog von Burgund 200.000 Francs!

Rasch werden Briefe unterzeichnet, die dem Herzog von Burgund Vollmachten erteilen. Auch wenn die Königin einen Kanzler, einen Kammerherren und Berater – darunter der traurig berühmte Pierre Cauchon, Rektor der Universität von Paris – um sich hat, so ist es doch der Herzog, der die wahre Macht in Händen hält. Isabeau tut alles, um ihre Legitimität zu betonen. So tragen alle Botschaften, die mit dem Siegel der Königin versehen sind, auch die Bemerkung: »Isabelle, durch die Gnade Gottes Königin von Frankreich, mit Bestellung durch Monseigneur dieses Königreichs, durch unwiderrufliche Übertragung durch meinen genannten Herren an uns ...«

In Paris ist der Rat nicht untätig geblieben und hat versucht, die Handlungen des Herzogs zu konterkarieren. Schon am 6. November 1417 hatte man den König eine Urkunde unterzeichnen lassen, die der Königin alle Macht wieder entzog. Darauf hatte Isabeau geantwortet, dass ihr Gemahl und ihr Sohn Gefangene der Armagnaken seien und nicht frei handeln könnten; deshalb sei sie die einzige Person, die das legitime Recht besäße, das Königreich zu regieren und zu verwalten.

Am 16. Februar 1418 löst sie die hohen Verwaltungseinrichtungen von Paris auf: Parlament, Rechnungskammer, Schatzkammer und Münze und errichtet sie in Troyes neu. Einer der Bürger der Stadt, Guiot Le Pelé, wird zum Gouverneur und Generaleinnehmer aller Finanzen ernannt. Einige treue Freundinnen kehren zu ihrer Souveränin zurück, wie Isabella von Lothringen, die Dame von Coucy oder auch Katharina von Alençon, die nur mit großen Schwierigkeiten nach Troyes gelangt. Sie war von Banditen überfallen worden, die ihr Silber- und Goldgeschirr, Möbel, ja selbst ihre Kleider geraubt hatten. Der Rat ordnet an, ihr für ihren Lebensunterhalt eine großzügige Rente zu überweisen.

Isabeau ist misstrauisch und will über jede noch so unbedeutende Handlung des Herzogs unterrichtet werden – aber welche Macht hat sie ihm gegenüber? Ist sie nicht gezwungen gewesen, eine Urkunde auszustellen, die dem Burgunder Macht und Regierungsgewalt überträgt? In Troyes handelt sie als verantwortungsvolle Frau und Souveränin: Sie leitet die Ratssitzungen, empfängt die Botschafter, korrespondiert mit den mit Frankreich befreundeten Mächten, wie Kastilien, Savoyen oder Schottland.

Armagnaken und Burgunder stehen sich immer feindseliger gegenüber, selbst wenn jede der Parteien den Frieden fordert. Berater, Parlamentsmitglieder, Botschafter pendeln zwischen Troyes, Paris und Burgund. Amadeus von Savoyen betätigt sich als Vermittler, genauso wie Johann V. von Bretagne, der unter allen Umständen die Königin, Johann und den Thronfolger versöhnen möchte. Die Grundzüge eines Vertrages entstehen aus diesen Beratungen, aber einmal mehr stellen die Extremisten alles in Frage. Hat nicht einer von ihnen, Villiers von L'Isle-Adam, geschworen, nicht mehr in einem Bett zu schlafen, bis er ein rotes Burgunderkreuz auf die Brust des Kronfeldherren von Armagnac, des Anführers der gleichnamigen Partei, gezeichnet habe?

Beide Seiten führen nur die Worte Rache, Verrat und Mord im Mund.

Die beiden Parteien haben ihre Söldnertruppen, die das flache Land verwüsten. Das Volk leidet ohnmächtig unter diesen brudermörderischen Kämpfen. Doch während Uneinigkeit im Königreich herrscht, machen die Engländer langsame Fortschritte ...

Der endlosen Diskussionen überdrüssig, wird Paris in der Nacht vom 28. auf den 29. Mai 1418 – nach entsetzlichen Massakern – wieder burgundisch. Villiers von L'Isle-Adam hat eigenmächtig Perrinet Leclerc, den Sohn eines Schmiedeisenhändlers und Anführers von 50 Soldaten, angeheuert. Der hat seinem Vater die Schlüssel des Tores von Saint-Germain gestohlen, die ihm anvertraut waren. Der junge Mann hatte den Schlaf seines Vater genutzt, um den Schlüsselbund an sich zu bringen, den dieser sicherheitshalber unter seinem Kopfkissen versteckt hatte.

Die burgundischen Ritter dringen an der Spitze von 500 bewaffneten Männern in die schlafende Stadt ein. Das gemeine Volk sieht in diesem Handstreich eine Möglichkeit, sich von der armagnakischen Vorherrschaft zu befreien, unterstützt die Burgunder und gibt sich Plünderungen hin. Tanguy von Châtel, der als Probst im Châtelet wohnt, begreift, dass er sein Heil in der Flucht suchen muss. Er eilt nach Saint-Pol, wo der Thronfolger friedlich schläft, rüttelt ihn wach und wirft ihm – ohne ihm die Zeit zu lassen, sich anzukleiden – einen Schlafrock über die Schultern. Im Laufschritt die Gärten querend, bringt er ihn in die Bastille. Dort leihen sie sich von Robert Le Maçon zwei Pferde und reiten mit verhängten Zügeln nach Melun.

War das die einzige Möglichkeit? War das Leben des Thronfolgers wirklich in Gefahr? Muss man (wie einige Historiker es tun) annehmen, dass ohne die Entführung des Thronfolgers der Bürgerkrieg hätte ein Ende nehmen können, man ein Arrangement hätte finden können, um die beiden Parteien auszusöhnen? Das heißt ein wenig vorschnell urteilen. Es heißt auch zu vergessen, dass der Thronfolger – jetzt 15 Jahre alt – während der „Abwesenheiten“ von König Karl VI., der immer tiefer in seine Krankheit versinkt, mehr Macht hätte ausüben können. Sicher ist, dass Johann Ohnefurcht und die Königin, als sie von dieser Neuigkeit erfahren, entsetzt sind. Isabeau rührt sich nicht, sie fürchtet ein zorniges Paris, sie hat Angst vor Meutereien und weiß, dass man sie dort nicht liebt. Was hätte sie tun können, um die Aufstände zu verhindern? Am 1. Juni sendet sie den Kardinal von Saint Marc, einen ihrer Vertrauten, zum Thronfolger. Die Königin fordert ihn auf, nach Paris zurückzukehren, um das Volk zu beruhigen – ohne Erfolg: Der Thronfolger rührt sich nicht von der Stelle. Am 12. Juni erfährt man von der Hinrichtung Bernhard von Armagnacs. Paris ist fortan den Burgundern ausgeliefert.

Die Königin weiß nicht, was sie tun soll. Sie zögert in die Hauptstadt zurückzukehren, erinnert sich der Ereignisse von 1413. Am 13. Juni versuchen Isabeau und Johann Ohnefurcht ein letztes Mal, den Thronfolger Karl zu überzeugen, dass sein Platz neben seinem Vater ist: So schickt man den Kardinal von Saint-Pol, Wilhelm Filastre, als Botschafter nach Amboise, wo er residiert. Er hat nicht mehr Erfolg als seine Vorgänger.

Am 14. Juli verlässt die Königin schließlich Troyes und kommt nun doch nach Paris. Sie zieht dort unter den traditionellen Freudenrufen „Noël! Noël!“ ein. Der König scheint glücklich, seine Gattin wieder zu sehen: „Ihr seid sehr willkommen“, sagt er zu ihr und fügt an Johann Ohnefurcht gerichtet hinzu: „Schöner Cousin, Ihr seid sehr willkommen.“

Herzog Johann Ohnefurcht scheint das ganze Königreich in der Hand zu haben. Karl VI. entlässt die Pariser Regierung, das heißt die Behörden, die vom armagnakischen Lager eingesetzt wurden. Er billigt die in Troyes erlassenen Urkunden und bestätigt Johann Ohnefurcht in einer Macht, die dieser faktisch schon längst an sich gerissen hatte.

Zwar scheint der Thronfolger Karl als Generalleutnant des Königreiches im Namen seines Vaters die Legitimität auf seiner Seite zu haben, aber er ist nicht anwesend. Und – wahnsinnig oder nicht – Karl VI. ist immer noch König, und er hat Johann Ohnefurcht die Macht übertragen. Was soll man gegen ihn unternehmen? Der Herzog hätte vielleicht den Thronerben nicht am Leben gelassen, wenn er nach Paris gekommen wäre, um seine Mutter zu treffen. Einmal mehr dient Johann V. der Bretagne als Botschafter und bemüht sich um eine Versöhnung der Unversöhnlichen. Mit Zustimmung des Burgunders bringt er Karl seine Ehefrau, Marie von Anjou, die bei der Wiedereroberung der Stadt durch die Burgunder in Paris geblieben war. Trotz dieser versöhnlichen Geste lehnt Karl jede Verhandlung ab; er zieht es vor, auf bessere Tage zu warten, und begibt sich dann von den Ufern der Loire nach Bourges, das zur Bastion der französischen Legitimität gegen die Angloburgunder wird.

Die englische Normandie

Die Lage in Paris ist katastrophal: „Ging es also im Königreich Frankreich immer schlechter; und man hätte besser gesagt verwüstetes Land als französisches Land.“ Wenn es an Ostern noch geschneit hat, so ist der Sommer des Jahres 1419 so heiß, dass eine Epidemie ausbricht und die kleinen Kinder zu Dutzenden sterben. Die Teuerung erreicht ihren Höhepunkt. Und man tötet – dieses Mal sind es die Burgunder, die die Armagnaken massakrieren. Die Pariser aber sind es leid, Blut fließen zu sehen, und der Herzog von Burgund begreift, dass er das Risiko eingeht, von seiner eigenen Bewegung überrollt zu werden. Er beschließt ein Zeichen zu setzen und wendet sich gegen eine Persönlichkeit, die zum Symbol der Burgunder-Unterdrückung geworden ist: den Henker. Am 21. August muss Capeluche, der so viele Armagnaken enthauptet hat, seinerseits den Kopf auf den Richtblock legen. Dieser Hieb mit dem Henkersbeil beendet den Hass, der beide Lager beherrscht, für kurze Zeit. Aber es gibt neue beunruhigende Nachrichten, die die normannischen Bauern mitbringen, die sich ausgehungert auf den Weg in die Hauptstadt gemacht haben: Die englischen Truppen schließen Rouen ein. Alles wird versucht, um die Stadt zu retten. Isabeau gibt Befehl, die Häuser der Vororte, die an die Mauer angebaut wurden, niederzureißen, bis hin zu den Kirchen, die sich dort befinden, um die Belagerer davon abzuhalten, Fuß zu fassen und in die Stadt einzudringen. Bald aber wird die Situation hoffnungslos. Die Stadtregierung beschließt, sich „unnötiger Münder“ zu entledigen. Frauen und Kinder werden vor die Mauern gebracht, aber der Feind erlaubt ihnen nicht, seine Linien zu queren. Diese Kohorte bedauernswerter Wesen wird versuchen, in den Gräben zwischen den beiden Lagern zu überleben.

Als nicht einmal mehr Pferde oder Ratten zum Essen vorhanden sind, ergibt sich die Stadt. Die Kapitulation kommt die Bewohner von Rouen teuer zu stehen. Die Stadt wird erst dreißig Jahre später wieder ein wenig Wohlstand erleben.

Angesichts des Vormarsches der Armeen Heinrichs V. fliehen Isabeau, der König und der Herzog von Burgund aus Paris und überlassen die ausgehungerte und kranke Bevölkerung ihrem traurigen Los.

Vor ihrer Abreise will die Königin unbedingt ein Schmuckstück zurückbekommen: Eine Brosche, an der sie sehr hängt, denn sie war ein Hochzeitsgeschenk von Karl VI. Diese „Goldspange, auf der sich unter anderen reichen Steinen ein schöner Rubin befindet“, war von den Armagnaken gestohlen und dann verkauft worden. Es ist nicht leicht, die 2.000 Tourer Pfund aufzubringen, die der Händler fordert: Die Königin muss ihre Kämmerer beschwören, die nötigen Gelder aufzutreiben.

Am 15. Januar 1419 lässt sich der Hof in Provins nieder; die Königin logiert im hôtel Grand-Mouton. Sie lässt einen kleinen Weg hinter den Gärten anlegen, um leichter in die Kirche der Cordeliers zu gelangen.

Beunruhigt bitten die Pariser ihrerseits den König und Johann Ohnefurcht, Botschafter an den Thronfolger zu senden, damit er komme, um „die Spaltung des Königreiches zu beenden“. Anfang Mai werden englische Botschafter vom König, der Königin und Johann

Ohnefurcht in Provins empfangen. Sie unterbreiten die Forderungen ihres Herrn: Heinrich V. verlangt immer mehr. Er erneuert seinen Anspruch auf die Hand Katharinas. Die Heirat würde seine Ansprüche auf die Krone Frankreichs rechtfertigen. Er braucht auf die Burgunder keine Rücksicht mehr zu nehmen, die ihm buchstäblich die Tore des Königreichs geöffnet haben, und jenseits des Ärmelkanals ist der Herzog von Orléans immer noch sein Gefangener. Währenddessen ist die Orléans-Partei, also die der Armagnaken, dabei, zur „Partei von Frankreich“ zu werden, die den Zusammenhalt des Landes repräsentiert.

Ende des Monats findet die Beratung von Meulan statt. Heinrich V. unterbreitet der Königin, die von ihrer Tochter Katharina begleitet wird, erneut seine Forderungen. Johann Ohnefurcht zögert mit ihm zu verhandeln, aber der König von England ist sich seiner Macht bewusst: „Schöner Cousin, wir wollen, dass ihr wisst, dass wir die Tochter Eures Königs haben werden, und alles, was wir mit ihr zugleich gefordert haben, oder wir vertreiben sie – und auch Euch – aus ihrem Königreich.“

Die Engländer nutzen die Zwietracht zwischen Königin, Johann Ohnefurcht und Thronfolger Karl. Sie verhandeln getrennt mit den verschiedenen Parteien; alle haben nur eines im Sinn: sich gegenseitig zu betrügen. So sendet der Thronfolger, trotz der Verpflichtung, keinen Separatfrieden zu unterzeichnen, Botschafter zu Heinrich V., um mit dessen Hilfe den Herzog von Burgund auszustechen.

Die Gemahlin Philipps des Guten, des Sohnes von Johann Ohnefurcht, Michelle von Frankreich, verzweifelt über diese Zwangslage, versucht ihrerseits eine Annäherung zwischen ihrem Schwiegervater und ihrem Bruder herbeizuführen. Man vereinbart ein Treffen in Pouilly. Auf beiden Seiten herrscht großes Misstrauen: Jeder weiß, dass es im Umfeld des anderen verbitterte Männer gibt, die zu allem bereit sind, um die Macht an sich zu reißen. Der Thronfolger weiß, dass der Burgunder gerissen ist – und überdies, wie sollte man ihm den Mord an Ludwig von Orléans verzeihen? Die Begegnung erweist sich wieder als Misserfolg.

Noch eine Frau versucht durch ihren Einfluss die beiden Männer zu versöhnen: Die Dame von Giac, Johanna von Peschin, die Mutter von Peter von Giac. Sie war lange Zeit im Dienst der Yolanda von

Aragon gestanden[106] und hat Karl schon als Kind gekannt. Die gute Dame[107] überzeugt nach vielen Gesprächen, nach Versprechungen und flehentlichen Bitten Johann von der Notwendigkeit, sich nochmals mit Karl zu treffen. Zudem ist dem Herzog von Burgund bewusst geworden, dass Heinrich V. immer habgieriger wird, und dass es nicht einfach sein würde, sich mit ihm zu verständigen. Die Nachrichten sind alarmierend: Die Engländer nehmen Städte und Schlösser ein. Sie rauben die Bewohner aus, plündern die Kirchen, tun den Frauen und Mädchen Gewalt an und essen am Freitag Fleisch, was die Geistlichen besonders entsetzt.

Das Treffen zwischen Karl und dem Herzog wird auf den 8. Juli 1419 festgelegt. Johann Ohnefurcht begibt sich nach Corbeil, der Thronfolger nach Melun. Zelte für die Vertrauten der beiden Parteien werden errichtet. Die Unterredung findet in einer Laubhütte in der Mitte einer Landstraße, in gleicher Entfernung von den beiden Lagern statt. Sie dauert mehr als fünf Stunden und endet mit einem Misserfolg. Karl hält sich nicht zurück und spricht hochmütig mit seinem Cousin. Wutentbrannt kehrt dieser nach Corbeil zurück. Der Thronfolger schickt ihm zwei Ritter mit dem Auftrag, eine Friedens- und Versöhnungsbotschaft zu überbringen. Es ist ihm nicht bewusst, wie ungeschickt er sich verhalten hat, und er wartet auf eine Antwort. Als die Boten zurückkehren, berichten sie, wie schwer es ihnen gefallen sei, beim Herzog Gehör zu finden. Die Dame von Giac, von der Königin ermutigt, ergreift erneut ihren Pilgerstab, und es gelingt ihr, eine dritte Begegnung zu organisieren.

Als die Pariser davon erfahren, glauben sie, dass alles geregelt ist, und bereiten schon eine Dankesprozession vor.

Der Thronfolger Karl verspricht nun, zu seinem schwer kranken Vater zurückzukehren, um an seiner Seite zu regieren. Aber die Zeit verstreicht und er unternimmt nichts. Die Engländer ihrerseits treffen auf keinen nennenswerten Widerstand und ziehen in Richtung Paris.

[106] Yolande von Aragon befand sich in der Provence, aus der sie erst im Juni 1423 zurückkehren wird.

[107] Johanna von Peschin war 60 Jahre alt und keineswegs die Mätresse des Herzogs, wie von mancher Seite geschrieben wurde.

Nach einer letzten Botschaft an ihren Sohn, in der sie ihn anfleht, zu ihnen zu kommen, reist die Königin angesichts des englischen Vorstoßes nach Troyes[108]. Der kranke König kann nicht reisen. Er wird ihr einige Wochen später folgen. Unterwegs werden die Reisewägen der Königin von englischen Truppen geplündert. Ihre Kleider, ihr Gold- und Silbergeschirr und sehr schöne Manuskripte finden so den Weg nach England, was beweist, wie wenig man sich um die Königin von Frankreich scherte.

»Da man die Krone Frankreichs in große Gefahr bringt.«

WILHELM VON BARBAZAN

Die neuerliche Begegnung zwischen Thronfolger und Herzog soll am 10. September 1419 in Montereau stattfinden. Bis zum letzten Tag zögert Johann Ohnefurcht; am 3. September bittet ihn die Königin, die Unterredung nicht mehr zu vertagen. Als Ort des Treffens ist wiederum eine Hütte, diesmal in der Mitte einer Brücke, vorgesehen, deren Zugang auf beiden Seiten von jeweils einer Schranke verschlossen ist. Um Zugang zu erhalten, muss man durch eine Einlasspforte gehen.

---

[108] „Als der König und die Königin wussten, dass die Engländer Pontoise eingenommen hatten, baten sie Monseigneur den Thronfolger durch Briefe und ehrenwerte Botschafter zu Beginn des Monats August im genannten Jahre, dass er sich anschließen und Frieden machen wolle mit dem Herzog von Burgund und nicht den schlechten Beratern, die ihn umgaben, glauben möge; und zeigten ihm mehrere schöne Gründe, dass er sich ihnen anschließen möge, damit sie sich in gemeinsamer Übereinkunft anstrengen möchten, die Engländer, die alten Feinde von Frankreich, die schon die Normandie, einen guten Teil des Königreiches, zu dessen großen Schaden hielten, zurückzuweisen; denn dies sollte ihm aus väterlichem Recht mit der Krone Frankreichs zukommen; aber wurde aus Winkelzügen und Bosheiten die Sache übermäßig verlängert. Die Pariser flehten ebenfalls Monseigneur den Thronfolger am achten Tag genannten Monats des Augustes durch ehrenwerte Botschaft an, es möge ihm gefallen, zum König zu kommen und ihr natürlicher Herr zu sein; und flehten ihn auch an, er möge Maßnahmen ergreifen, die Engländer zurückzuweisen und ihnen zu widerstehen.“ Jean Chartier, *Chroniques de Charles VII*.

Als Johann Ohnefurcht die Absperrung durchschreitet, ist es fünf Uhr abends. Seine Bewaffneten sichern auf einer Seite der Seine seinen Rückzug. Von einigen Getreuen begleitet, betritt er dann die Hütte, wo er seinen Cousin, den Rücken an eine Seitenwand gelehnt, vorfindet. Er begrüßt ihn und versichert, dass er nur für den Frieden eintreten möchte. Da er ein guter Redner ist, fügt der Herzog an: „Nie in meinem Leben habe ich die Absicht gehabt, noch habe ich die Absicht, noch den Willen mit den genannten Engländern Einvernehmen oder Bündnis zu haben." Karl seinerseits ist liebenswürdig, er streckt dem Herzog die Hand entgegen: „Schöner Cousin, Ihr sprecht so wohl, als man es nicht besser vermöchte, erhebt Euch und bedeckt Euch." Dann aber wird der Ton härter. Der Thronfolger fühlt, dass er Gefahr läuft, einmal mehr von diesem gewitzten Mann betrogen zu werden. In übler Laune ruft er aus, er benötige niemanden, der ihm sein Verhalten vorschreibe, und dass er seinem Vater aus eigenem Willen begegnen werde, ohne dazu den Ratschlages des Burgunders zu benötigen. Von seinem Zorn mitgerissen, beschuldigt er seinen Cousin, das Eindringen der Engländer in das Königreich Frankreich ermöglicht zu haben.

Johann Ohnefurcht ist es nicht gewohnt mit solcher Herablassung behandelt zu werden. Die Schwerter werden aus den Scheiden gerissen. Wer hat das seine als Erster gezogen? Sicher ist, dass Tanguy von Châtel zu seinem Herrn stürzt, ihn aus der Umfriedung zerrt, während der Herzog mit gespaltenem Schädel und – wie seinerzeit Ludwig von Orléans mit abgetrennter Hand – zu Boden stürzt. Erlebt man hier nicht eine genaue Wiederholung des Mordes von 1407?

Karl hat diesen Mord sicher nicht bestellt, aber er hat ihn geschehen lassen und wird später seine Diener decken. Fortan wird er eine Aversion gegen Blut und eine panische Angst vor Brücken haben.

Welche Ziele verfolgten die unbeugsamen Anhänger der orleanistischen Partei wirklich? Johann Bouvet, Wilhelm Bataille oder Wilhelm von Avaugour – alle drei enge Berater des Thronfolgers? Wollten sie tatsächlich Aussöhnung und Generalpardon erwirken? Alles deutet darauf hin, dass sie vom Geist der Rache und der Feindseligkeit einer Fraktion verblendet waren, bereit, das Königreich an die Engländer zu verkaufen. So hatten sie diesen Mord begangen, ohne die katastrophalen Folgen zu bedenken.

»Jedermann wisse, dass ich, wenn ich es gewollt hätte, König von Frankreich wäre.« Philipp der Gute

Der Mord von Montereau hat alle entsetzt. Die Pariser sind fassungslos, die Universität drückt die allgemeine Trauer aus: „Wir haben den Prinzen des Jahrhunderts verloren." Königin Isabeau wirft ihrem Sohn den „sehr falschen, sehr unloyalen Verrat und entsetzlichen Mord" vor.

Nur Heinrich V. jubelt: „Durch seinen Tod, mit Hilfe Gottes und des heiligen Georg sind wir am Ziele unserer Wünsche".

Karls Versagen besteht darin, nicht unverzüglich die Konsequenzen aus dem Tod des Herzogs von Burgund zu ziehen. Musste er sich nicht an die Spitze seiner Truppen stellen und den Überraschungseffekt nutzen, um Troyes einnehmen, wo sich der König und die Königin „in sehr kleiner Gesellschaft" aufhielten? Hätte er sich als der wahre Erbe des Königreiches erwiesen und seine Eltern „zurückgeholt", so hätte er Philipp den Guten, den ältesten Sohn des ermordeten Herzogs, daran gehindert, aus Isabeau und Karl VI. die Werkzeuge seiner Rache zu machen. Stattdessen versucht Karl zuallererst, sich bei dem neuen Herzog zu entschuldigen. Er schreibt seiner Schwester Michelle und bittet sie, bei ihrem Gemahl für ihn einzutreten. Die arme Frau versucht vergeblich, beide auszusöhnen, und wird bald an „Erschöpfung" sterben. Täglich hört sie den Vorwurf: „Michelle, Euer Bruder hat meinen Vater ermordet." Karl wird lange unter der Anschuldigung leiden, seinen Cousin ermordet zu haben.

Isabeaus Gefühle sind geteilt. Sie fürchtet einen Angriff ihres Sohnes auf Troyes, der neue Kämpfe und neue Erhebungen nach sich ziehen könnte. Auch sie fühlt sich verantwortlich für den Tod des Herzogs: Hat sie nicht die Dame von Giac entsandt, um Johann Ohnefurcht zu der Begegnung zu überreden? Sie schreibt Philipp einen Brief, in dem sie ihrem Schmerz und ihrem Zorn Ausdruck verleiht, denn sie fürchtet, dass der Burgunder sich einmal mehr Heinrich V. zuwendet.

Die Mörder Johann Ohnefurchts müssen bestraft werden. Am 16. September 1419 schreibt Karl VI. in diesem Sinne an den Herzog von Burgund. Die Königin spielt ein gefährliches Spiel, das sie verlieren wird, aber sie hat es zumindest versucht. Es geht darum, Philipp den Guten daran zu hindern, direkt mit England zu verhandeln. Sie will ihm die Hände binden, indem sie ihn daran erinnert, dass er Vasall des Königs ist und sich mithin den Beschlüssen des Kronrates zu unterwerfen habe. Der politische Spürsinn der Königin hätte die Ungeschicklichkeit des Thronfolgers ausgleichen können. Aber Philipp setzt sich über die Empfehlungen seiner Königin hinweg und verhandelt am 27. Oktober in Arras mit den Engländern. Heinrich V. fordert den Burgunder auf, die Klauseln des Vertrages von Troyes zu billigen, in denen er sich verpflichtet, nachdem er Katharina geheiratet habe, dem König und der Königin von Frankreich ihren Titel und ihren Staat zu erhalten. Im Gegenzug soll ihm und seinen Erben nach dem Tod Karls VI. die Krone Frankreichs zufallen. Dieser Vorschlag gefällt Philipp dem Guten: Er fühlt sich nicht als Valois, ihn kümmert die Krone von Frankreich nicht, deshalb akzeptiert er ohne Gewissensbisse die englischen Vorschläge.

Im Gefolge des Thronfolgers ist man höchst beunruhigt. Karl erinnert alle daran, dass er, der Sohn von Karl VI., der einzig wahre Thronfolger ist. Er fordert sie auf, sich zusammenzutun, um die Engländer zu vertreiben.

Die Königin schickt ihrem Sohn Versöhnungsbriefe, deren Inhalt uns nicht überliefert ist, aber der Kanzler des Thronfolgers berichtet der Königin, dass Karl ihre Briefe „freudigen Herzens“ erhalten habe. Am 21. Dezember erklärt er sich bereit, mit den Botschaftern seiner Mutter zu verhandeln.

»Meine hochverehrte Dame, ich empfehle mich Euch, so ergeben, wie ich es kann. Es gefalle Euch zu wissen, dass ich Eure Briefe empfangen und verstanden habe, was ihr mir berichtetet, und was es Euch gefiel, mir zu empfehlen, wofür ich Euch so demütig, wie ich kann, danke. Darüber und über andere Dinge habe ich meinen Willen Euren Boten ausführlich berichtet ... Es möge Euch gefallen, es zu glauben wie sie es Euch berichten ... Meine hochverehrte Dame, der gelobte Sohn des Herren habe Euch immer in seiner Gnade ...«. Dieser Brief wurde in Bourges am 21. Dezember von Karl verfasst, der sich als »Euer ergebener und sehr gehorsamer Sohn Karl« bezeichnet.

Hémon Raguier, Karls Kämmerer, schreibt seinerseits:

»Meine souveräne Dame, ich empfehle mich Euch so sehr und so ergeben, wie ich kann; und es gefalle Euch zu wissen, dass der Herr Regent, Euer Sohn – dank unseres Herren – sehr wohlauf und groß und gewachsen ist, seit Ihr ihn gesehen habt, und Ihr müsst Gott wohl loben, der Euch einen so schönen Prinzen hat tragen lassen, an Sinn, an Tugend und Wackerheit, wie er es ist, denn in den letzten 500 Jahren gab es in Frankreich keinen so in allen Anlagen Perfekten, wie er es ist. Und gefalle es Gott, dass der König, Ihr und Madame Eure Tochter nach Eurem Wohlgefallen bei ihm seid. Denn Friede wird bald zwischen den Herren und anderen Leuten Frankreichs herrschen und werden wir zusammen sehr schönen Krieg gegen die Engländer führen und sie aus diesem Königreich hinauswerfen, denn, Gott sei es gedankt, mein genannter Seigneur hat so große Macht und wird es erreichen, ehe es Ostern wird, dass er und seine guten Untertanen sie bald hinauswerfen. Meine hochedle Dame, ich beschwöre Euch, es möge Euch gefallen, mich immer in Eurer Gnade zu bewahren ...«, gezeichnet: Hémonnet.

Diesem Brief ist ein Anhang beigefügt: »Meine edle Dame, es gibt Neuigkeiten, dass Ihr gewisse Verhandlungen, die lang seien, führt und dass, wenn Ihr das wollt, Ihr sie abkürzen könnt. Das heißt, dass sie bald jemanden von Euch zu Monseigneur schicken werden, und ihr werdet sehr schnell zu einer Einigung gelangen. Wenn Ihr es tun wolltet und mich beauftragt, mit dem was Ihr wünscht, denn ich habe Euch nie belogen, so viel ich weiß und werde es nie tun[109].«

---

[109] Briefwechsel zwischen Karl und seiner Mutter. Vgl. M. Rey, *Les Finances royales sous Charles VI,* a.a.O.

Vier Tage später, am 25. Dezember, ist das Schicksal der beiden besiegelt. Heinrich V. und Philipp der Gute schließen einen Vertrag.

Von nun an beginnt eine Kampagne gegen den Thronfolger, gegen den „sich so nennenden Dauphin“ – heute würden wir sagen gegen den „so genannten“ Thronfolger. Er wird als „verderbt“, und „sittenlos“ hingestellt. Man bezeichnet ihn als einen kriminellen Majestätsverbrecher, da er den Mord an Johann Ohnefurcht befohlen habe. Er wird von seinem Vater als der Thronfolge unwürdig bezeichnet[110].

Karl sieht das anders. Von seinen „Staaten“ im Zentrum Frankreichs aus bemüht er sich, mit den Ständen des Languedoc zu verhandeln. Die sind ihm wohl gesonnen und gewähren ihm wiederholt Unterstützung. So verfügt der, den man verächtlich den kleinen „König von Bourges“ nennt, über ein sehr viel größeres Territorium, als man üblicherweise annimmt.

In der Hauptstadt, so schreibt der „Bürger von Paris“, ist das Volk von Trauer ergriffen, dass der König und die Königin „aus ihrem Ort von ihrem eigenen Kind vertrieben und Flüchtlinge“ sind. Deshalb wird die Enterbung des Thronfolgers im April 1420 dort durchaus begrüßt.

Parlament, Universität und Volk von Paris haben Partei für Burgund und England ergriffen, die sie für die Partei des Königs und der Königin halten. Die Pariser sehen in Heinrich V. einen Friedensboten. Hat er ihnen nicht „vier Wagenzüge besonders guten Weines“ geschenkt, als er am 8. Mai 1420 am Stadttor von Saint-Denis vorbeizog, um auf dem Wege nach Troyes bei der Brücke von Charenton Halt zu machen?

---

[110] P. Champion und P. Thoisy, *Bourgogne, France, Angleterre au traité Troyes*, Verlag Balzac, 1943.

Der Vertrag von Troyes

König Heinrich V. von England versteht es, sich Isabeau und dem wahnsinnigen König gegenüber respektvoll zu benehmen. Er wahrt immer den Anstand und spricht sie als ihr künftiger Schwiegersohn mit Respekt und Zuneigung an. Auf Karl VI., für den Äußerlichkeiten und Etikette große Bedeutung haben, macht diese Ehrerbietung großen Eindruck. Aber auch Philipp der Gute weiß, wie man den König für sich gewinnen kann: Er macht sich unentbehrlich. In Wirklichkeit trifft er alle Entscheidungen und empfängt die ausländischen Botschafter.

Als die Grafen von Kent und Warwick, begleitet von Meister Johann Dole und Robertsart, nach Paris kommen, ist der Burgunder darauf bedacht, ihre Wohnungen mit prunkvollem Mobiliar und Wandteppichen nach der neusten Mode auszustatten, die eigens aus Dijon herbeigebracht worden waren. Die Ausgaben dafür belaufen sich auf 16.000 Pfund und werden vom Haus des Königs von Frankreich bezahlt.

Am 20. Mai kommt Heinrich V. nach Troyes, begleitet von 12.000 bewaffneten Männern, die sein Bruder, der Herzog von Clarence, anführt. Philipp der Gute empfängt ihn, tritt vor, begrüßt ihn mit Respekt und begleitet ihn in das hôtel Couronne, das für ihn hergerichtet worden ist. Dann verständigt er den König von Frankreich über die Ankunft seines zukünftigen Schwiegersohnes. Einige Stunden später kommt der König von England, um den König von Frankreich zu begrüßen. Dieser erwartet ihn, von seinem Hofstaat umgeben, auf einem Thron unter einem Baldachin mit den Lilienblüten. Der König von England betritt den Saal und schreitet, seinen Hut in der Hand, rasch und entschlossen voran. Er steht bereits vor dem Thron, ehe Karl die Zeit gefunden hat, sich zu erheben. Heinrich beugt das Knie und spricht liebenswürdige Worte. Der Chronist Monstrelet berichtet von diesem Ereignis und stellt fest, dass der König »tausendmal mehr als man es erhofft hatte, guten Sinnes war, denn seine Krankheit beherrschte ihn immer noch«. Er antwortet: „Oh, Ihr; seid wohl willkommen, da es denn so ist! Begrüßt die Damen!“

Heinrich verbeugt sich vor Isabeau, umarmt „freudig Madame Katharina“. Alle drei tauschen anschließend „liebenswürdige Worte“.

Am nächsten Tag, dem 21. Mai, beschwört Heinrich V. – der zum wohl geliebten Sohn König Karls geworden ist – als König von England und Erbe von Frankreich in der Kathedrale von Troyes feierlich den Vertrag.

Heinrich V. verpflichtet sich, den Titel eines Königs von Frankreich nicht vor dem Ableben seines künftigen Schwiegervaters anzunehmen. Er belässt ihm und auch der Königin den Nießbrauch am Land und alle Rechte und Würden. Da Karl jedoch krank ist, wird Heinrich V. die Regentschaft mit Hilfe des Großen Rates ausüben. Folglich schuldet ihm jedermann Gehorsam. Im Gegenzug wird er die Rechte des Parlaments wahren und jedermann Gerechtigkeit widerfahren lassen. Er verpflichtet sich, über eine gerechte Besteuerung zu wachen und die Anhänger des Thronfolgers, das heißt die Armagnaken, zu unterwerfen. Die beiden Reiche sollen ihre Streitigkeiten begraben und wirtschaftliche Beziehungen auf der Basis gemeinsamer Interessen aufnehmen. Es wird aber festgehalten, dass jedes Land seine Gewohnheitsrechte behalten darf. Mit anderen Worten: Karl der Thronfolger ist enterbt und gesellschaftlich geächtet. Man muss an dieser Stelle die Rolle der Universität von Paris betonen, unter deren Anleitung der Vertrag von Troyes erarbeitet wurde. Professoren, an ihrer Spitze Pierre Cauchon, haben die Lehre von der „Doppelmonarchie“ entwickelt, die zwei Kronen auf einen Kopf – den des Erben König Heinrich V. – setzt! Einer der Advokaten des Vertrages von Troyes ist Johann von Rinel, der Neffe von Pierre Cauchon. So hat man eine gelehrte „Institution“ erarbeitet, die anscheinend beide Königreiche zufrieden stellt, indem sie das eine und auch das andere erhält und sie eng verzahnt. Nur einer stört: Karl, der „König von Bourges“ – den aber hat man für regierungsunfähig erklärt.

Ein raffiniert ausgedachter Vertrag, der aber nicht die Wünsche der Völker beiderseits des Ärmelkanals berücksichtigt: Die Einsetzung des Königs von England als Thronerben widerstrebt einen großen Teil des französischen Volkes, dessen Ablehnung gegen Heinrich V. nur zunehmen wird. Man kann nicht erwarten, dass die beiden Königreiche friedlich Seite an Seite unter der Herrschaft eines gemeinsamen Königs bestehen werden. Das Volk von Paris, das diesen Vertrag nur widerwillig akzeptiert, sieht darin lediglich ein mögliches Ende des Krieges.

Hat sich Isabeau von dieser Illusion verführen lassen? Hat sie damit nur die Interessen ihrer Tochter und ihre eigenen Wünsche verfolgt?

Hat sie in der Heirat von Katharina und Heinrich eine fragwürdige Überlebenschance der Dynastie erkannt und die öffentliche Meinung dafür gewinnen wollen? Isabeau lässt es zu, dass ihr Sohn enterbt wird, und überlässt das Königreich den Engländern. Die Unterzeichner des Vertrages von Troyes haben ihr offensichtlich nicht den mindesten Spielraum für eine eigene Meinung gelassen: Ihre Hände sind angesichts der doppelten Autorität von Philipp dem Guten und Heinrich V. gebunden. In Wirklichkeit ist sie eine leidgeprüfte, hin- und hergerissene Frau, die glaubt, das Beste aus der Lage zu machen, zu Gunsten ihrer Tochter Katharina zu handeln, die eines Tages Königin von Frankreich und England sein wird. Ungeachtet dessen, dass ihr Enkelsohn, sollte es einen solchen geben, eines Tages legitimer Erbe der Doppelmonarchie sein würde.

Sie opfert Karl, der von allen Verhandlungen ausgeschlossen bleibt und jeglicher Hoffnung auf den Thron beraubt wird. Seine Anhänger, die Armagnaken, sind verhasst. Ihre Plünderungen haben die Beziehungen unter den Franzosen vergiftet. Man kann Karl vorwerfen, keinen festen Standpunkt einzunehmen, aber er hat Zweifel, ob das Recht auf seiner Seite ist. Er wird immer Skrupel haben und zögern, seine eigenen Parteigänger zu unterstützen und für den Wiedergewinn des Königreiches zu kämpfen. Es wird den ganzen Einsatz und die Entschlossenheit Johannas von Orléans bedürfen, ihn zu überzeugen, diesen Kampf nicht aufzugeben.

Katharinas Heirat

> *»Wie Heinrich, König von England, in all seiner Herrlichkeit nach Troyes in die Champagne kam, um sich zu verheiraten und den endgültigen Frieden mit dem König von Frankreich zu schließen«* MONSTRELET

Eilig, aber dennoch sorgfältig und prächtig, bereiten die Händler von Troyes die Roben der Ehrenjungfrauen der Königin vor. Peter Chevion, Tuchhändler, eilt nach Genua, um Seide und blauen Damast aus Lucca zu kaufen, um daraus Kleider für den König, die Königin und Katharina schneidern zu lassen.

Zur Hochzeit ihrer Tochter wird Isabeau besonders elegant erscheinen. Sie lässt sich eine Schleppenrobe in den Farben des Königreiches Frankreich – gold und himmelblau – anfertigen.

Am 2. Juni entsteigen die beiden Frauen vor der Pfarrkirche St. Johann zum Klang der Trompeten und Fanfaren einem von acht „englischen Passgängern“ gezogenen Wagen. Der Erzbischof von Sens, Heinrich von Savoisy, nimmt das Ja-Wort von Braut und Bräutigam entgegen und segnet ihr Bett. Heinrich V. schenkt der Kirche eine Krone aus vergoldetem Kupfer, die als Sockel eines Reliquienschreines des Wahren Kreuzes dienen wird. Das nachfolgende Fest wird von Philipp dem Guten ausgerichtet. Am folgenden Tag lädt Heinrich V. zu einem Bankett in das hôtel Couronne.

Der versammelte Adel hätte das Ereignis gern mit einem festlichen Turnier gefeiert, aber Heinrich V. hat anderes beschlossen. Er reist ab, um die Stadt Sens zu belagern, denn, so sagt er, „dort kann jeder von uns kämpfen und turnieren und seine Wackerheit und seine Tapferkeit zeigen; denn es gibt keine schönere Ritterlichkeit, als den Bösen den Prozess zu machen, damit das arme Volk leben könne“. In seinem Gefolge führt er Karl VI. und Isabeau mit sich. Auch Herzog Philipp folgt ihm, aber aus freiem Willen und als Verbündeter.

Am 11. Juni ergibt sich die Stadt; schon am 23. bezieht der König von England die Festung Montereau. Diese wird den Truppen des Thronfolgers ohne Schwertstreich abgenommen. Das erlaubt es

Philipp dem Guten, seinem Vater ein würdiges Grabmal zu errichten. Er lässt Johann Ohnefurcht exhumieren. Der Leichnam des Verstorbenen wird mit Salz und Gewürzen bedeckt, in einem Bleisarg versiegelt und in die Chartreuse von Champmol bei Dijon verbracht, wo er am 12. Juli feierlich beigesetzt wird.

Heinrich V. versteht es, seine Macht zu nützen, er versteht es aber auch, Pracht zu entfalten, um das Volk für sich zu gewinnen. Deshalb wird sein feierlicher Einzug in Paris am 1. Dezember an der Seite von Karl VI. sorgfältig vorbereitet. An diesem Sonntag, dem Tag des Heiligen Eloi, sind die Straßen gesäubert. Farbige Tücher und Teppiche zieren die Häuser. Alle Bürger, zumindest jene, die dazu noch in der Lage sind, haben sich Kleider aus rotem Tuch fertigen lassen, und ihre Frauen herausgeputzt. Die Kinder laufen fröhlich zum Klang der Flöten durch die Straßen. Die Priester, in Cappa und Chorhemd, tragen Reliquien durch die Straßen und singen, um Gott zu danken.

Am nächsten Tag, dem 2. Dezember, ziehen Isabeau und ihre Tochter, die Königin von England, feierlich in die Stadt ein. An ihrer Seite reitet der Herzog von Clarence, der Bruder Heinrichs V. Das Volk von Paris bereitet ihnen einen wahrhaften triumphalen Empfang.

Katharina richtet sich mit ihrem Gemahl im Louvre ein, während Isabeau ins hôtel Saint-Pol zurückkehrt, wo sie Karl VI. erwartet. Dort, in der Pariser Residenz des Königs, verurteilen am 23. Dezember Heinrich V. und Philipp der Gute erneut den „so genannten Thronfolger des Viennois“. Karl, der Thronfolge unwürdig, wird all seiner Rechte auf das Königreich enthoben, „ebenso wie alle seiner Parteigänger“. Vier Tage später, am 27. Dezember 1420, kehrt Heinrich nach London zurück. Er führt seine junge Frau mit sich, die überall – vor allem in Rouen, das „von englischer Bevölkerung ist,“ und dies schon seit zwei Jahren – begeistert empfangen wird.

VIERTER TEIL

Die Jahre des Alters
1420 - 1435

KAPITEL 1

Isabeau, die Großmutter Europas

Die Geburt Heinrichs VI.

Die vierzehn Jahre, die ihr zu leben bleiben, wird Isabeau im Wesentlichen in ihrer Pariser Residenz Saint-Pol in Gesellschaft des wahnsinnigen Königs verbringen. Von Zeit zu Zeit wird sie kurze Aufenthalte in Vincennes, in Senlis verbringen oder einige Tage in Poissy sein, um ihrer Tochter Maria einen Besuch abzustatten.

Nach ihrem Rückzug aus dem Marais[111] wird sie vor allem Briefkontakt mit ihren Töchtern halten: Mit Johanna, die in Vannes bei ihrem Gemahl Johann V. der Bretagne lebt, mit Michelle, die vor Kummer in Gent vergeht.

Und wie seinerzeit, als sie Nachrichten von Isabella erwartet hatte, sehnt sie sich nun nach Botenreitern aus England. Die Königin ist ihrer jüngsten Tochter besonders verbunden. Wenn diese aus England zurückkehrt, um einige Tage in Frankreich zu verbringen, eilt ihr Isabeau entgegen. Das ist der Fall im Laufe der Jahre 1421 bis 1422, als sie sie in Senlis trifft[112]. Die zwei Königinnen verbringen einige Tage im Schloss Bois in Vincennes.

---

[111] Stadtviertel von Paris (heute der südliche Teil des III. und das gesamte IV. Arrondissement) – seit dem Mittelalter ein „aristokratisches" Viertel – mit dem königlichen Palast Tournelles (14. Jhdt.), dem hôtel Sens (15. Jhdt.) – und dem „Tempel", Sitz des Ordens der Templer (12. Jhdt.), zugleich aber ein aktives Geschäftszentrum. (Anm. d. Ü.)

[112] Stadtarchiv von Senlis, BB II f 130 r und v. Der kredenzte Wein kommt aus Burgund: Paris, B.N., 10.370 f. 14 v.

Katharina hat Paris im Januar 1421 verlassen. In London hat sie ihr Gemahl seinem Volk vorgestellt, und sie hat sich an ihre neue Umgebung gewöhnt. Isabeau wollte sie nicht allein ziehen lassen und Katharina von Alençon, die Herzogin von Bayern[113], gebeten, sie zu begleiten. Isabeau hat immer auf diese Weise für ihre Kinder gesorgt und sie von einer Person ihres Vertrauens begleiten lassen. So fühlt sie sich ihnen näher.

Am 4. Juli 1421, nach sieben Monaten der Abwesenheit, ist das englische Königspaar wieder in Paris.

Die Pariser sind herbeigeeilt, dem Herrscherpaar die Ehre zu erweisen, das Hof hält, „die Krone auf dem Haupt und um sie herum in schöner Ordnung die Bischöfe, Prinzen, Barone und Ritter aus England".

Am 8. Juli lädt Heinrich V. seine Schwiegereltern nach Vincennes ein, wo er sie überaus respektvoll bittet, seine Rückkehr abzuwarten. Dann bricht er auf, bei Mantes zu kämpfen.

Der König und die Königin von Frankreich richten sich mit Katharina in Vincennes ein. Bis Ende September bleiben sie zusammen. Die junge Königin kehrt dann nach England zurück, um dort niederzukommen. Heinrich V. hat – als zuvorkommender Ehemann – die Mönche von Coulombs bei Chartres gebeten, ihr einige Monate lang die Reliquie der „Vorhaut von Jesus Christus" zu überlassen. Es war allgemein bekannt, dass diese Reliquie eine Niederkunft erleichterte.

Am 22. Dezember 1421 klopft ein Bote mit einer guten Neuigkeit an die Türe von Saint-Pol. Am 5. Dezember ist in Schloss Windsor ein Enkel zur Welt gekommen. Der Neugeborene trägt den Vornamen Heinrich wie sein Vater und sein Großvater aus dem Hause Lancaster.

Paris feiert die Geburt seines künftigen Königs. Als glückliche Großmutter befiehlt Isabeau, dass man, französischem Brauche folgend, die Glocken von Paris läuten lasse. Die Bürger beteiligen sich an den Festlichkeiten in den Straßen von Paris, tanzen und zünden

---

[113] Die Gemahlin Herzogs Ludwigs des Gebarteten von Ingolstadt, Bruder der Königin von Frankreich. (Anm. d. Ü.)

Freudenfeuer an. In großer Feierlichkeit begeben sich am 24. Dezember die Mitglieder des Parlaments in einer Prozession zu Notre-Dame, wo sie einem Dankgottesdienst beiwohnen.

Im Mai 1422 kommt Kathrina mit ihrem Sohn in Harfleur an, Isabeau eilt ihnen entgegen. Als die Stadt von ihrem Kommen erfährt, tritt der Stadtrat zusammen, um darüber zu beraten, ob es in diesen Zeiten der Not angemessen sei, jeder der beiden Königinnen ein Geschenk zu machen. Einstimmig beschließen die Ratsherren, sie durch Geschenke zu ehren. Man forscht in den Beständen der Stadt, aber man findet nichts, was ausreichend schön wäre. Deshalb werden zwei Händler, Jehan von La Ruelle und Robert Thoron, nach Paris gesandt, um dort Töpfe aus vergoldetem Silber zu erwerben. Dann versammeln sich die Bürger der normannischen Stadt, denen es am Herzen liegt, den Regenten des Königreichs und künftigen Souverän würdig zu empfangen, und schenken die besten Weine aus, auch wenn sie sie zu überteuerten Preisen kaufen mussten.

Am 29. Mai sind die Pariser an der Reihe, Katharina und Isabeau zu empfangen, die als Symbol ihrer Würde als Königinnen ihren Sänften Hermelinmäntel vorantragen lassen. Dieser Brauch scheint dem Volk von Paris etwas ungewöhnlich, aber es nimmt ihn hin, da er aus England kommt.

Die Wiedersehensfreude der zwei Frauen wird durch die Meldung vom Tod Michelles getrübt. Sie ist in Gent im Alter von 26 Jahren verstorben. Der Chronist Johann Chastellain berichtet: »Diese Dame Michelle war die erste Ehefrau des Herzogs Philipp von Burgund, der sie von Herzen liebte. Dann, sobald die noble Dame vom verbrecherischen Tod des Herzogs Johann erfuhr ... wurde sie voller Melancholie krank in Gent ... und starb schließlich.« Die Botenreiter, die Isabeau von den Umständen des Todes ihrer Tochter am 1. Juli berichten, sind sich sicher: Sie ist an Kummer gestorben. Sie glaubte, die Liebe ihres Gatten verloren zu haben, nachdem dessen Vater von ihrem eigenen Bruder Karl ermordet worden war. Michelles Tod aber erscheint in den Augen ihrer Zeitgenossen unnatürlich, dass man wieder von Gift spricht. Chastellain fährt fort: »Nun gab es verschiedene Gerüchte in der Stadt Gent über die Art dieses Todes, denn man sagte, dass die Trauer zu Schwermut, dann zum Tode führte, der durch das Gift beschleunigt wurde, und dies durch eine Dame, genannt Ourse, von deutscher Herkunft, aber nie fand man Beweise.«

Die Dame Ursula Spazequerin (Ourse), Gemahlin von Jakob von Viesville, Knappe und Bannerträger des Königs, hatte nur einen Makel, nämlich aus „deutschen Landen" gekommen zu sein. Sie war viele Jahre zuvor an den Hof gekommen, um Isabeau zu dienen. Sie war bei der Geburt Michelles zugegen gewesen und war ihr auf Bitten der Königin gefolgt, als sie zu ihrem Gatten Philipp dem Guten gereist war.

Die junge Prinzessin, die – so sagt man – von ihrem Volk sehr geliebt wurde, wird vor dem Hauptaltar von Saint-Bavon zu Gent begraben. Ihr Herz wird feierlich nach Saint-Denis verbracht und in einer versiegelten Urne zwischen den Grabmälern der königlichen Familie beigesetzt.

Isabeau verliert ihren Schwiegersohn

Niemand hätte erwartet, dass Heinrich V. nur so kurz über das Königreich Frankreich herrschen würde. 1422 ist er gerade 34 Jahre alt, scheint von guter Gesundheit, aber er wird sich während der Belagerung von Senlis die „Krankheit des Heiligen Fiacre" zuziehen – und plötzlich ändert sich alles. In wenigen Tagen schreitet die Krankheit, die man als einen „unglaublichen Flux des Bauches mit Hämorriden" bezeichnet, so voran, dass sich der König nicht mehr im Sattel halten kann und auf einer Liege nach Corbeil zurückgebracht werden muss. Dort erholt er sich zunächst etwas, aber die Dysenterie-Anfälle nehmen zu. Man transportiert ihn nach Paris, dort raten die hilflosen Ärzte, ihn ins Schloss von Vincennes zu bringen. Auf der Seine, immer noch in einer Sänfte, kommt er in das schöne Schloss von Bois, das ihm so am Herzen liegt. Mit seinen hohen Mauern, die den Park umgeben, erinnert es ihn an sein Stammschloss Windsor.

Katharina wacht am Bett ihres Gatten, umgibt ihn mit ihrer Fürsorge, aber er wird immer schwächer. Als er seinen Tod nahen fühlt, verabschiedet er sich von Karl VI. und Isabeau und diktiert seinen letzten Willen. König Heinrich ist sich bewusst, dass sein Ableben eine wahre Katastrophe für die Zukunft der Doppelmonarchie bedeutet. Er hat deshalb seinen Onkel, den Herzog von Exeter, seine Brüder Johann Herzog von Bedford, Humphrey von Gloucester, seinen Jugendfreund, den Herzog von Warwick, und den Vertreter des Herzogs von Burgund, Hugo von Lannoy, zu sich gerufen.

Er beschwört seine Brüder, ihr Tun einer Allianz mit Burgund unterzuordnen, »denn wenn es geschehe, was Gott verhüte, dass zwischen Euch Misstrauen herrsche, würden sich die Angelegenheiten des Königtums ... in großer Weise verschlimmern«, so fasst es Chastellain zusammen. Vor seinem Tod trägt Heinrich V. Philipp von Burgund die Regentschaft an und erklärt, dass nach seiner Ansicht ein Abkömmling der Valois vom französischen Volk eher akzeptiert würde, als ein Lancaster. Ohne auch nur um Bedenkzeit zu bitten, lehnt der Herzog das Angebot des englischen Königs ab.

Am 31. August empfiehlt Heinrich V. von neuem seinen Testamentsvollstreckern, die gefangenen Prinzen nicht freizulassen, insbesondere nicht den Herzog Karl von Orléans, der sonst – so der sterbende König – Anführer der Armagnakpartei würde. Dann lässt er seinen Beichtvater kommen und empfiehlt seine Seele Gott. Der Priester liest auf seinen ausdrücklichen Wunsch die Bußpsalmen. Als er den Namen „Hierusalem“ ausspricht, richtet sich der König auf und sagt: „Wäre da nicht der Tod, den ich erwarte, so wäre die letzte Absicht, die ich gehabt, nachdem ich dieses Königreich von Frankreich in Ruhe und Frieden versetzt hätte, dass ich Jerusalem den Ungläubigen abgenommen hätte, wenn der Wille Gottes, meines Schöpfers, mir erlaubt hätte zu leben. Ich war dessen nicht würdig und bin es nicht. Deshalb bitte ich um Verzeihung für meine Fehler.“

Am 1. September um zwei Uhr morgens stirbt König Heinrich V. Die Chirurgen schreiten zur Autopsie, sein Körper wird zerstückelt, das Fleisch wird gesotten. Das dafür verwendete Wasser wird in „geheiligter Erde“ auf einem Friedhof ausgegossen. Die Eingeweide werden in eine Urne gelegt und in Saint-Maur-des Fossés bestattet. „Knochen und Fleisch werden mit mehreren Arten von Gewürzen in einen Bleisarg gelegt.“ Das Totengedenken findet in Saint-Denis statt, die sterblichen Überreste werden dann über Rouen und die Straße von Abbeville nach Calais und von dort nach England transportiert.

Am 5. Oktober begleitet in London ein feierlicher Trauerzug die Überreste Heinrichs. Auf seinem Sarg liegt eine Nachbildung des Königs aus gestärktem Leder, angetan mit den königlichen Gewändern, „auf seinem Kopf eine gar wertvolle Krone aus Gold, das Szepter in seiner rechten Hand und den 'goldenen Apfel' in der linken". Im November tritt der gesamte englische Adel zu einer prunkvollen Zeremonie in der Abtei von Westminster zusammen, um dem König die letzte Ehre zu erweisen, ganz so, als ob die Engländer „gewiss wären, dass er sich im heiligen Paradies aufhalte". Die Engländer hatten diesen jungen König, der weise, aber hochmütig gewesen war und es verstanden hatte, seinem Willen Respekt zu verschaffen, sehr geliebt. Die Franzosen dagegen hatten ihn sicher als hoheitsvoll, vor allem aber als herablassend empfunden.

Den testamentarischen Bestimmungen folgend, wird Herzog Johann von Bedford, der Bruder des Königs, Frankreich vorstehen, während der jüngste der Brüder, der Herzog von Gloucester, England regieren wird.

Zum Erzieher seines Sohnes hat der verstorbene König einen seiner treuesten Gefährten ernannt, Richard Beauchamp, Graf von Warwick. Er ist Gouverneur der Normandie und residiert zu diesem Zwecke gewöhnlich in Rouen, im Schloss Bouvreuil.

Der Tod des wahnsinnigen Königs

Am Morgen des 21. Oktober, zwei Monate nach dem Tod ihres Schwiegersohnes, muss Isabeau erleben, wie ihr Mann in Saint-Pol stirbt, nach 30 Jahren von Wahnanfällen. Noch fünfzehn Tage zuvor hatte er Hirsche im Forst von Senlis gejagt. Glaubt man dem Chronisten Johann Chartier[114] ist er dort noch seinem Sohn Karl begegnet. Das ist nicht unwahrscheinlich, aber – angesichts der Hinfälligkeit

[114] Johann Chartier, *Chroniques de Charles VII*, Band III.

des Königs – hatten sich Vater und Sohn wohl nichts Ernsthaftes zu sagen, zumindest nichts, was Anlass gegeben hätte, daraus Schlussfolgerungen zu ziehen.

Das Volk von Paris eilt herbei, um dem König, den es immer den „Vielgeliebten" genannt hat, die letzte Ehre zu erweisen.

Man kann sich, anstelle einer Trauerrede, Bertrand Schnerb anschließen, der schreibt, dass Karl VI. »den Stoff zu einem großen König« hatte und anerkennen, dass »er während seines langen Leidensweges, wenn seine Krankheit ihm einen Aufschub gewährte, nicht aufhörte, eine schlüssige politische Linie zu verfolgen. Und diese Feststellung allein ist ausschlaggebend. Wann immer der König klarsichtig war, bemühte er sich unerlässlich, die von seinen Krankheitskrisen zerrissenen Fäden wieder aufzunehmen. Er hat nie seine Linie verlassen: Sein Wille war es, den zerstrittenen Parteien eine friedliche Lösung abzuringen«.

Noch am Nachmittag seines Ablebens singen die Priester Totengesänge, und am nächsten Tag wird eine feierliche Messe in der Kapelle des königlichen Palastes zelebriert. Der Körper des verstorbenen Königs, der nach Aussagen von Zeitgenossen nur zu schlafen schien, wird einbalsamiert. Chirurgen, Johann Trottiez (oder Tourtier) und Johann Cosme, schlagen den Körper in feine Leinentücher ein und kleiden die Überreste des Königs in eine Robe und einen Prachtmantel, ehe der Bleisarg versiegelt wird. Ein Pariser Schreiner hat den Holzsarg hergestellt, in den dieser erste Sarg gelegt wird. Siebzehn Tage lang – vom 23. Oktober bis 9. November – wird der Leichnam des Königs in der Kapelle unter einem goldenen Baldachin aufgebahrt. Es gibt kein Anzeichen dafür, dass man den wahnsinnigen König eilends verscharrt hätte, ganz im Gegenteil, die Gebräuche werden respektiert, und jeden Tag wird eine Messe von einem Priester eines der vier Bettelorden zelebriert. An jedem Tag kommen ein Franziskaner, ein Karmeliter, ein Jakobiner oder ein Augustiner zum Sarg des Verstorbenen. An jedem Tag wird in den Pfarreien von Paris eine Seelenmesse für den Verstorbenen gelesen.

An einem späten Abend wird in der Kammer des Parlaments, in Anwesenheit von Hektor von Laon, dem Hofmeister der Königin, das Testament des Königs eröffnet. Um die letzten Verfügungen des Verstorbenen zu erfahren, sind der Herzog von Thérouanne, der Sieur von Courcel, der Kanzler von Frankreich, Ludwig von Luxemburg und die Kammerdiener anwesend.

Der König hatte diese Urkunde 1393 ausgefertigt. Die Testamentsvollstrecker, die er bestimmt hatte, sind allerdings verstorben, man muss neue finden: die Herzöge von Bedford, Burgund, Bretagne, die Bischöfe von Thérouanne und Beauvais, Pierre Cauchon – der Herzog von Burgund hat ihm dieses Bistum als Dank für seine guten Dienste anlässlich der Unterzeichnung des Vertrages von Troyes überlassen.

In diesem Testament hat der verstorbene König festgestellt, dass sein ältester Sohn sein Erbe sei und gefordert, dass dieser, an welchem Ort auch immer er sich aufhalte, so rasch wie möglich gekrönt werde.

Diese erste Klausel ist in den Augen der soeben ernannten Testamentsvollstrecker schlechthin hinfällig, da der Thronfolger durch den Vertrag von Troyes enterbt wurde.

Der König verteilt Geld und Kleider, abgesehen von seinen hermelingefütterten Roben, an seine Kammerdiener, Mundschenke und andere Diener.

Für die Testamentsvollstrecker gibt es mithin keine grundsätzlichen Probleme, es sei denn, die notwendigen Gelder aufzutreiben, um das Begräbnis zu begleichen. Der Herzog von Bedford schlägt die einfachste Lösung vor: die Kronjuwelen zu verkaufen. Alle stimmen diesem Vorschlag zu, und ohne zu zögern wird eine Kommission ernannt. Sie beruft den Geldwechsler Marcelin Janilhac und zwei Goldschmiede, um den Wert der im Schloss von Vincennes aufbewahrten Güter zu schätzen. Die drei Männer arbeiten zwölf Tage lang, während derer ihre Tagegelder von der Kanzlei bezahlt werden.

Der Herzog von Bedford selbst erwirbt einen Großteil der Bibliothek. Die Pariser Händler lassen sich nicht bitten, das Gold- und Silbergeschirr, den Reliquienarm des Heiligen Lucien, das „Hemd von Monseigneur dem Heiligen Ludwig und ein von seiner Hand geschriebenes Pergamentstück“ zu erwerben. Auch die berühmte Krone von Alexandria, in die acht Rubine eingeschmiedet sind, wird zum Verkauf angeboten.

Die Vollstrecker sorgen sich um den Ablauf der Versteigerung; das wird endlose Diskussionen nach sich ziehen. Letztendlich legt man den Vorrang fest, und er kommt dem Herzog von Bedford zu. Er entscheidet, ohne Isabeau um ihre Meinung zu bitten, als er am 25. Oktober nach Paris kommt.

Abgesehen davon war der Regent Bedford in Rouen während all dieser Zeit nicht untätig geblieben und hatte, sobald der Tod Karls VI. bekannt geworden war, Briefe an das ganze Königreich versandt, um die französischen Untertanen daran zu erinnern, dass sie dem Thronfolger der Krone, Heinrich VI. von Lancaster, dem König von Frankreich und England, Gehorsam schuldeten.

Er hatte auch an den Herzog von Burgund und an „seinen Schwager von Bretagne“ geschrieben und sie einmal mehr auf die Bestimmungen des Vertrages von Troyes hingewiesen.

In Paris sind mehrere Zünfte damit beschäftigt, die Bestattung vorzubereiten. Der Steinmetz Johann von Thury wird beauftragt, ein „steinernes Abbild des genannten verstorbenen Königs Karl zu errichten, um es in den großen Saal des Palastes“ zu stellen – die Statue, die man heute im Justizpalast von Poitiers sehen kann.

Schreiner zimmern eine mit Leder und schwarzem Tuch bedeckte Bahre mit einer Sänfte, auf der man den Sarg tragen wird. Man bereitet sorgfältig die Effigie des Königs vor, die darauf ausgestellt werden soll. Gesicht und Hände des Königs werden in Wachs abgebildet. Sein ehemaliger Schneider, unterstützt von seinen Dienern, kleidet die Puppe an: ein Wams aus schwarzem Damaszenersamt, ein Umhang aus Goldbrokat aus Lucca, ferner ein Parademantel, gefüttert mit Hermelin, Lederstiefel. Dann legt ein Diener das Szepter aus vergoldetem Silber in die eine Hand der Puppe und die „Hand der Gerechtigkeit“ mit einem aus Gold gearbeitetem Griff mit Lilienblumen in die andere. Dann stülpt der Goldmacher Johann von La Grange einen schönen Ring auf die mit einem Tuch bedeckte Hand.

Die Leichenfeier wird sich über zwei Tage hinziehen und an zwei verschiedenen Orten stattfinden. Die Kathedrale Notre-Dame zu Paris und die Basilika von Saint-Denis sind mit den Bannern des Königs übersät, die Pfeiler sind mit schwarzem Tuch verhüllt und Wappenschilder mit durchbohrten Lilienblumen sind über den Portalen aufgehängt.

Die Messner kaufen mehr als 12.000 Pfund Wachs für die Kerzen und Fackeln.

Schließlich ist alles für die Zeremonie bereit. Wann soll sie stattfinden? Man hofft auf das Beisein des Herzogs von Burgund, der aber antwortet nicht.

»Und Ihr Herzog von Burgund, der Ihr ihn zu seinen Lebzeiten in den Händen seiner Feinde gelassen habt, Ihr, der Ihr um seine Krankheit gewusst habt, der er nicht entrinnen konnte, und der Ihr von seinem Tod erfahren habt – der Todeszug wurde verschoben, damit Ihr kommen konntet; wenn Ihr es gewünscht hättet, hätte man noch mehr gewartet, aber Ihr kamt keineswegs, und so habt Ihr ihn in seinem Leben wie in seinem Tod verraten.«

Mit dieser Bemerkung drückt Johann Jouvenel von Ursins die große Trauer und den großen Schmerz des Volkes von Paris aus, als sich der Trauerzug in Bewegung setzt.

Am Morgen des 9. November scheint die Stadt wie betäubt. Über die Fensterbänke gelehnt oder dicht gedrängt in den Straßen stehend, beweinen die Pariser ihren geliebten König: »Oh! Vielgeliebter Prinz! Niemals mehr werden wir einen so Guten haben. Nie werden wir einen solchen wiedersehen, verwunschen sei dein Tod. Da du uns verlassen hast werden wir den Krieg sehen. Du gehst zum Frieden, wir aber bleiben in Verwirrung und Schmerzen, denn wir sind wie die Kinder Israels, als sie in die Gefangenschaft von Babylon geführt wurden.«

Der Bischof von Paris segnet den Körper, reiht sich dann in die Prozession ein.

Die Menge drängt, um sich dem Thronhimmel zu nähern. Diese Ehre ist den Parlamentsmitgliedern vorbehalten. Ihr Präsident und die Mitglieder des Gerichtes, den Amtstab in der Hand, schreiten in großen, purpurnen, mit weißgrau gesprenkeltem Pelz gefütterten Umhängen einher. Hinter der Bahre hält der Probst der Händler von Paris, unterstützt von den Ratsherren, einen hohen, großen und breiten Baldachin, der dem der Fronleichnamsprozessionen ähnelt, in die Höhe.

Die Bürger sind beunruhigt, denn an der Spitze des Trauerzuges marschiert, in Abwesenheit des Thronfolgers und des Herzogs von Burgund, der Herzog von Bedford. Als Trauerzeichen trägt er einen Mantel aus schwarzem Tuch und eine Mütze mit kurzem Zipfel. Er empfängt an der Schwelle der Kathedrale von Notre-Dame, die von vielen Kerzen erleuchtet ist, den Leichnam des verstorbenen Königs. Dann, immer noch allein, nimmt er Aufstellung im Chor. Isabeau wird nirgends im Trauerzug erwähnt; sie bleibt im hôtel Saint-Pol, wie es üblich ist.

Kein Chronist erwähnt sie, als man am nächsten Morgen im Trauerzug den König nach Saint-Denis bringt. Man spricht auch am darauffolgenden Morgen bei der in der Basilika zelebrierten Messe nicht von ihr.

Der Herzog von Bedford muss einen Streit zwischen dem Bischof von Paris und dem Abt von Saint-Denis schlichten, wer die Messe zelebrieren darf. Andere streiten, wer den Baldachin tragen darf. Man prügelt sich. Der Regent muss die Regelung der Justiz übergeben.

Schließlich gehen die Begräbnisfeierlichkeiten zu Ende. Die Amtsträger legen ihre Insignien auf den Sarg. Der Herold Berry ruft über das offene Grab: „Für den König, und Gott schütze den Herzog Heinrich von Lancaster, König von Frankreich und England, der jetzt unserer souveräner Seigneur ist." Die Waffenträger präsentieren ihre Waffen und schreien wie aus einem Munde: „Es lebe der König! Es lebe der König!", und jubeln so Heinrich VI. zu. Man hört aber auch andere Rufe, jene der Getreuen des Thronfolgers Karl, der vielen Franzosen, die dem Vertrag von Troyes feindlich gesinnt sind, als legitimer Souverän erscheint.

Wenn Karl VI. als Erster gestorben wäre, hätte dann nicht Heinrich V. davon profitiert, um sich krönen zu lassen? Dann nämlich hätte er den seinerzeit so wichtigen Titel des geheiligten Herrschers, des gesalbten Herren für sich in Anspruch nehmen können.

Karl hat in Mehun-sur-Yèvre, einem Schloss nahe Bourges, vom Tod seines Vaters am 24. Oktober erfahren. Die Chronisten berichten, dass er „große Trauer im Herzen verspürte und sehr weinte“. Der Thronfolger lässt zahlreiche Totenmessen in den Kirchen lesen, die unter seiner Herrschaft stehen, Messen, denen er, von seinen treuen Untertanen umgeben, beiwohnt. Französischem Brauch folgend und getreu dem Sprichwort „Der König ist tot, es lebe der König!“, nimmt Karl am Freitag, 30. Oktober 1422, in der Stadt Mehun-sur-Yèvre den Titel eines „Königs“ an. Ganz in schwarz gekleidet zieht er sich bei der Messe eine purpurne Robe über, Symbol seiner neuen Würde. In der Schlosskapelle haben seine Getreuen ein Banner Frankreichs aufgerichtet, und die Herolde rufen mehrere Male: „Es lebe der König!“

Am nächsten Morgen sendet Karl eine Botschaft an seine getreuen Städte, kündigt ihnen den Tod seines Vaters an und bittet sie, ihn, seinen Sohn, den Thronfolger als König anzuerkennen. Man hat ihn Karl VII., den „König von Bourges“ genannt, aber es gibt mehr Städte als erwartet, die ihn anerkennen. Zu ihm stehen die Touraine, das Berry, Poitou, Lyonnais, Limousin, Auvergne, Languedoc und ein Teil von Guyenne. Der andere Teil Guyennes kommt dem König von England nach Lehensrecht zu.

Er hat Verbündete wie die Herzöge von Anjou und Alençon, der Letztere ist immer noch Gefangener von England, denn seiner Familie ist es nicht gelungen, das nötige Lösegeld aufzubringen. Die Verbündeten dieser mächtigen Familie sind bereit, ihre Schwerter in seinen Dienst zu stellen. Außerhalb Frankreichs stellt Schottland Karl einige Bataillone von Soldaten zur Verfügung. Die Frage ist: Ist er selbst entschlossen seine Rechte auf das Königreich geltend zu machen?

Die weiße Königin

»Die Königin von Frankreich entfernte sich nicht von Paris ... war die ganze Zeit im hôtel Saint-Pol eingesperrt.« TAGEBUCH EINES BÜRGERS VON PARIS

Isabeau ist im hôtel Saint-Pol eingeschlossen. Wie lebt sie? Wird sie von den Engländern gut behandelt?

Die Chronisten sind unterschiedlicher Ansicht: Für die einen gilt sie als arme Frau, die der Gnade der Engländer ausgeliefert ist, die sie dafür bezahlen lassen, dass sie die Mutter Karls VII. ist. Sie betonen, um auf ihre überaus eingeschränkten Möglichkeiten hinzuweisen und um die Tatsache zu unterstreichen, dass sie einen großen Teil ihrer Einkommensquellen verloren hat, dass ihr zu ihrem Unterhalt letztlich nur ihr Grundbesitz geblieben ist – das heißt die zwei Paläste in Saint-Ouen, die im Übrigen sehr heruntergekommen sind. Die Kriege haben Isabeau ruiniert, und sie muss mit spitzer Feder mit den Pensionen haushalten, die ihr die Engländer ausgesetzt haben.

Dies belegen auch die Prozesse, die sie 1430 gegen die Pariser Händler anstrengt, die ihr Holzscheite, Weizen und Hafer zu einem Preis verkauft haben, der im Vergleich zu dem, der zum Zeitpunkt des Vertragsschlusses vereinbart worden war, stark gestiegen ist. Alle Pariser haben im Übrigen in diesem Jahr unter der Preissteigerung zu leiden. Der Bürger von Paris berichtet von der Kälte in der Hauptstadt und dem zu feuchten Frühling, dem Regen, der zu Ostern, am 17. April, immer noch so stark fiel, von beschlagnahmten Getreidemengen und all den katastrophalen Bedingungen, die die Preise in die Höhe trieben. Für Holzscheite musste man neun Pariser Sous zahlen, andere Heizmittel und die Kohle waren ebenso teuer oder sogar teurer. Auch Öl begann zu fehlen, so dass man zur Fastenzeit gezwungen war, Butter zu essen. Der Bericht des Bürgers von Paris enthält auch Schilderungen von Plünderungen und Gewalttätigkeiten der verschiedenen Parteien. „So war die Welt verzweifelt“, stellt er fest.

Man staunt, dass fortan der Name der Königin nicht mehr genannt wird – aber wurde ihr nicht die Möglichkeit jedlicher Einflussnahme entzogen?

Für die Engländer hat sie keine politische Rolle mehr zu erfüllen: Sie betrachten sich als die Herren des Königreiches, und Isabeau ist nurmehr die respektierte Großmutter von Heinrich VI., dem König von Frankreich und England. Im Übrigen hat sie keinen Einfluss mehr – auf wen auch immer.

Wenn man sie noch erwähnt, so im Zusammenhang mit Almosen, die sie an die Armen verteilt. Zeit ihres Lebens wird sie mit Unglücklichen mitleiden. Selbst als sie nur noch ein geringes Einkommen hat, bittet sie ihren Beichtvater, den Armen beizustehen.

Im hôtel Saint-Pol eingeschlossen, hat Isabeau Zeit, ihr Leben zu überdenken: Sie war eine Frau mit Herz, hat sich immer um ihre Kinder gekümmert. Hätte man sie unterstützt, wäre es ihr bei verschiedenen Gelegenheiten gelungen, eine gerechte Regierung zu erreichen, aber die Spannungen in ihrem Umfeld waren zu stark, der Hass so lebendig, der Parteiengeist so ausgeprägt, dass es ihr unmöglich war, Frieden und Einheit durchzusetzen. Ihr ganzes Leben lang hat sie nicht wirklich eine politische Rolle spielen können. Man hatte sie zur Regentin ernannt. Aber sie hatte in Wirklichkeit unter der Vormacht des Herzogs von Burgund gestanden. Ihre Machtbefugnisse waren immer begrenzt gewesen, und wenn man sie um ihren Rat gefragt hatte, hatte man oft ihre Ansicht nicht berücksichtigt.

In diesen Jahren der Zurückgezogenheit lebt Isabeau das Leben einer Bürgerin – von einer kleinen, aber bemühten Dienerschaft umgeben.

Ärzte kümmern sich um sie und empfehlen ihr immer wieder Getränke und Elixiere, zu deren Bestandteilen zermahlene Smaragde und andere Edelsteine gehören. Im Laufe der Jahre hat sich die Gesundheit der Königin verschlechtert. Man verabreicht ihr zahlreiche Arzneien. Aber nicht nur Ärzte und Apotheker tauchen in den Rechnungsbüchern der Königin auf: auch ihr Beichtvater, ein Franziskaner, Professor der Theologie der Universität von Paris, ein Verwalter, der immer in ihrem Namen verhandelt. So hatte die Königin diesen ergebenen Diener beim Begräbnis ihres Gemahls gebeten, in allem den Wünschen der Engländer nachzukommen.

Ihr Kämmerer, Marcel Testard, ist ihr immer noch treu ergeben und verhandelt gemeinsam mit ihrem Sekretär, Etienne Bureau, und mehreren Beamten mit der englischen Regierung. Denn es versteht sich von selbst, dass der Enkelsohn Isabeaus, Heinrich VI., vertreten durch Bedford, seine Großmutter nicht würdelos leben lässt. Marcel Testard und Etienne Bureau verwalten die Güter und Besitzungen der Armagnaken, die vertrieben worden sind. So wird Isabeau in Paris Besitzerin der Häuser der Familie Montrabier und des ehemaligen Kämmerers Johann Le Blanc.

Karl VI. hatte, wie es dem Gewohnheitsrecht entsprach, ein Witwengut zusammengestellt, aber bei den „caboche"-Revolten war es ihr genommen worden. Deshalb hatte sie das von Königin Blanche, der Witwe von Philipp VI., hinterlassene Erbe gefordert.

Ab dem Februar 1427 verfügt Isabeau mit Zustimmung aller über Einkünfte, die einer Königin, einer „weißen Königin", würdig sind. Genauestens hat sie die Vorschriften eingehalten, die verlangen, dass eine Witwe ein ganzes Jahr im Palast des verstorbenen königlichen Gatten verbleibt, in dem die Säle mit schwarzem Tuch ausgeschlagen sind, während sie selbst ganz in Weiß gekleidet ist.

Wenn sie auch in der Abgeschiedenheit des hôtel Saint-Pol lebt, so ist sie doch nicht allein; ihre Ehrendamen, darunter die treue Katharina von Alençon, die alle Schicksalsschläge von Tours und Troyes miterlebt hat, nehmen ihren Platz in Paris wieder ein.

Katharina, die Frau von Ludwig dem Gebarteten, ist ihrem in sein Land[115] zurückgekehrten Gemahl nicht gefolgt. Die Königin verhandelt mit ihrem Bruder, damit er ihr eine Pension ausstellt; da sie keine Antwort erhält, bittet sie die englische Regierung um Unterstützung für ihre Schwägerin und Freundin. Eine andere Getreue der Königin von deutscher Herkunft, Amelia von Hortenburg, ist seit 1405 an ihrer Seite. Ihre Brüder hatten vorgehabt, sie mit einem bayerischen Adeligen zu verheiraten. Amelia hat diese reiche Heirat abge-

[115] Bayern - Ingolstadt (Anm.d.Ü.)

lehnt, um die Königin von Frankreich nicht verlassen zu müssen. Einmal mehr bittet Isabeau den Regenten Bedfort, ihrem Schützling Güter zur Verfügung zu stellen, die man den Armagnaken abgenommen hat, um ihr ein standesgemäßes Leben zu ermöglichen.

Maria von Brimers, Jacqueline von Amboise, Madame von Frète sind Ehrendamen, die in Saint-Pol bleiben. Wenn eine von ihnen heiratet, wie Jacqueline von Amboise, die Johann von La Trémoille im November 1424 ehelicht, macht sie ihnen ein schönes Geschenk[116].

Die einzigen Vergnügungen, an denen die Königin teilnimmt, sind die Feste des Herzogs von Burgund. Bei einem dieser Feste nimmt zum ersten Mal in seinem Leben Johann von Bedford teil und betritt den Turnierplatz.

Nur einige reiche Händler und Bürgerfrauen besuchen sie im hôtel Saint-Pol und bieten ihr respektvolle Freundschaft und gepflegte Unterhaltung.

Selbst der schärfste Beobachter hätte Schwierigkeiten, auch nur den Ansatz eines boshaften Gerüchtes über Isabeau zu finden.

---

[116] Stadtarchiv von Senlis, BB II f. 130 r und v. Und Paris, B.N., 10.370 f. 14v: Der Wein kommt aus Burgund.

KAPITEL 2

Der Sieg wechselt das Lager

»Am Dienstag, zehnter Tag des Mai... eine Jungfrau trägt ein Banner...« TAGEBUCH VON CLEMENS VON FAUQUEMBERGUE

Im Jahr 1429 wird die Lage der englischen Armee schwieriger, und die Pariser Bürger erfahren, dass die „Leute des Thronfolgers, begleitet von einer Jungfrau, die ein Banner trägt," die Belagerung von Orléans gesprengt haben.

In ihrem Wohnsitz im Marais wird die Königin wohl von dieser Wende im englischen Feldzug unterrichtet worden sein. Man hat ihr sicher berichtet, dass ein Mädchen, das sich „Johanna, die Jungfrau" nennt und aus den Lothringer Marschen stammt, dem Thronfolger Karl wieder Vertrauen eingehaucht hat. Hat seine Umgebung nicht bemerkt, dass sich sein Gesicht aufgehellt hat, als Johanna mit ihm unter vier Augen sprach?

Karl, das Kind des Wahnsinns, ihr letzter überlebender Sohn, der sich so oft im gegnerischen Lager befunden hat, hat trotz allem alles versucht, sich das Königreich, das ihm nach dem Recht zufällt, zurückzuholen. Die Königin hat sicher verstanden, dass sich Karl, als Johanna in Chinon zwischen dem 25. Februar und dem 6. März 1429 auftritt, ängstlich fragt, ob er den Kampf fortsetzen und sich zum König von Frankreich salben lassen soll. Es geht hier nicht um die Frage, ob er ein Bastard ist: Er zweifelt absolut nicht daran, dass er der Sohn seiner Mutter ist, sondern allein um sein gutes Recht. Karl ist von seinen Eltern enterbt worden – sicher: Dies geschah unter der

Bedrohung des Herzogs von Burgund, aber die Dokumente, die ihn absetzen, sind Realität. Auch wenn sie den „grundlegenden Gesetzen" des Königreiches widersprechen, der Thronfolger fühlt sich verstoßen, und er lebt immer mit dieser Anschuldigung, der Mörder seines Cousins – eines seiner nächsten Verwandten – zu sein, und er leidet darunter. Und überdies scheint Gott selbst auf Seiten der Engländer zu stehen. Neun Jahre lang hat Karl nicht aufgehört, einen Kleinkrieg gegen die Engländer zu führen. Aber seit 1428 verschlechtert sich seine politische Lage immer mehr. Zudem haben nun die Truppen des Königs von England unter dem Kommando von Lord Salisbury begonnen, Orléans an der Loire zu belagern. Jedermann fühlt, dass der Verlust der Stadt eine Katastrophe nach sich ziehen, die endgültige englische Übernahme des gesamten Königreiches bedeuten würde.

Die Stadt wird seit Oktober 1428 belagert, und die Engländer blockieren durch ihre Bastiden, eine Art vorgeschobener Festungswerke, alle Eingänge zur Stadt. Ein einziger ist freigeblieben – an der Ostseite: Das Tor, das man das „Burgunder Tor" nennt. Jedermann erwartet, dass Orléans das gleiche Schicksal erleidet, wie es Rouen zehn Jahre zuvor widerfuhr. Wird Gott auf Seiten der Engländer stehen?

Johanna von Orléans gibt dem zerrissenen Frankreich neue Hoffnung ... Die Aufhebung der Belagerung von Orléans wird als Wunder empfunden. Diese Stadt! Gegen alle Regeln des mittelalterlichen Krieges hatten die Engländer ihren natürlichen Herrn, Karl von Orléans, als Geisel genommen.

Seinem Halbbruder Johann, dem Sohn von Ludwig von Orléans und Mariettes von Enghien, fällt die Aufgabe zu, das Lehen Orléans zu verteidigen. Man nennt ihn – und er selbst unterzeichnet seine Botschaften so – den „Bastard von Orléans". Er ist ein wackerer Krieger, er hat alles daran gesetzt, um sich dem Angreifer entgegenzustellen. Ohne großen Erfolg ... Innerhalb der Stadtmauern wird die Lage so verzweifelt, dass der Bastard im April 1429 gezwungen ist, die Vermittlung des Herzogs von Burgund anzurufen.

Als Antwort zieht Philipp der Gute – hin und her gerissen zwischen dem Wunsch, seinen Vater zu rächen, und der Furcht vor einer völligen Eroberung des Königreichs durch die Engländer – alle Truppen zurück und lässt seine Alliierten die Belagerung allein fortsetzen.

In neun Tagen befreit Johanna Orléans; sie dringt am 29. April abends an der Seite von Johann dem Bastard durch das Burgunder Tor in die Stadt ein. Am 7. Mai erobert sie die letzte Bastide, die Bastide Tourelles, die den Zugang zur Stadt beherrscht. Wie sie es am Morgen angekündigt hatte, betritt Johanna am Abend die Stadt „über die Brücke".

Am nächsten Morgen, dem 8. Mai, haben die Engländer ihre Truppen zur Schlacht aufgestellt, sind bereit zu kämpfen, aber nach zweistündigem Warten, währenddessen sich die Männer der beiden Lager gegenüberstehen, hebt die Armee von Bedford die Belagerung auf und zieht nach Norden davon. In der Stadt herrscht Freude, und man führt Dankprozessionen durch.

Um den Vorteil der Entwicklung nicht zu opfern, führt Johanna „den Loire-Feldzug", um die Straße nach Reims freizumachen. Sie lässt am Sonntag, 17. Juli 1429, weniger als sechs Monate nach ihrer Ankunft in Chinon, den König krönen[117].

Wenn Königin Isabeau die Ereignisse aus dem Mund von Johann Chuffard, einem ihrer Vertrauten und mutmaßlichem Autor des *„Tagebuch eines Bürgers von Paris"*, erfährt, so wird sie keine hohe Meinung von der Frau haben, der ihr Sohn seine Salbung verdankt. Der Geistliche ist sich nicht sicher, dass Johanna ein menschliches Wesen ist. Er spricht von einer „Kreatur, die Frauengestalt angenommen hat, die man die 'Jungfrau' nennt. Wer ist sie? Gott allein weiß es."

Die Königin hält sich auch auf dem Laufenden über den Angriff, den Johanna und der Herzog von Alençon am 8. September auf Paris unternehmen. Aber die Stadt hält Stand, und König Karl, der insgeheim einen Waffenstillstand mit dem Herzog von Burgund geschlossen hat, befiehlt seinen Truppen, den Kampf zu beenden und sich an die Ufer der Loire zurückzuziehen ... Dabei hatte die Wiedereroberung so gut begonnen. Der König nützt die beträchtliche Unterstützung

[117] Zur Geschichte von Johanna von Orléans vergleiche R. Pernoud und M.-V. Clin, *Johanna von Orléans*, Verlag Fayard, 1986.

nicht, die ihm die Städte bieten könnten, die ihm nach der Salbung in Reims ihre Tore geöffnet haben, ihm, dem Gesalbten, dem Seigneur, Karl VII., König von Frankreich!

Der Winter verstreicht. Durch einen ins hôtel Saint-Pol gekommenen Boten erfährt Isabeau, dass ihr Enkel, Heinrich VI., am 23. April 1430 in Calais an Land gegangen ist. Diesmal kommt es nicht in Frage, dass er nach Paris kommt, um seine Großmutter zu umarmen. Der Vormund des Königs, Richard Beauchamp, Graf von Warwick, hat beschlossen, ihn direkt nach Rouen zu führen.

In der Hauptstadt der Normandie, deren Gouverneur Warwick ist, berät man das militärische Vorgehen. Heinrich Beaufort, ein Lancaster, der 1426 zum Kardinal von Winchester ernannt worden war, ist ebenfalls nach Frankreich gekommen und steht an der Spitze einer mächtigen Armee. Der Herzog von Norfolk und der Graf von Arundel begleiten ihn. Alle sind beunruhigt, denn das Bündnis mit Philipp schwächelt und zahlreiche Städte nördlich von Paris befinden sich nun in den Händen der Franzosen, die man auf englischer Seite immer noch „die Armagnaken" nennt. Seit diese Frau, diese „Hexe" – da sie die wackeren Engländer geschlagen hat, kann Johanna nur die Abgesandte des Dämonen sein – Orléans zurückerobert und dem Thronfolger die heilige Salbung ermöglicht hat, scharen sich immer mehr Leute um König Karl. Die Moral der englischen Truppen sinkt, und der Sieg scheint das Lager zu wechseln.

Die Hoffnung muss wieder aufgeflackert sein, als Johanna, die Jungfrau, am Dienstag, 23. Mai 1430 vor Compiègne vom Bastard von Wamdonne gefangen genommen wird. Verhandlungen mit dem Herzog von Burgund und seinem Vasallen, Johann von Luxemburg, werden aufgenommen, um die junge Frau freizukaufen.

Pierre Cauchon, seit kurzem Bischof von Beauvais, ehemals Rektor der Universität von Paris, und der englischen Sache ganz ergeben, wird reich entlohnt, um diesen Handel zu einem guten Ende zu bringen. Er kann Johann von Luxemburg 10.000 Goldecus anbieten und Johanna vor ein Inquisitionstribunal stellen, das in Rouen zusammentritt.

In Paris wartet man Ende des Monats auf Heinrich VI. Die Stadt wird aufgefordert, Freudenfeuer auf den Straßen zu entzünden, zum

Missvergnügen der Pariser, die ihre Holzreserven für eine so nichtige Sache in Rauch aufgehen sehen – das denken vor allem jene, die Karl VII. treu geblieben sind.

Der Bischof von Thérouanne, Kanzler von Frankreich und Präsident des Rechnungshofes, und Johann von Mailly, Bischof von Noyon, ziehen einer Prozession voran, die sich nach Notre-Dame begibt, wo ein Te Deum gesungen wird.

Aber die Hoffnung der Königin wird von neuem enttäuscht; sie wird ihren Enkel nicht sehen. Er verlässt Frankreich ohne nach Paris zu kommen und begibt sich zu seiner Mutter Katharina von Frankreich ins Schloss von Windsor.

Der junge Heinrich kehrt im folgenden Jahr, im August 1431, nach Frankreich, nach Rouen, zurück.

Seine Mutter begleitet ihn wieder nicht. Er steht unter der Aufsicht seines Vormunds und logiert im Palast des Erzbischofs. Er besucht regelmäßig Schloss Bouvreuil, wo Richard Beauchamp wohnt. Die Rechnungsbücher des Palastes lehren uns, dass er, wenn er „ad potum", d.h. zur Brotzeit, erscheint, von einer großen Gefolgschaft an Herzögen, Baronen, Knappen und Dienern französischer, englischer oder burgundischer Herkunft begleitet wird.

Katharina, die Witwe Heinrichs V., wird nicht mehr mit ihrem Sohn nach Frankreich kommen; sie hat den Waliser Owen Tudor geheiratet. Über diese zweite Heirat wird sie die Großmutter des künftigen Königs von England, Heinrich VII. Der Sohn, den sie von ihrem zweiten Mann hat, Edmund Tudor, geboren um 1430, wird Margarete, die Tochter von Johann Herzog von Bedford heiraten. Ihr Sohn, Heinrich VII. Tudor wird der Vater des berühmten Heinrichs VIII. werden.

Die Krönung Heinrichs VI.

Da die Stadt Reims in den Händen der Armagnaken ist, hat der Regent Bedford beschlossen, die Krönung von König Heinrich VI. in Paris durchzuführen. Ein regelrechter Feldzug um die öffentliche Meinung wird geführt, um die moralische Wirkung der Salbung Karls

VII. in Frage zu stellen. Selbst wenn man englischerseits versucht, die Bedeutung dieser Krönung herabzuspielen, die der König einer als Häretikerin und Rückfalltäterin am 30. Mai 1431 verbrannten Frau verdankt, so erscheint Karl VII. nämlich in den Augen der Öffentlichkeit immer mehr als der wahre König von Frankreich. Es ist deshalb nötig, dass der nun zehn Jahre alte Heinrich ein äußerliches Zeichen seiner Legitimität als König von Frankreich und von England erhält. In den Augen des Volkes ist die „Salbung", ein regelrechtes Sakrament.

In den letzten Novembertagen 1431 kommt Heinrich VI. mit dem Grafen von Warwick und dem Herzog von Bedford in Paris an. Sie kommen aus Rouen und bringen Waren mit. Die Pariser, die Hunger leiden, sehen zu, wie sechsundfünfzig Schiffe und zwölf große Barken die Seine herunterkommen, beladen mit Rindern, Schafen, verschiedenem Gemüse und im Ärmelkanal gefangenen Fischen sowie zahlreichen anderen Lebensmitteln; der Chronist schreibt: »Güter, von denen viele Männer leben können«.

Richard Beauchamp[118] bezieht das hôtel Parcheminerie, neben der Kirche Saint-Séverin in der Straße, in der man Pergament an Studenten und Buchmaler verkaufte. Das Haus ist ihm von Heinrich V. geschenkt worden, nachdem man es als Eigentum des Armagnaken Johann Piquet beschlagnahmt hatte.

Die sechshundert Holzbündel, die man aus Rouen mitgebracht hat, scheinen nicht zu viel zu sein, um die verschiedenen Gebäudeteile dieses feuchten Palastes zu heizen. Zudem ist es kalt, und man klagt, dass es während des ganzen Monats November nicht aufgehört hat zu regnen.

Das Leben in diesem Pariser Palast steht, wie es schon in Rouen der Fall gewesen war, unter dem Befehl von Margaret Talbot, Tochter von Warwick und Frau des berühmten Feldherrn[119]. Sie überwacht

---

[118] Die Rechnungsbücher des Palastes von Richard Beauchamp befinden sich in den Archiven der Grafschaft von Warwick. Zu ihrer Transkription vergleiche M.-V. Clin, *The Beauchamp Household Book*, thèse de l'E.H.E.S.S., Paris, 1982.

[119] Margaret ist eine der Töchter aus erster Ehe von Richard Beauchamp mit Elisabeth Berkeley, einer der reichsten Erbinnen Englands.

auch die Vorbereitungen der Zeremonie, die Anfertigung der Kleider ihres Vaters und ihrer Schwiegermutter Isabel Despenser. Aber sie braucht sich nicht um den jungen Heinrich zu kümmern, denn er logiert in Saint-Denis beim Regenten Bedford.

Um das Volk von Paris zu blenden und englischem Zeremoniell folgend, hält der junge König am 2. Dezember 1431 seinen feierlichen Einzug in die Hauptstadt, vor der Krönung, die am 16. Dezember stattfinden wird. Heinrich VI. zieht in Paris durch das Tor Saint-Denis ein, an dem ein Schild „so groß wie drei Männer“ mit dem Wappen der Stadt hängt.

Er wird vom rotgekleideten Probst begrüßt, stellt sich dann unter einen Tragehimmel aus mit Lilienblüten besticktem Tuch, den vier Stadträte – Marcel Testard, Wilhelm von Troyes, Robin Clement und Heinrich Auffroy – tragen.

Der Zug formiert sich; achtzehn kostümierte Persönlichkeiten führen ihn an. Sie personifizieren die neun männlichen und weiblichen Tugenden, eine Erinnerung an alte Ritterbräuche. Ihnen folgen Ritter und Knappen; dem Tragehimmel am Nächsten gehen die Bischöfe: Jacques Châtelier aus Paris; der Bischof von Noyon, Johann von Mailly; Wilhelm Alnwick aus Norwich und der Kardinal von Winchester, Henri Beaufort, Regent von England. Vor ihnen stoßen die Herolde ins Horn.

Man mag erstaunt sein, dass in diesem Zug, wie bei einem römischen Triumphzug, ein mit Ketten behangener Gefangener mitgeführt wird. Es handelt sich um einen jungen Mann namens Wilhelm le Berger. Er war verhaftet und verurteilt worden, denn er hatte Prophezeiungen ausgesprochen, unter anderem hatte er die „Abreise“ der Engländer vorhergesagt.

An den Straßenecken werden Theaterstücke aufgeführt. Die Passanten bewundern die Sirenen – junge Frauen mit langen lockigen Haaren –, die Wein und Milch ausschenken. An anderer Stelle unterhält ein Kampf von Rittern und Wilden das Volk. Dann hält der König an, um das Mysterienspiel der „Empfängnis der Jungfrau“ zu sehen. Die Tuchmacher lösen die Ratsherren ab, um fortan den Tragehimmel bis zu den „Unschuldigen“ zu tragen, wo man Szenen einer Hirschjagd darstellt.

Man zieht weiter zum hôtel Anjou, dann zu dem von Tournelles; als man am hôtel Saint-Pol vorbeizieht, tragen die Metzger den Himmel. Isabeau steht mit ihren Damen und Jungfrauen am Fenster. Der kleine König wendet sich ihr zu, verbeugt sich auf seinem Pferd und zieht seine Kappe. Isabeau ist ganz ergriffen, zieht sich gerührt zurück und weint.

Diese Tränen wurden unterschiedlich interpretiert: Für die einen sind sie Tränen des Zornes, für die anderen Tränen der Reue. Kann man in ihnen nicht ein Zeugnis zärtlicher Zuneigung einer Großmutter sehen, die ihr Enkelkind vorbeireiten sieht? Das schließt Gewissensbisse darüber nicht aus, dass sie es zugelassen hat, dass man ihren Sohn enterbt hat.

Die Krönung findet fünfzehn Tage später in Notre-Dame statt. Es ist das einzige Mal in der Geschichte Frankreichs, dass diese Zeremonie in diesem Heiligtum stattfindet.

Heinrich VI. begibt sich zu Fuß, begleitet von einer Prozession und zum Klang der Choräle, zur Kathedrale. Während der Messe stehen Heinrich und sein Gefolge auf einem mit Goldbrokat bedeckten Podium, das das Kirchenschiff beherrscht. Der Kardinal von Winchester nimmt die Weihehandlung vor, aber er kann den König nicht salben, da das Salbgries, das in Saint-Remi aufbewahrt wird, in Reims geblieben ist. Dieser Krönung ermangelt es daher an etwas Entscheidendem, denn nach allgemeiner Ansicht ist es die Salbung, die den König macht.

Die Krönungsfeierlichkeiten scheinen im Gedächtnis der Zeitgenossen keine tiefen Spuren hinterlassen zu haben.

Ganz im Gegenteil, man macht sich über die Engländer lustig und behauptet, dass sich die Pariser Händler für eine Hochzeit eines ihrer Kinder in viel tiefere Unkosten stürzen!

Nach der Zeremonie gibt es beim Essen im Palast solchen Zulauf, dass die Mitglieder der Universität, der Probst der Händler, die Ratsherren keinen Platz mehr finden und sich an die Tische der Seifensieder, „Senfmacher und anderer Maurer“ setzen müssen. Auch die Speisen sind nicht auserlesen, selbst die Kranken im Hôtel-Dieu beklagen sich. Serviert man ihnen nicht Fleisch, das am vorausgegangenen Donnerstag gekocht worden war? Die französischen Mägen sind offensichtlich von der englischen Küche nicht begeistert.

Der gekrönte König kehrt einige Tage später nach London zurück, wo er von der Familie seines Vaters erzogen wird. Er wird nicht mehr nach Frankreich zurückkehren.

Der arme Heinrich VI. ist kraftlos und fromm oder vielmehr schamhaft! Er kann kein Dekolletee sehen ohne die Augen von der Frau abzuwenden und auszurufen: „Fi! Fi! Welche Schande!“ Er wird die Nichte von König Karl VII., Margarete von Anjou, heiraten. Angesichts der Schwäche des Königs werden sich am Hofe von London zwei Parteien bilden: Auf der einen Seite die Lancaster um Margarete und die Herzöge von Suffolk und Somerset, auf der anderen Seite die Yorkisten, die Richard, der Herzog von York, anführt.

1450 prallen die Parteien angesichts französischer Siege aufeinander. Die Situation wird tragisch.

König Heinrich VI. verfällt, wie sein Großvater, dem Wahnsinn. In tiefen Stumpfsinn befangen, versteht er nicht, was man zu ihm sagt. Dennoch wird er einige Monate später Vater. Ihr ganzes Leben lang wird seine Gattin versuchen, ihn zur Vernunft zu bringen und ihrem Sohn Eduard, Prinz von Wales, den Thron zu bewahren.

Die thronräuberische Dynastie der Lancaster wird im Krieg untergehen, als sie sich den Anhängern der Familie York entgegenstellt. Sie treffen bei der Schlacht von Saint Albans aufeinander, die den Krieg einleitet, den die Historiker des 16. Jahrhunderts als den „Krieg der zwei Rosen“ bezeichnen. Ein trauriges Abbild der Bruderkriege des Kontinents.

Eduard kommt bei der Schlacht von Tewkesbury am 14. April 1471 ums Leben. Er war nur elf Jahre alt geworden! Sein Vater, Heinrich VI., stirbt im Tower von London im gleichen Jahr in der Nacht vom 21. auf den 22. Mai[120]. Was Königin Margarete anbelangt, die gefangen genommen, dann vom französischen König Ludwig XI. frei-

[120] P. Murray Kendall, *Warwick, der Königsmacher*, französische Ausgabe, Verlag Fayard, 1981.

gekauft worden war, so wird sie bis 1482 überleben, auf die Barmherzigkeit der einen und der anderen angewiesen, ihre Einsamkeit in verschiedenen Residenzen verbringend, die ihr ihr Vater René von Anjou zur Verfügung stellt.

Während dieser Zeit erobert Karl VII., der einzig wahrhaft Gesalbte des Herrn, sein Königreich zurück.

KAPITEL 3

Der letzte Wille der Königin

Ludwig der Gebartete: ein undankbarer Bruder

Zu dem Kummer, den Isabeau ihre Kinder und ihre Familie bereiten, kommt die Lieblosigkeit ihres Bruders Ludwigs des Gebarteten hinzu, des Bruders, für den die Königin so viel getan hat, indem sie ihm die reichsten Erbinnen aussuchte und ihm zahllose Geschenke und Würden zukommen ließ. „Seine belastende Persönlichkeit, strich um die königlichen Kassen herum", schreibt Maurice Rey. Dieser Ludwig der Gebartete weigert sich, seiner Schwester das Geld zu schicken, das ihr von ihrem Vater her zusteht; er argumentiert, dass Isabeau, da sie in einem Land unter englischer Herrschaft lebt, darüber nicht verfügen könnte. Und überdies: Hatten nicht die drei Herzöge Johann, Friedrich und Stephan 1392 beschlossen, dass „die Töchter vom Erbfolgerecht ausgeschlossen" seien?

Isabeau hat das wohl anders gesehen und wollte nicht beraubt werden, denn im Heiratsvertrag von Isabella 1393 wurde festgehalten, dass die junge Prinzessin zwar auf die Erbfolge ihres Vater verzichtet, ein Vorbehalt aber wurde gemacht „zu Gunsten der genannten Dame, sollten das Herzogtum von Bayern oder andere Länder, außerhalb des Königreiches Frankreich gelegen, hinzukommen von Seiten der sehr noblen Dame ihrer Mutter." Sicher ist, dass die Königin mehrere Boten ihres Vertrauens aussendet, die Briefe überbringen, damit ihr Bruder ihre Interessen wahre – recht überflüssig. Sie bittet auch einen ihrer nahen Freunde, Georg Ganser, für den sie eine Börse von eigener Hand bestickt hat, sich zu diesem so undankbaren Bruder zu begeben, um ihre Sache zu vertreten. Aber nichts geschieht.

Ludwig der Gebartete war von kurzentschlossener, derber Art. Nach dem Tod Johanns, des Herzogs von Bayern und München, im August 1397 besticht Ludwig mit Gold das gemeine Volk der Stadt, damit es seine zwei Cousins Ernst und Wilhelm daraus vertreibe, dann erobert er die Gebiete von Ernst und eignet sich seinen Schatz an. 1438 wird sich sein Sohn seinerseits gegen ihn erheben, und im folgenden Jahr hat er den Kummer, seinen natürlichen Sohn Wieland von Freyberg, den er sehr liebte, sterben zu sehen. Er ist im Münster „Zur Schönen Unserer Lieben Frau" von Ingolstadt begraben, dessen Bau Herzog Stephan 1407 begonnen und den Ludwig der Gebartete fortgesetzt hat, indem er ihn verschönerte und beschloss, ihn zur Familiengrabstätte zu machen. Diese Kirche sollte der Schrein für ein einmaliges Goldschmiedewerk werden, das Isabeau ihrem Bruder geschenkt hatte. Der König und die Königin von Frankreich waren dort vor der Jungfrau Maria kniend abgebildet[121]. Ludwig der Gebartete hatte auch große Summen Geldes dafür verwendet, in Ingolstadt ein neues Schloss zu errichten. Aber er wird die Vollendung dieser Bauwerke nicht mehr erleben. Nachdem er einer viermonatigen Belagerung in seiner Festung Neuburg standgehalten hat, wird er von seinem Sohn, Ludwig dem Höckrigen, gefangen genommen. 1443 liefert ihn seine Schwiegertochter an ihren Bruder Albrecht Achilles in Ansbach aus. Letzterer wirft ihn wegen seiner Schulden in ein Verlies in Burghausen, wo er 1447 stirbt. Ludwig der Gebartete ist im Kloster Raitenhaslach begraben. Im Bayerischen Nationalmuseum in München befindet sich eines der Schmuckelemente des vom Herzog vorgesehenen Grabmals. Die Grabkammer des Ingolstädter Münsters birgt die Gebeine von Herzog Stephan (1413 gestorben), Ludwig dem Höckrigen und das Herz der Anna von Bourbon, der ersten Gemahlin von Herzog Ludwig, die 1408 in Paris verstorben ist.

---

[121] Heute gibt es von diesem Kunstwerk eine Holzkopie, die im Münster von Ingolstadt aufbewahrt wird.

Isabeaus Testament[122]

Am 2. September 1431 ändert Isabeau ihr Testament.

In einem ersten Abschnitt legt sie den Ablauf ihres Begräbnisses fest. Sie drückt den Wunsch aus, dass ihr Leichnam neben dem ihres Gemahls ruhen solle, sie erinnert an den französischen Brauch, dass Könige und Königinnen in der Abtei von Saint-Denis bestattet werden. Sie möchte nicht, dass man ihr ihr Herz und ihre Eingeweide entnehme, wie man das üblicherweise bei bedeutenden Persönlichkeiten tut. Ganz im Gegenteil, Isabeau betont: „Noch soll man irgend eine Öffnung oder einen Einschnitt tun, und man folge in allen Dingen demütig und fromm dem allgemeinen Gebrauch, den menschlichen Körper zu bestatten."

Ihre Testamentsvollstrecker haben alle Freiheiten, was den Ablauf der Zeremonie betrifft, aber die Königin will, dass sie „ohne Stolz und ohne Eitelkeit" ablaufe: Sie möchte eine schlichte Bestattung ohne Dekor. Sie wünscht sich nur eines: Dass man für ihr Heil bete, denn was ihr wichtig ist, sei das ewige Leben.

Messen sollen in der Pfarrkirche Saint-Paul gelesen werden. Stiftungen werden den Franziskanern von Saint-Marcel, den Nonnen von Longchamp – im Austausch gegen ewige Gebete, Gebete an den Heiligen Geist, den Heiligen Julian, den Heiligen Mathurin – und für das Waisenhaus und das Blindenhospital ausgesetzt.

Im zweiten Absatz verteilt Isabeau ihren Grundbesitz. Dem Kapitel von Notre-Dame hinterlässt sie das Schloss Val-de-la-Reine und ihre Pariser Häuser – jene, die man den Anhängern der Armagnak-Partei, Hémon Raguier und Johann Le Blanc, abgenommen hat. Der Kirche von Saint-Denis bestimmt sie das hôtel Bergeries in Saint-Ouen. Die andere Domäne, „die Wilhelm Thoreau gehörte", wird dem Krankenhaus von Gonesse vermacht, ihre Güter in der Champagne der Krankenanstalt von Provins.

Ehe sie weitere Almosen an Bedürftige aller Art, an Priester, Witwen und Frauen guten Rufes verteilt, ordnet Isabeau an, dass ihr Käm-

[122] Das Testament ist abgedruckt in Guillaume de Besse, *Recueil de diverses pièces servant à l'histoire du roy Charles VI*, Paris, 1660.

merer Denisot von Gatin und ihr Kanzler Johann Chuffart ihre Schulden zurückerstatten.

In diesem Testament findet man kein Wort über Johanna oder Katharina, die beide noch leben, als der Text abgefasst wird. Johanna stirbt vor ihrer Mutter: Sie entschläft 1433 in Vannes, das heißt zwei Jahre vor ihr. Was Katharina, die Königin von England, angeht, so mag es Isabeau vielleicht für das Beste gehalten haben, sie angesichts der politischen Situation nicht zu erwähnen.

Nur Maria wird von ihrer Mutter erwähnt. Die Königin schenkt der Nonne von Poissy ihre Kunstwerke aus Gold und Silber und die „Bücher und Stundenbücher, die in unserer Kapelle am Tag unseres Ablebens gefunden werden“. Sie verbindet sie so mit ihren letzten Gebeten in ihrer Kapelle. An Maria gehen auch die Wandteppiche, Möbel, die Roben und Schmuckstücke, die dem Herrn von Saint-Georges zur Bewachung anvertraut sind.

Ebensowenig wie ihre Töchter werden in diesem Testament ihre Freundinnen und die Frauen in ihrem Dienst erwähnt. Sollte die Königin eine Amelia von Moy oder eine Katharina von Alençon vergessen haben? Der Anhang, der die Vermächtnisse regelt, ist verschwunden. Doch nach ihrem Tod werden Maria und die treuen Gefährtinnen der Königin sich über die Vermächtnisse für die eine oder andere auseinander setzen. Damit steht also fest, dass es ein heute nicht mehr bekanntes Schriftstück gab, und man muss nicht auf ein absichtliches Schweigen der Königin schließen, zumindest nicht, was ihre Tochter Johanna anbelangt.

Dieses Testament ist die letzte offizielle Urkunde der Königin, die in ihrer Pariser Residenz ausgestellt wird, wo ihr Leben friedlich zu verstreichen scheint. Isabeau überwacht die Zahlungen ihrer Kämmerei, verbringt viel Zeit im Gebet und liebt es, wenn ihre Gesellschaftsdamen ihr vorlesen. Sie korrespondiert mit ihrer Tochter. Am Vorabend ihres Todes leben von ihren Kindern nur noch drei: Karl, der Thronfolger, nunmehr König Karl VII.; Maria, die Nonne von Poissy, die es erleben wird, wie ihr Kloster verwüstet wird, und die im Alter von 45 Jahren 1438 bei einer Pestepidemie stirbt; schließlich Katharina, die nunmehrige Gemahlin von Owen Tudor. Nur drei von den zwölf Kindern, die sie ihrem Gemahl geschenkt hat, haben sie überlebt.

Isabeaus Gesundheitszustand ist prekär und den Apothekern gelingt es immer weniger wirksame Arzneien herzustellen, die ihre Schmerzen lindern. Die Königin selbst bezieht sich oft auf die Abhandlung *„Über Kräuter und destillierte Wässer"* des sehr berühmten Arztes Arnaud von Villeneuve. Sie hatte eine Übersetzung aus dem Lateinischen ins Französische fertigen lassen, um es leichter zu verstehen. Von ihren Ärzten sind Johann Tiphaine oder Wilhelm de La Chambre bekannt, die Gleichen, die Johanna von Orléans in Rouen untersucht haben. Ist es einer von ihnen, der der Königin empfiehlt, das Bett zu hüten[123]? Anfang September 1435 legt sie sich hin und wird nicht wieder aufstehen. Da sie ihr Ende nahen fühlt, bestätigt die Königin am 25. September ihr Testament.

Auf ihrem Totenbett erfährt sie, dass die Verhandlungen zwischen Karl VII. und dem Herzog von Burgund wieder aufgenommen wurden, dass in Paris auch Schmähschriften Burgunder Herkunft umgehen, um sie – ebenso wie ihren Sohn – zu diskreditieren. Die Vorwürfe sind die gleichen, die bereits im *„Pastoralet"* erhoben worden waren, den ein picardischer Autor in den Jahren 1422 - 1425 verfasst hatte[124].

Isabeau wird dort in der Gestalt der Schäferin Belligère dargestellt: hübsch, wenngleich „klein und brünett", aber leichtfertig und treulos! Belligère ist die Gemahlin von Florentin, in dem man ohne Schwierigkeiten König Karl VI. wieder erkennt. Ludwig von Orléans, im Roman Tristifer, taucht ebenso auf wie Johann Ohnefurcht, Léonet genannt, und Bernhard von Armagnac, der den Namen Lupal trägt.

---

[123] Wilhelm von La Chambre ist Arzt der Königin seit 1388, er begleitet sie auf allen Reisen. 1438 wird er vom Zölibat befreit und heiratet; er ist Dekan der medizinischen Fakultät und wohnt in der Straße Galande. Am 6. März 1430 wird Wilhelm von La Chambre der Jüngere Lizentiat in Medizin. Er rückt 1436 zum Magister auf. Vgl. Wickersheimer, *Dictionnaire bibliographique des médecins en France au Moyen Age, a.a.O.*

[124] Der *„Pastoralet"* ist ein Gedicht mit 8000 Versen. Der Autor gehört einer Geistesströmung an, die nach der Katastrophe von Azincourt sehr verbreitet ist, der des Hasses auf den französischen Adel.

Clignet von Brabant, alias Pompal, gehört ebenfalls zu diesen Schäfern, die Dichterwettbewerbe organisieren. Bei einer ihrer Zusammenkünfte werden Tristifer und Belligère Liebhaber. Die Unziemlichkeit ihrer Leidenschaft zieht neue Plagen nach sich, darunter eine Meute von Wölfen, die das Königreich verwüsten. Der Autor macht sich zum Sprachrohr der so gern verbreiteten Diffamierungen des Privatlebens der Königin und ihres Schwagers. Man kann sich fragen, was den Verfasser veranlasste, so viel Hass auszuschütten und längst vergangene Dinge aufzuwirbeln. Der Herzog von Orléans war zu dem Zeitpunkt, da er seine Geschichte spielen lässt, längst gestorben und Johann Ohnefurcht, der starke Mann der Zeit, hatte von eventuellen Konkurrenten nichts zu fürchten.

Der Chronist Johann Chartier, der ab 1437 zum Ruhme Karls VII. schreibt, berichtet, dass die Königin an Kummer starb, als sie Gerüchte hörte, ihr Sohn sei ein Bastard. Ihm zufolge wurden solche Lügen von den Engländern verbreitet. Aber es erscheint recht schwer vorstellbar, dass die Engländer auf diese Weise Karl und zugleich Isabeau anschwärzen und die Mutter des Königs von Frankreich und England, Heinrichs VI., dabei hätten verschonen können.

Nach Ansicht anderer Autoren soll der Tod der Königin durch die Freude verursacht worden sein, die sie empfand, als man ihr von der Unterzeichnung des Vertrages von Arras am 21. September zwischen ihrem Sohn und Philipp dem Guten berichtete. Dieser Vertrag bedeutete einen ersten Schritt zur Wiederherstellung des Friedens und beendete die Zwietracht zwischen Franzosen und Burgundern, aber es erscheint absolut übertrieben, darin die Ursache für den Tod der Königin sehen zu wollen!

Ihre letzten Augenblicke sind bewegend. Die Diener des hôtel Saint-Pol schweigen, der Beichtvater der Königin verlässt ihr Zimmer, nachdem er sie mit den Sterbesakramente versehen hat.

Eine der Frauen beugt sich vor, um die weißen Betttücher glatt zu streichen, während eine Ehrendame sanft ihre schmerzenden Beine massiert. Amelia von Moy wendet sich züchtig ab und beweint ihre Beschützerin. Der Astrologe Deny von Surène prophezeit, dass die

Königin am 29. Gott ihre Seele zurückgeben werde, und seine Vorhersage erweist sich als richtig. Am Donnerstag, 29. September 1435, heißt es: „Isabel von Bayern, Königin von Frankreich“ ist nicht mehr.

Sieben Monate später befreien die Franzosen (die Armagnaken) unter der Führung des Bastard von Orléans Paris von den Engländern. Karl VII. kann nun in der Hauptstadt regieren, die er siebzehn Jahre zuvor verlassen hatte. Kein Zweifel, hätte Isabeau diesen Ausgang eines dreißigjährigen Bürgerkrieges erleben können, sie wäre in noch größerem Frieden verstorben ...

Ihre Testamentsvollstrecker, abgesehen vom Herzog von Bedford, der ebenfalls verstorben ist, sind die Herzöge von Burgund, der Kanzler von Frankreich, Bischof von Thérouanne, Maria von Frankreich, die Bischöfe von Paris, Noyon, Meaux und Magister Johann Chuffart. Sie beauftragen ihren Hofmeister, Hektor von Laon, und Denisot von Gatins, ihren Kämmerer, das Begräbnis vorzubereiten.

Alle bemühen sich, der verstorbenen Königin die ihrem Rang gebührende Ehrerbietung zu erweisen.

Das von Pseudo-Historikern verbreitete Gerücht, die Königin sei eilends verscharrt worden, widerlegen die Texte der Chronisten und die Rechnungsbücher des königlichen Hauses. Drei Tage lang verbeugt sich das Volk von Paris vor jener, die es so gehasst hat. Dann werden die Einbalsamierer gerufen, und sie öffnen trotz des Verbotes der Verstorbenen ihren Körper. Nicht einmal ihr letzter Wille wird respektiert!

Ihr Herz wird neben dem von Karl VI. in der Zölestinerkirche beigesetzt. Ein Handwerker nimmt einen Abdruck von ihrem Gesicht, um eine wächserne Totenmaske zu fertigen. Wie für ihren Mann stellt man eine Effigie her, die von den Dienern der Königin mit ihren Gewändern bekleidet wird. Als der Trauerzug am 13. Oktober, das heißt zwei Wochen nach ihrem Tod, durch Paris zieht, bemerkt der „Bürger von Paris“: »Die Arbeit war so gut gemacht, dass die Königin zu schlafen schien.«

Der Katafalk, auf dem die Effigie ruht, wird von sechzehn schwarz gekleideten Männern getragen. Die Diener des Palastes halten einen Tragehimmel mit den Lilien Frankreichs darüber und schreiten mit majestätischen Schritten hinter den Bläsern und Fackelträgern einher. Der lange Zug, den Ehrendamen und Ehrenjungfrauen, Bürgerinnen und Dienerinnen bilden, betritt schließlich bei Einbruch der Nacht die Kathedrale von Notre-Dame, wo vom Prälaten von Sainte-Geneviève die Totengebete rezitiert werden.

Am nächsten Morgen bildet sich nach der Messe der Zug neu, um die sterblichen Überreste bis zum Hafen Saint-Landry zu begleiten.

Da die Armagnaken das Pariser Umland verwüsteten, haben es die Testamentsvollstrecker für klüger gehalten, sich zu Schiff nach Saint-Denis zu begeben. Angesichts der Beengtheit des Bootes finden nur wenige Personen an der Seite des Sarges Platz: Johann von Rouvray, Burgherr von Pont-de-l'Arche, Robert von Fresnes, Gottfried von Mesnil, Anselm Appart und Johann Chuffart.

In der Abtei zelebriert der Abt ein Hochamt, dann wird der Leichnam neben Karl VI. in einem von Pierre Thury gefertigten Alabastergrabmal bestattet. Der Text des während der Revolution zerstörten Epitaphs erwähnt: »Hier ruht die Königin Ysabelle von Bayern, Gemahlin des Königs Karls VI. und Tochter des sehr mächtigen Prinzen Stephan, Herzog von Bayern und Pfalzgraf bei Rhein, die mit ihrem Gemahl regierte und verstarb im Jahre 1400 und 35 am letzten Tag des Septembers. Betet für sie!«

Philipp von Burgund weiß, was er seinem Rang als Prinz schuldet, und befiehlt einen Gottesdienst in Arras. Er nimmt, ganz in Schwarz gekleidet und begleitet vom Herzog von Bourbon, dem Grafen von Etampes und dem Edelknappen von Kleve, daran teil.

Niemand weiß, was Karl VII. damals empfand. Allerdings wird er 1447 eine jährliche Seelenmesse für den Frieden der Seelen seiner Eltern in der Kirche Saint-Jean-Baptiste zu Amiens stiften.

Isabeau ist tot – aber ihre Geschichte ist geboren.

Nachwort

Das Ansehen der Königin wird sehr rasch angeschwärzt, die übelsten Gerüchte verbreiten sich und werden zu „historischen Beweisen".

Ludwig XI. hätte von seiner „großmütterlichen Hure" gesprochen. Kann man einem König, der so von seiner Größe überzeugt war, eine solche Aussage in den Mund legen?

Wer hat nicht den apokryphen (!) Brief Yolandas von Aragon gelesen, die ihren Schwiegersohn Karl bei sich behalten wollte, und die, um ihn seiner Mutter nicht zurückgeben zu müssen, sagte: „Eine Frau mit Liebhabern braucht kein Kind!" Der Mythos von dieser „guten Mutter" muss genauer betrachtet werden, dies um so mehr, als man die Legende widerlegen muss, derzufolge Yolanda von Aragon Karl erzogen hätte: Sie hatte ihn nur für kurze Zeit um sich[125].

Johanna von Orléans hingegen braucht kein Spiegelbild. Ihr Leben strahlt von selbst. Es ist unnütz, „jene, die Frankreich ins Verderben gestürzt hat" mit Spott zu überschütten, um „jene, die Frankreich gerettet hat," zu erhöhen.

Die kleine Bayerin, die ihren Mann, ihre Kinder liebte, hat am prachtvollen Hof von Frankreich die Übersicht verloren. Unfähig eine politische Haltung einzunehmen, um die Leiden, die das Königreich zersetzen, zu mildern, hat sie zuerst den einen, dann den anderen Vertrauen geschenkt, hat jeweils versucht, die Partei zu schonen, die ihr als die stärkere erschien. Erkennen wir an, dass sie gelegentlich

---

125 Yolanda von Aragon hält sich in Paris 1410 nur vom 9. bis 29. Januar auf; sie kommt erst am 22. Dezember 1413 dorthin zurück; sie nimmt Karl am 5. Februar 1414 mit; verlässt ihn im Januar 1417, begegnet ihm wieder im Juni 1417 und reist ebenso rasch wieder ab. Sie ist wieder abwesend vom 30. Juni 1419 bis zum 26. Juni 1423. Nach Yann Grandeau *(Notizen)*.

mit Verantwortungsbewusstsein und Klarsicht gehandelt hat. Ohne einen allgemeinen Konsens jedoch war das Bemühen der Königin vergeblich. Die Rivalität der Prinzen trug den Sieg davon über den Wunsch der Königin nach familiärer Einheit.

Für die „Fremde", die „Ausländerin" war die Aufgabe zu schwer. Sie hat es nicht verstanden, sich bei ihrem Volk beliebt zu machen. Aber hätte sie bei diesem Volk Unterstützung gefunden? Und war nicht auch das Volk selbst zwischen den unterschiedlichen Parteiungen zerrissen?

Immer wieder wurde die Königin von jenen, die sie liebte, getrennt. Geknebelt von den Ereignissen, verletzt in ihrer Liebe als Ehefrau und Mutter, wird sie gegen ihren Willen erst zur Komplizin des Herzogs von Orléans, dann zur Geisel des Herzogs von Burgund; verachtet von Bernhard von Armagnac, ist sie schließlich Alibi für die Engländer.

Es mag ihr geschmeichelt haben, zwei ihrer Töchter auf dem Thron von England Platz nehmen und ihren Enkelsohn als König der zwei Königreiche gekrönt zu sehen. In ihrem tiefsten Inneren konnte dies wohl dennoch die Enterbung ihres Sohnes Karls nicht ausgleichen.

Zumindest auf ihrem Totenbett war die Königin erleichtert gewesen: Ihr Sohn war als der alleinige König Frankreichs anerkannt worden, als König des Landes, in das sie fünfzig Jahre zuvor auf einer Pilgerreise gekommen war.

Bilanziert man, so ist die Diskrpanz zwischen dem, was man allgemein über Isabeau weiß, wie sie die Schulbücher, die verschiedenen Enzyklopädien beschreiben, und dem Bild, das sich ergibt, wenn man ihr Leben unvoreingenommen untersucht, verblüffend.

Es macht wenig Sinn, auf die Urteile einzugehen, die über Isabeau (ebenso wie über manch andere französische Königin) gefällt wurden: Sie ist die übelst Verleumdete. Beinahe möchte man glauben, in ihr die Vorgängerin der „Österreicherin" zu sehen[126]. Die erforschte Wirklichkeit aber zeigt uns eine junge Frau, der man sicherlich ge-

[126] Anspielung auf Marie-Antoinette. (Anm. d. Ü.)

wisse Vorwürfe machen kann, die man aber keineswegs allgemein anprangern darf.

Sie war verschwenderisch – aber darin unterscheidet sie sich keineswegs vom Adel ihrer Zeit: Alle Prinzen sind verschwenderisch. Historiker wie Maurice Rey sprechen von der Ausplünderung der königlichen Finanzen; sie legen den Finger auf die Wunde. Alle Prinzen des Hauses Valois oder der eng verbundenen Familien hatten eine Vorliebe für Luxus. Diese maßlose Freigiebigkeit kann allein die Neigung zur Kunst, die die meisten von ihnen auszeichnete, entschuldigen; unsere heutigen Museen verdanken den Herzögen von Burgund und Berry Ungeheueres.

Isabeau unterscheidet sich keineswegs vom Rest der Familie, von der königlichen Entourage. In den gehobenen Gesellschaftsschichten jener Zeit pflegt man den herrschaftlichen Lebensstil, den Werner Sombart, der Historiker des Bürgertums, so beschreibt: Im Unterschied zum Bürger, der im Vorhinein sein Verhalten plant, tätigt der „Herr" Ausgaben und sorgt sich erst danach, wie er seinen Lebensstil mit den Ausgaben vereinbaren kann. So wird es bis zum Ende des Königreichs in Frankreich sein.

In einer Zeit aber, da der König wahnsinnig ist, kennt seine Umgebung kein Maß mehr, und seine Gattin tut nicht mehr oder nicht weniger als alle anderen. Man darf ebenso wenig die Schuld den Dienern, den Ehrendamen oder Ehrenjungfrauen der Königin zuweisen. Man kann diesen Hof nicht vergleichen mit den prachtvollen Höfen eines Franz I. oder eines Heinrich II.

Die größten „Entnahmen" aus den königlichen Kassen werden von den Prinzen getätigt. „Die Einnahmen des Königs konnten offensichtlich den Bedürfnissen ihres legitimen Empfängers genügen. In Wirklichkeit waren sie zu reich und aus diesem Grund Gegenstand heftiger Begierden[127]."

Was das Privatleben der Königin anbelangt – kann man hier ernsthaft Vorwürfe erheben? Jene, die man ihr gemacht hat, stammen von

---

[127] Maurice Rey, *Les Finances royales* ..., a.a.O.

Predigern, denen es darauf ankam, ein Exempel zu statuieren, und die immer bereit waren, die Mode zu kritisieren.

Die extravagante Mode, wie das wohlbekannte Beispiel, Isabeau habe Frisuren getragen, für die man die Türen in den Schlössern von Saint-Pol und Vincennes habe erhöhen müssen, werden zu oft zitiert, als dass man sie vernachlässigen könnte, aber auch hier ist Isabeau nur ein Beispiel für ihre Zeit.

Es ist möglich, es ist wahrscheinlich, dass der Hof, selbst die unmittelbare Umgebung der Königin recht korrupt waren. Aber man muss anmerken, dass die Königin von allen Vorwürfen immer ausgenommen bleibt; man bezieht sie ausdrücklich nicht in die Vorwürfe ein, die man an jene richtet, die ihr dienen.

Der Mönch von Saint-Denis wirft der Königin nichts vor, es sei denn, sie sei ihren Ehrendamen gegenüber nicht wachsam genug gewesen. Fügt man hinzu, dass diese Ehrendamen häufig „Ausländerinnen" waren, wird rasch deutlich, warum sie Gegenstand solcher Vorwürfe wurden. Der Chronist wird, insbesondere ab 1417, den Niedergang der Sitten am Hof beklagen. Die Königin scheint nicht mehr zu versuchen, sich dem entgegenzustellen.

Wir haben bereits dargestellt, dass die konkrete Beschuldigung, eines Ehebruches mit Ludwig von Orléans gegenstandslos ist[128]. Eine genaue Untersuchung der Urkunden zeigt, dass die schwangere Königin anlässlich der Maifeste sehr erschöpft und nicht in der Lage war, an allen Empfängen teilzunehmen, dass sie der Obhut ihrer Ärzte und Apotheker anvertraut war. Überdies war Isabeau sowohl im hôtel Saint-Pol als auch bei ihren Reisen immer von einer Vielzahl von Leuten umgeben und weder tags noch nachts jemals allein.

Was das hôtel Barbette anbelangt, so hat sie dort nur kurze Zeit, nur sechs Monate, während der neun Jahre, in denen sie Besitzerin dieses Gutes war, verbracht. Die einzigen „Orgien", die man dort je gefeiert hat, sind Empfänge für fremde Botschafter, wie jenen, den sie für Stephan von Bayern, ihren Vater, gegeben hat.

---

[128] Pierre Champion: „Die Liebe von Isabeau von Bayern und des Herzogs von Orléans gehören in den Bereich der Legende oder des Romans."

Man sollte vielmehr das Drama betrachten, dem sich diese junge Frau ausgesetzt sah: Sie lebte an der Seite eines schizophrenen Gatten, dessen Leben von kurzzeitigen Erholungen und entsetzlichen Krisen geprägt war. So wurde der König gegen seine Gattin gewalttätig. Um ihn zu beruhigen, musste man ab 1405 oder 1407 Odette von Champdivers in sein Bett schicken, das heißt dreizehn Jahre nach seiner ersten Krise und erst in dem Augenblick, da jede Hoffnung auf Besserung aufgegeben wurde. Der Mönch von Saint-Denis bestätigt, dass die Königin dies nur widerwillig hinnahm.

Unrecht haben jene, die ihr uneheliche Kinder zugeschrieben haben, darunter Johanna von Orléans. Und überhaupt: Wir befinden uns in einer Zeit, da man Bastarde nicht versteckt. Die Namen Dunois, Monstrelet und Wawrin sind wohl bekannt. Man vergegenwärtige sich, in welchem Ausmaß die Königin überwacht, ja ausspioniert wurde: Nichts entgeht ihrer Entourage. Im Übrigen: Die Empfängnis von sechs der zwölf Kinder stimmt zeitlich mit Perioden der Gesundung des Königs überein – dies haben die Zeitgenossen selbst festgestellt.

Man muss entschlossen den Schleier von Irrtümern und Dummheiten zerreißen, unter dem sich gewisse Legenden dieses Kapitels der Geschichte verborgen haben. Angesichts der den Gehirnen von Pseudo-Historikern entsprungenen Behauptungen, sollten wir uns lieber an den Kummer Isabeaus erinnern, als sie vom grausamen Schicksal ihrer Tochter Isabella erfährt, an die Aufmerksamkeit, die sie Maria, der kleinen Nonne, die sie Johanna und Katharina entgegenbringt. Denken wir an ihre Haltung gegenüber Johann von Touraine, den sie bei sich behält, weil sie glaubt, dass er die Reise, angesichts der Pestepidemie in Paris nicht übersteht. Unterstreichen wir ihre Anstrengungen, um sich mit ihrem Sohn auszusöhnen, den man von der Nützlichkeit einer Allianz mit Burgund zu überzeugen suchte.

Das führt uns zu einem anderen Punkt: der Politik Isabeaus. Eine erste Feststellung dazu: Das Verhalten der Königin orientiert sich am Schicksal ihrer Kinder, und hier muss man zugeben, es ermangelt ihr ein wenig an politischem Gespür. Sie hätte eine außergewöhnliche

Machtfrau sein müssen, ausgestattet zugleich mit Klugheit und Kraft, um sich aus einer Situation zu befreien, der sich keine Königin von Frankreich jemals gegenübergestellt sah.

Klar ist: Isabeau verstand es nicht, rechtzeitig ihre Verbündeten auszuwählen – wer immer es in aller Klarsicht gekonnt hätte, wäre ein exzellenter Politiker gewesen – inmitten der Intrigen, die für diese Epoche charakteristisch sind. Vor allem aber wäre es notwendig gewesen – da sie einen wahnsinnigen König zum Gemahl hatte –, dass sie sich gegenüber ihren Schwägern und Neffen als Regentin durchgesetzt hätte.

Es ist wahrscheinlich, ja sicher, dass eine Blanche von Kastilien die Lage besser gemeistert hätte. Aber wer wird es wagen, Isabeau vorzuwerfen, nicht ebenso klug wie die Mutter des Heiligen Ludwigs gehandelt zu haben? Der Vergleich ist sicher schmerzhaft. Dennoch: Man kann eine solche Anklage gegen eine Gesellschaft erheben, nicht aber gegenüber einer Person.

Letztlich: Was alle Historiker beeinflusst hat, ist die Frage des „so genannten Thronfolgers", ein Begriff, der im Vertrag von Troyes auftaucht und einen Zweifel sät, der nur einer Unkenntnis der Grammatik jener Zeit zuzuordnen ist. Erinnern wir uns, dass Isabeau nicht in der Lage war, sich dem Vertragsschluss von Troyes zu widersetzen. Es war Karl VI., der wahnsinnige, aber legitime Herr, der – vom Herzog von Burgund manipuliert – diesen Vertrag unterzeichnet hat.

„Eine Frau hat Frankreich verloren." Es stimmt: Isabeau hat es nicht verstanden, das Königreich zu bewahren. Sie wird Opfer dieser unglaublichen Koalition gegensätzlicher Kräfte, vor allem dieser Zwietracht, die zum ersten Mal Frankreich in zwei Teile teilt und entsetzliche Rivalitäten zwischen Armagnaken und Burgundern hervorbringt.

Zwischen diesen gegnerischen Fronten ist Isabeau zum Spielball geworden, auf den man sich beruft, um ein Vorgehen zu legitimieren oder einfach nur zu rechtfertigen. Sie ist das Banner in den Händen der herrschenden Herren.

Als schließlich der Herzog von Burgund und seine Verbündeten triumphieren, hat Isabeau keine Möglichkeit mehr zu handeln. In einem vergleichbaren Fall wird Marie-Antoinette auf das Schafott geschickt. Isabeau dagegen altert allein in ihrer Pariser Residenz. Ihre zahlreichen Schwangerschaften, der frühzeitige Tod vieler ihrer Kinder, die Wahnsinnsanfälle ihre Gemahls haben ihre Gesundheit ruiniert. Um ihr Leben zu beurteilen, wird es genügen festzustellen, dass sie mehr Mutter als Königin gewesen ist.

Isabeau stirbt im Alter von 65 Jahren. Welchen Anteil hatte sie am Glück? Am Tage, da ihr Märchenprinz in den Wald von Le Mans ritt, war sie 22 Jahre alt gewesen.